Customer Experience 3.0

High-Profit Strategies in the Age of Techno Service

顧客体験の教科書

ジョン・グッドマン［著］
畑中伸介［訳］

収益を生み出すロイヤルカスタマーの作り方

東洋経済新報社

Customer Experience 3.0:
High-Profit Strategies in the Age of Techno Service.

▼▼▼ 日本の読者の皆さまへ

ビジネスの世界では、市場環境から、法規制、テクノロジーまで、急速な変化と変革が日々起きているが、その一方で変わらないものもまた存在する。中でも顧客の行動や期待は、昔からそれほど変わっていない。私たちが40年前に実施した顧客・消費者行動の調査結果と今日のそれを見比べると、そこにはほとんどと言ってよいほど大きな変化がないことに驚かされる。

購買や消費行動のあらゆるデータが分析可能となり、マーケティングに活かせる時代になったが、その反面、不満を感じても声に出さない、という顧客の本能的な行動は今も昔も変わっていない。顧客の本音を理解する、ということは想像以上に難しいままなのだ。経営者にはまずそこに気づいてほしい。今日、顧客の真の理解を経営課題として捉え、そこから企業の成長戦略にどうやって活かしていくか、が求められているのだ。

本書は、1970年代半ばから今日に至るまでの顧客サービスの成功と失敗を振り返ったうえで、まず顧客の本音を実証データから可視化し、サービスマネジメントの「あるべき姿」をまとめたものである。企業はかつて、消費者の苦情対応に忠実に取り組んできたが、苦情として企業に寄せられた声に対応するだけでは、彼らを真に満足させ、ロイヤルカスタマーを作り上げるまでには至らなかった。これからは、まず顧客体験の全体像を認識し、企業として戦略的に取り組む方向性を見定めたうえでサービスを考えるべきである。

顧客を理解し、サービスの視点を変えると、従来はコストセンターと見なされたサービス部門がプロフィットセンターになり、収益性と成長戦略の要として見えてくるはずだ。

顧客とサービスの構図が変化すれば、テクノロジーの使い方も大きく変わる。CRMに残された顧客応対履歴からVOC（顧客の声）を抽出して業務改善に役立てている企業も、今後はCRMを他の業務データベースと連携させることで、ビッグデータ分析が可能になってくる。さらに社内に分散するデータを統合させることによって、顧客の将来的な行動や体験の予測が可能となり、企業は受け身型の顧客サービスから、能動的な顧客コミュニケーションとエンゲージメントを実現できるようになるだろう。

今や「サービス」は、明らかに経営者にとって優先度の高いアジェンダであり、経営にとっては生き残りをかける上で重要な領域になってきていることは間違いない。

本書で紹介するカスタマーエクスペリエンス（CX３・０）のフレームワークや実践事例が、これからの企業経営や顧客サービスマネジメントの再構築において、日本の読者の皆さまのお役に立てることを切に願っている。自国文化の伝統にホスピタリティをしっかり受け継ぐ日本は、戦後の製造業の飛躍的な発展のように、サービスの世界でもグローバル経済をリードする一員になる、と願うものである。

ジョン・グッドマン

はじめに

私がゼネラルモーターズ（GM）のシボレー部門で働いていた1980年代、自動車業界は新しい試練に直面していた。

- 自動車はシンプルなものではなくなり、操作が複雑なものへと変わりつつあった。
- 取扱説明書が分厚くなり、顧客は目を通さなくなっていた。
- 顧客の要望は次第に厳しくなってきた。
- 海外の競合メーカーの品質改善が進み、米国メーカーも製品設計と品質を向上させるためにTQM（総合的品質管理）[1]と呼ばれる新しい経営管理手法を導入していた。
- 1980年代半ばにホワイトハウスの消費者問題局が調査を行って以来、メディアも政府も消費者保護や苦情対応について関心を持ち始めた。

（1） QC（品質管理）やTQC（全社的品質管理）の延長線上にあり、組織全体として統一した品質管理目標への取組みを経営全般において戦略的に適用する方法論。顧客の期待を満たす顧客満足の保証が重要視される。

当時、顧客サービスと苦情対応に関する政府の調査を主導したのが、ジョン・グッドマン氏と彼のビジネスパートナーのマーク・グレイナー氏である。この調査結果は、米国企業における消費者問題と顧客サービスへの見方を大きく変えることになった。

両氏は、「トラブルを体験してもクレームを申し立てない顧客より、クレームを申し立てて解決した顧客のほうがロイヤルティが高くなる」ということを示した。効果的な顧客サービスには、他社ブランドへの切り替えを防ぎ、顧客をつなぎ止め、利益を生む力がある。

コカ・コーラ社は、グッドマン氏による調査を2度実施した。最初の調査では、「顧客が不満を抱いた場合、満足したときよりも2倍以上の数の知人にその経験をクチコミ[2]することがわかった。2度目の調査では、契約書の内容や顧客側の責任に関して企業が顧客に教育を行っていれば、顧客がトラブルに遭遇する確率は下がり、企業に対して「取引しやすい企業だ」と感じるようになる、ということがわかった。その結果、顧客のロイヤルティが向上し、該当企業や製品を他人に薦めようとする気持ちが強く働くようになる。

一連の調査結果は、1984年に『ビジネスウィーク』誌で発表され、GEのアンサーセンターの設立、アメリカン・エキスプレスやGMがフリーダイヤルを導入して苦情対応の窓口を集約化するきっかけになった。

GMはグッドマンとグレイナー両氏の力を借りて、主要車種であるビュイックとシボレーの「カスタマーアシスタンスセンター」を創設した。私自身は、その立ち上げチームに参加するという幸運に恵まれた。

その後、1989年秋に私は米国トヨタ自動車の販売会社に移った。そして再びグッドマン氏の力を借り、お客様相談センターと販売店における顧客サービス戦略を推進していくことになる。

当時の米国トヨタは、過去10年間にGMが抱えていたものと同じような問題を抱えていたが、新たな課題にも直面していた。トヨタのデザインや品質はずば抜けて優れていたし、顧客満足度も高かったが、トヨタ特有の問題を引き起こしていたのである。

- 自動車がただの機械的なものとしての存在から、無数の電子部品で構成された製品に車輪が付いた存在へと進化していた。そして、クルマに対する顧客の事前期待も急速に変わっていった。
- 自動車の機能と修理プロセスは非常に複雑なものになっていった。
- 収益と市場シェアが伸び続けていた中で、メーカーも販売ディーラーも、質の高いCX(カスタマーエクスペリエンス)[3]を持続的に維持することを求められていた。

---

(2) 消費者や顧客の口頭でのコミュニケーションを通じて、製品やサービスの評判の良し悪しが広まること。グッドマンは調査を通じてクチコミの頻度、詳細さなどがロイヤルティに与える影響を定量化した。

- 政府とメディアによる監視が強まり、顧客によるメンテナンスや運転挙動に関連する問題だけでなく、あまり一般的でない問題にも目が向けられるようになった。

こういった傾向は、他の市場要因とも相まって次のような悪影響へとつながっていった。まず、顧客は取扱説明書や整備関係の書類（サービスマニュアルやメンテナンスマニュアル）を読まなくなった。

さらに、顧客サービス部門を含む企業活動全般の中核をコンピュータが占めるようになった。コンピュータシステムが導入されることで、顧客サービス部門では、より多くの情報を閲覧でき、販売後の製品や業務の実態を追跡することも可能になった。しかし、巨額の投資をしたにもかかわらず、大型汎用コンピュータであるがゆえに融通の利かないものでもあった。

顧客に喜びを与え、事前期待をはるかに上回ることで企業の収益貢献につなげ、好意的なクチコミを増やすという戦略は、高級百貨店のノードストロームのような企業によって知られるようになってきた。幸い米国トヨタは、サービスと品質への投資に対して経営層の理解と協力を得やすい会社だった。さらに、カール・スウェル氏のような先見性のあるディーラーを筆頭として、盤石なディーラーネットワークを確立していた。スウェル氏は『一回のお客を一生の顧客にする法』という著書で、優れたサービスと顧客のロイヤルティを維持することで、収益を上げてビジネスを成功させる方法について語っている[☆1]。

ここで、時計の針を現在に進めよう。一般的な市場のトレンドはあまり変わっていないが、テクノロジーにまつわるすべては激変した。たとえば、以下のようなものが挙げられる。

- 製品は電子部品だけで成り立っているのではない。数多くの製品にコンピュータが内蔵されるようになった。これは素晴らしいことだが、顧客にとっては複雑さが増すことになった。
- ワイヤレスと映像技術の進化で、企業は顧客に大量の情報を伝えられるようになった。モバイル製品向けのハウツー動画などである。
- 技術者がトラブルを解決し、製品改良に役立てるためのエラーコードをメーカーに送ることが可能になった。
- オンライン・コミュニティ、レビューサイト、動画共有サイトなどのおかげで、顧客は一般の人々からも情報やヘルプを得られるようになった。しかし、こうしたサイトは、

(3) CXの概念は「顧客体験価値」として捉えることができる。製品やサービスの物質的・金銭的な価値にとどまらず、その利用を含む顧客として体験するプロセスの起点から完了点までの一連の流れ(顧客ライフサイクル)を通じて得られる満足感や不満といった心理的・感覚的な価値を含む。顧客を単なる購入者ではなく利用者として捉えるため、ユーザとして体験したトラブルに対する企業側の対応(サービスやサポート)の質が重視される。

消費者が不満を漏らす場にもなっている。

現在、グッドマン氏が副会長を務めるCCMC（Customer Care Measurement and Consulting）社では、これまでに何度か全国的な規模で顧客の不満を調査するリサーチを実施してきた。これは顧客の満足度やお粗末なサービスに対する反応についての調査だ。

2013年にCCMCが実施した調査では、サービスの品質を上げようと手間のかかる取組みをきめ細かく重ねても、顧客満足度は過去の水準を簡単には上回らないということが判明した[☆2]。むしろ、顧客が何よりも求めているのは企業側の説明と謝罪であった。そして、この2つは企業にとってはさほどコストのかからないものである。

サービスへの投資は、少額でも大きなリターン（見返り）を得ることが可能だ、というロジックを私たちは見逃しがちだ。

本書では、CXをいかに高めるかについての戦略論、さらにサービスと前向きにCXに投資することで得られる収益を数値化する方法論について、わかりやすく説明されている。

CXの最大化が企業収益の改善に結びつく、そのために企業が取るべき戦略として、グッドマン氏は次の4つを挙げている。

① 企業の製品・サービスとマーケティング戦略は、顧客の事前期待に応えるべく設計

するべきである。これをＤＩＲＦＴ（Doing It Right the First Time）モデルと名づけている。「物事は最初に正しく実行すべき」という意味である。これは、顧客の不満が生まれそうなところや、製品の金額に見合った価値が提供されていないと感じられそうなところをしっかりと見極め、企業は先回りして顧客を教育したり、製品の限界について前もって注意を与えるべきということだ。「攻撃は最良の防御」である。

② 顧客が疑問を感じたときやトラブルが生じたときは、企業側にヘルプ（助言）を求めるように促すべきである。不満を抱いたまま何も言わない（苦情を申し立てない）顧客は利益を生み出さない。助言を求める顧客には、企業の窓口を通して気軽に連絡を取れる手段を用意しなくてはいけない。

③ 従業員が完璧にトラブルを解決し、製品を最大限に生かす方法を顧客に教育・提案し、コストをかけずに顧客とのエモーショナルコネクション[4]を大事にする、そのようなサービスを提供できる仕組みを、企業は構築していかなければならない。

（4）ここは「情緒的なつながり」とは訳さず、英語表現を残した。エモーショナルコネクションを実現するキーワードは「共感」だろう。顧客の共感を得るようなサービスは、必ずしも対人だけではなく、自動化されたテクノロジーでも実現可能である。

④　企業はさまざまな情報源から顧客のライフサイクル全体を理解できる情報を集め、業務プロセスを1つの統一されたＣＸへとまとめあげるために、ＶＯＣ（顧客の声）マネジメントのプロセスを構築しなくてはいけない。優れたＣＸをマネジメントするために必要な資源を確保するためにも、収益性に影響を与える業務プロセス、トラブルから生まれるクチコミの悪影響とビジネスチャンスなどについては数値化できるようにしたい。

30年以上にわたり、私は数多くのプロジェクトでグッドマン氏と一緒に仕事をする機会に恵まれた。彼がシンプルな回答を与えてくれることはまれで、代わりに、実践可能な戦略やアプローチを教えてもらうことがほとんどだ。結果的には、それが現状では最良のやり方であることが多い。

本書でも、彼は同じことをしている。顧客を理解し、満足させ、その意見に耳を傾けるには、テクノロジーをどう使えばいいか、を伝えてくれている。彼が示してくれる新しいゴールは、顧客のトラブルに急いで対応することよりも、能動的な顧客教育とサービスでトラブルを未然に防ぐことへの転換である。そのために活用できるテクノロジーがいくらでもあるのだ。

私は、彼の最初の著作である*Strategic Customer Service*（邦題『グッドマンの法則に見る苦情をＣＳに変える「戦略的カスタマーサービス」』）を、サービスを強化するための教科書として使ってきた。読者の皆さまにとって本書は、基本的なＣＸ論を超えてさらに優れたＣＸを提供するために活用できる、そして新しいテクノロジーのマネジメントについて学べる、素晴らしいガイドブックになるであろう。

米国トヨタ自動車販売
ナショナル・マネージャー・カスタマーケア
リチャード・デュフレイン

顧客体験の教科書 目次

第Ⅱ部 起点から完了までのCXをデザインする

第4章 物事は最初に正しく実行する(DIRFT) 134

第Ⅲ部 CX導入のためにすべきこと

訳者解説 399

原注

訳注は行間に（　）、原注は行中に［☆　］で示した。

序章 ▸▸▸ Why Customer Experience 3.0?

カスタマーエクスペリエンス3・0宣言

私のキャリアは40年前、ホワイトハウスの消費者問題局の依頼で、行政サービスと一般企業の苦情対応の実態調査を受託したことに始まった。この調査から学んだことは、企業のマーケティング部門が必要以上に消費者の事前期待を煽ろうとせず、消費者も取扱説明書をよく読んで製品の正しい使い方を学べば、多くのトラブルは防げるということだ。

1980年代に入って私が書いた論文の多くは、品質保証、マーケティング、顧客サービスに関するもので、特に苦情の原因となるトラブルをいかに防ぐかを訴え続けたが、関心を示してくれた読者は、顧客サービスと消費者問題の専門家に限られていた。

しかしその後、ジョセフ・パイン2世、ショーン・スミス、ジーン・ブリスといった論客がた。

「顧客サービス」の枠組みを広げ、「カスタマーエクスペリエンス（CX）」の概念を発展させた。

顧客サービスの基本は「苦情対応」だが、CXの概念になると、顧客が製品に関心を示した時点から、それを購入して使い終えるまでのすべてのプロセスを指している。したがって、CXをマネジメントするとなると、全社的な取組みが必要になってくる。パインらに共通するのは、「CXを担当する役員を置く」ことの重要性を説いたことだ。

過去10年間にCX関連の文献は増え、細分化している。ソーシャルメディア論、感動的な（WOW）サービス、顧客満足のマネジメントと測定方法、CCO（顧客担当最高責任者）の役割、顧客サービス自体を不要にする自動化テクノロジーの応用事例まで多岐に及ぶ。

本書では、能動的なサービスとテクノロジー、エモーショナルコネクションの3つを組み合わせることによって投資対効果の高いCX強化を実現する方法論を扱うが、このような論点は今のところ、他では見当たらない。

CXを強化する鍵となる4つの取組みを挙げよう。

- CXの起点から完了までをマネジメントする……プロダクトデザインやマーケティング部門は、顧客に適切な事前期待を持たせるべきであり、事前期待を過度に煽りすぎてはいけない。顧客に事前期待を適正に持ってもらうには、組織横断的な取組みが必要になってくる。もし顧客の事前期待が間違ったものであれば、即座に正さなくてはならない。

- 投資対効果を検証する……効果を数値的に裏づける方法がなければ、CXを強化するための投資をCFO(財務担当最高責任者)に説得できないどころか、改善活動も中途半端な結果で終わってしまう。
- 能動的なサービス……顧客が気軽にヘルプを求めようとしても、どのような組織にも障壁が存在している。そうした障壁をできるだけ取り除き、顧客のクレームや問合せを促さなくてはならない。
- テクノロジーの活用……テクノロジーを導入するにしても、まず「あるべきCXの姿」をしっかりと定義したプロセスマップがなければ成功しないだろう。顧客が簡単にアクセスできる多様な顧客接点を整備し、わかりやすく情報を提供することによってトラブルを事前に防ぐことを可能にするテクノロジーが求められる。

また、サービス、マーケティング、テクノロジーにおいて一般的に誤解されている「神話」を本書で取り上げたい。たとえば、次のようなものである。

- 「顧客はトラブルに遭遇すると、必ずクレームを申し立てるものだ」……これを信じるというなら、まず自分自身の行動を振り返ってみてほしい。

- 「顧客にとって最高のサービスを提供するためには、それなりのコストを覚悟しなければならない」……実際は、過剰なサービスをめざす必要はない。適切なサービスによってもたらされる収益の増大とマージンの収益強化は、最高といわれるサービスにかけるコストの10倍にもなる。
- 「ソーシャルメディアが市場での成功の鍵を握っている」……しかし現実は、マーケティングの成功に大きく影響する消費者のクチコミを調査すると、大半はインターネットの外側で起こっており、サービスなどの顧客接点がきっかけとなって発生するものがほとんどだ。
- 「スマートフォンはCXに大きな変革をもたらす新しいツールである」……スマートフォンはあくまでもツールであり、顧客とのコミュニケーションのスピードを加速しているにすぎない。本当の意味で革新をもたらすテクノロジーは、ビッグデータ、通話分析、製品とメーカー間のワイヤレス通信だろう。
- 「ウェブサイトはもはや時代遅れだ」……決して時代遅れなんかではない。顧客の苦情は、電話あるいはツイッターを使うようになってきたのは確かだが、その前にほぼ例外なくウェブサイトを閲覧しているのだ。ところがウェブサイトの大半は、顧客サービスや能動的な顧客教育という点から見ると、まだまだ使いものにならないレベルなのだ。

企業は相変わらずウェブサイトをＩＴ部門に任せっ放しであり、コンテンツはマーケティング部門に独占されたままだ。

- 「顧客の不満が解消されないのは、優秀なオペレーターが不足しているからだ」……私たちの調査によれば、優れたＣＸを提供するうえで大切なことは、優秀なオペレーターを揃えることではなく、オペレーターが責任者から権限を与えられ、適切な情報へアクセスできる環境を整えることだ。

本書は、優れたＣＸを実現するために書かれたものだが、その構成を紹介しておこう。

第Ⅰ部　ＣＸから見る顧客像

ここでは、どのように顧客に事前期待を持たせるか。ＣＸとロイヤルティがいかに醸成されるかの関係性、ＣＸがきっかけとなって発生するクチコミの力をいかにマネジメントするかについて述べる。

私は長年にわたり、トラブルに対する顧客の反応、クチコミ、ネット上でのクチコミ[1]（Word of mouth）についての顧客行動を調査研究してきた。そこから学んだことをベースにして、「顧客に適切な事前期待を持たせ、それを満たす」ことができるＣＸのフレームワークをここで提示したい。

さらに、顧客の事前期待を理解し、次に事前期待を適切に設定し、それを満たすようにマネジメントをする、という一連の企業活動を財務的な効果に定量化する方法論を示したい。CFOやCMO（マーケティング担当最高責任者）を説得するには、数字がなくてはならない。

▼第Ⅱ部　起点から完了までのCXをデザインする

ここでは、CXの起点から完了までの企業活動を1つのマネジメントフレームワークで捉え、第1ステップから第4ステップまでの4つの構成要素に分け、順に説明する。

効果を測定できなければ、マネジメントすることもできない。そこで、フレームワークの4つの構成要素のそれぞれにおいて、プロセスと結果の測定基準を示す。

第1ステップは、「物事は最初に正しく実行する」。それにはまず、現状のCXと理想とするCXの「あるべき姿」をマッピングする。そこから、顧客の事前期待が裏切られ、不満につながるような箇所を見つけ出し、トラブルの発生を予防または回避する。CXマップを確認すると同時に、顧客と従業員がCXの中でパートナーとなれるような顧客中心の企業文化を醸成していく必要がある。

さらに、このステップにおいて、「顧客の注文を予見するピザ店（Psychic pizza）」、すなわち、先を見越したサービスとコミュニケーションについて論じる。顧客が次に何を求めているかを予見することは、ビッグデータを活用することによって可能となり、顧客が助けを求める前に適切なサービスや情報を届けることができる。

第2ステップは、顧客をサービスにアクセスしやすくするための環境整備である。ここは多少受け入れにくいステップかもしれない。経営者の多くは、苦情と問合せの件数をできるだけ減らしたいと考えている。しかし、実行すべき戦略は逆であり、「トラブルは教えていただかないと解決できません」という企業メッセージを前面に打ち出し、顧客には苦情を積極的に申し出てくれるようにお願いすべきだ。[2]

不満を持った顧客の意見を聞かないことが、どれだけの収益損失につながるかを具体的に数字で示さない限り、私の主張を認める経営者は少ないだろう。ここでは、顧客からの問合せや

---

(1) インターネット上のクチコミとしては、フェイスブック、ツイッターなどのSNSがあるが、その他に食べログやトリップアドバイザーなどレストラン、レジャーに始まり、コスメ、不動産などでクチコミが投稿できるサイトの数や業種は拡大している。その他、企業のホームページに投稿される苦情や問合せも含めて、ネット上のクチコミは増加しているが、まだ全体のクチコミの3分の1にも満たないといわれている。

(2) 苦情対応としての「受身的な」顧客サービスではなく、能動的なアプローチを含めて、著者は顧客サービスを総称的に「サービス」と呼んでいる。

クレームを促すことに成功した事例を紹介したい。コミュニケーションアクセスを複合的に持つ方法論についても考えたい。

第3ステップは、顧客に心のこもったサービスを提供することだ。それには顧客対応を担うサービス部門や現場担当者の役割を見直したい。従来の顧客サービス部門は、顧客の苦情や問合せ対応が中心であり、顧客の案件をたらい回しせず、最初に受け付けたオペレーターが問題解決する「第一次解決力」の強化に注力してきた。

戦略的には、オペレーターにさらなる投資を惜しまず、オペレーターの研修を充実させ、自社の商品を最大限に生かす方法を顧客に教育することができるようにすることを勧めている。またオペレーターには、状況に応じて、顧客とエモーショナルコネクションを持つことを意識させ、VOC(顧客の声)マネジメントを活用できる情報を集めるように促したい。

最後となる第4ステップは、顧客の声に耳を傾け、そこから学習することだ。CXの起点から完了までを対象にVOCマネジメントを実施するプロセスを構築する。その成果として、企業全体に構造的な変化を作り出し、顧客にとっても喜ばしい効果につながるはずだ。この最終ステップでのポイントは次の3点だ。

① 複合的な社内の情報源からVOC情報を集約し、CXの起点から完了までのVOCシステムを構築する。

② 複合的な情報源を統合することで、統一されたCXの全体像を作成する。

③ VOCデータを財務的な分析と組み合わせ、企業として、経済的ロジックに基づき、改善策の実行を判断する。改善策を打たずにそのまま放置した場合の財務的な損失を算出し、リスクに対する経営者のコミットメントを引き出す。

第Ⅲ部 CX導入のためにすべきこと

ここでは、CXを強化する取組みの中で、失敗に終わったり、成果につながらなかったケースを取り上げる。たとえば、テクノロジーの誤った活用、顧客担当者への権限委譲が不十分であり顧客のクレームに柔軟に対応できない、CXを理解したリーダーシップの不在などである。テクノロジーは、使い方さえ間違えなければ、顧客にとっても企業にとっても有益で、CXに大きな変革をもたらすだろう。今やどんな製品にでもマイクロチップが内蔵されている。自動車は、もはや車輪の付いたコンピュータだ。複雑さが加速している。

ところが、本書の「序文」でリチャード・デュフレイン氏が言ったように、もはや誰も取扱説明書を読まなくなっている。さらに、CX担当責任者のほとんどは、業務プロセスの要件定義など重要な判断を技術部門に任せすぎている。一方、技術担当責任者は、顧客サービスや顧客に事前期待を正しく持たせることなど「専門外だ」と言ってはばからない。

第Ⅲ部では、テクノロジーを正しくマネジメントすることでCXが大きく改善できることを示したい。顧客担当者への権限委譲に関しては、それが顧客対応の柔軟性を高め、いかに企業としてのリスクの抑制につながるのか。そして、最も重要なことだが、従業員への権限委譲の重要性をどのように経営陣に納得してもらうか、についてページを割きたい。

権限委譲を強化することは、顧客とのエモーショナルコネクションを作り出すうえでの鍵となり、問題解決が進み、無駄な時間が相当に節約できる。顧客対応において、顧客とのコネクションを強化するさまざまな取組みを可能にするうえで重要な鍵を握っている。

担当者が顧客の要望に応えられなければ、顧客とのコネクションを築くこと自体が難しい。権限委譲の強化は、顧客とのコネクションを作り出すうえで欠かせないものなのだ。

顧客が次にどんな行動に出るかを予測することは難しい。従業員には、自己判断できる裁量権をしっかりと渡しておかなければ、顧客に柔軟に対応し、リスクを抑えることが難しくなる。お金も時間もかからない、顧客とのコネクションの築き方について紹介しよう。権限委譲の強化、それを通じて顧客とのコネクションが本当に実現できたかの測定法についても触れたい。

私の知る限り、CX強化に失敗した経営者は、企業経営におけるCXの影響を数値的に正しく評価できていなかったと思う。成功の秘訣は、結果を数字で示すことにある。この点に関しては、CX担当責任者や、他部門の責任者が連携すべき役割について述べる。CXプロジェクトを開始し、成果を出し続けるベストプラクティスを紹介し、最後にCX部門を評価する具体的な指標を示したい。

本書では、CXに関して幅広い問題を取り上げるが、最初は、問題を表面的になぞり、次にベストプラクティスの紹介、よくある落とし穴、CX全体でどこに影響を及ぼすかを測定する指標の紹介、という進め方を取りたい。

本書は、前著*Strategic Customer Service*と同様、結果を出すための実践的なガイドを作るつもりで執筆した。本書内でCXが企業の収益性に与える影響を、単純で簡単に測定できる指標を使って説明しているが、私自身がこの手法を、あらゆる業種・業態の企業、非営利組織、行政機関において活用してきた実績に基づいている。本書で紹介するシンプルで明快なロジックが、顧客や企業の顧客担当者のフラストレーションを解消し、企業の収益性強化に役立ててもらえることを強く願ってやまない。

本書は、過去40年間にわたる調査・研究の集大成であり、多くの協力者によって実現した。私の40年来の同僚であるCCMCのスコット・ブロッツマン氏とマーク・グレイナー氏は、本書のかなりの部分に貢献してくれた。ICMIの創業者メンバーであるブラッド・クリーブランド氏、トゥルーノースのCEOピーター・W・ノース氏からは、サービスへのアクセス、テクノロジーとソーシャルメディアに関した多大な助言をいただいた。CCMCの調査部門責任者であるデビッド・ベインハッカー氏には、私の主張を裏づけるデータを提供していただいた。

他国のCX事情については、日本（東京）の株式会社ラーニングイットの畑中伸介氏、アルゼンチン（ブエノスアイレス）のエドアルド・ラヴェグリア氏より助言を受けた。米国トヨタ自動車販売のリチャード・デュフレイン氏には本書の序文に加えて、実際の経験に基づく知見をいただくことができた。

ワールプール社とフロンティア・コミュニケーションズ社でそれぞれCXを推進していたリン・ホルムグレン氏とミリコム・セルラー氏は、私の理論を実践に移し、その結果を引用することを許可してくれた。長年にわたりTARP社の私の部下、特にシンディー・グリム氏とクリスタル・コリヤー氏の洞察も、本書に生かされている。

妻のアリス・グッドマンは、数十年に及ぶ米議会証言の書記としての経験を生かし、本書を簡潔でわかりやすいものに仕上げてくれた。編集担当のリビー・コポーネン氏は、顧客サービスの専門家でない限りわからない表現を指摘し、最終原稿を仕上げてくれた。

マイケル・スネル氏は経験豊富なエージェントとしては完璧であり、難局では大いに励ましてもらった。出版元のAMACOMのボブ・ニルカインド氏は前著のときよりもさらに忍耐強く執筆中の私に付き合い、おかげで私は集中して作業を続けることができた。

もし本書に書かれていることに効果がないと感じたり、私の助言が不適切だと思った方はぜひ教えてほしい。知らされない問題は解決できない。私は、あなたを成功へ導くためにできる限りのことをしたいと思う。

第I部

CXから見る顧客像

The Customer and the Implications of Customer Experience

第1章 ▸▸▸ Why Good Service Might Not Result in a Great Experience

なぜ良いサービスが素晴らしい体験につながらないのか

誕生日に妻が買ってくれた高級ブランドの室内オーディオシステム。最近になって4台のスピーカーが故障した。不親切な取扱説明書だと思いながらもあれこれいじり、メーカーのフリーダイヤルに電話をかけ、音声メニューに従って20分待たされた揚げ句、その日はあきらめた。2日後、再び電話をかけてみたが、やはり待ち時間が長すぎてあきらめた。結局、私は地元の販売店に出張修理を依頼した。やって来た技術者は私と同様、困り果てた結果、メーカーに電話をかけたが、最終的な結論は、システムすべてをまるごとメーカーに送り返して修理するしかない、というものだった。

何週間も経って、オーディオシステムが私の手元に戻ったが、この案件は、おそらくメーカーのサポートセンターでは「1度の電話で解決した」と記録されただろう。そのブランドの名前を耳にするたびに、他の人が同じ過ちを犯さないように私は自分の体験を話したくてウズウズしている。

自社の顧客が体験していること。つまりCXが、あなたの想像以上に悪いことは十分にありうる。ここで問題にしたいのは、「顧客サービス」ではなく「CX」だ。サービスはCXの一部でしかない。

経営者の多くは自社の顧客担当者が礼儀正しくきちんと顧客対応していれば、素晴らしいCXが提供されているものと考えている。しかし、これは事実ではない。なぜならCXとは、顧客が体験することの起点から完了までを含み、真摯なマーケティングのメッセージに始まり、顧客には製品の保証期間を過ぎても、なお愛用し続けてもらえるようになることまでをめざしているからである。

経営者が犯す数多くの過ちの最初がCXと顧客サービスを明確に識別できないことだ。その2つをきちんと識別できなければ、経営者は現状のCXのレベルをも正確に把握することはできない。この誤解のせいで、経営者たちはCXの強化によって改善できる収益についても理解できないままでいる。優れたCXを提供するうえで最大の難関は、経営者は自己満足から抜け出すことだ。経営者のほとんどは自社のCXに満足しており、経営や決算に与える深刻なダメージに気づかないでいる。

本章では、まず独りよがりな状態から目を覚ましてもらうことをめざしたい。CXの現実を認識し、よく考えてほしい。意外に思われるかもしれないが、最も重要なのは次の5点である。

① 顧客の事前期待を理解することは比較的簡単だが、その事前期待を満たすことは考えているより難しい。

② 顧客の不満の原因は、従業員ではないことが多い。

③ 顧客が何も言ってこないのは必ずしも良いことではない。苦情件数が少ないからといって、優れたCXを提供できているとは限らない。

④ 自社の現状のCXをそのまま放置していると、相当な収益を損失することになる。これを回復することは不可能ではない。

⑤ テクノロジーは企業やCXに対する顧客の事前期待のあり方を変えたが、テクノロジーを効果的に使えば、とても安い投資だということに多くの経営者は気づいていない。

1 顧客の事前期待を理解する

顧客の事前期待はとても単純だ。顧客は予期しない不快な出来事を嫌がる。サービスを求めるときは、自分にとって最も便利な方法で容易にアクセスしたい。最初に出た顧客担当者にその場でトラブルを解決してもらいたい。たらい回しはされたくない。企業が誠意を持っている証が欲しい。しかし、こうした顧客の事前期待に応えることは、あなたが想像している以上に複雑だ。

2 予期しない、不快な出来事を起こさない

顧客は、製品やサービスに対して何を期待しているのだろうか。何か特別な、驚くほど素晴らしい体験を期待しているわけではない。むしろ約束どおり、自分が注文したとおりのものが、不快な出来事やわずらわしさを体験せずに、手元に届けられることを願っている。

顧客と約束したものを企業が提供するためには、まず、約束の内容を顧客にきちんと理解してもらうことだ。そのためには、マーケティング活動全般において企業には誠実さが求められる。顧客の側も、購入した製品やサービスの契約書をしっかり読んで理解するべきだ。

しかし厄介なことに、人々はあまり取扱説明書や契約書の類を読まないものだ。特に活字が小さい注意事項や、補足説明にまで目を通さない。小さな活字が、顧客体験に不快な出来事を持ち込む原因になる、ということを経営者には認識してもらいたい。

約束したものを無事に顧客の手元に届けるうえで重要なポイントが2つある。まずミスを犯さないこと。そしてそれを顧客の記憶に残るようにすることである。たとえば、飛行機のフライトを思い浮かべてほしい。定刻どおりに出発し、無事到着。荷物の紛失もなく何もトラブルが起こらなければ、あなたはそのフライトのことなど忘れてしまう。しかし、乗務員との間で何らかのやり取りが生まれると、あなたの記憶にはその印象が残るだろう。

一般的には、クレームやトラブル時の対応においてしか、航空会社は他社との差別化ができない。トラブル時にどう対応してくれたか、という点でしか「サービスの違い」を感じさせることができないのだ。第6章では、トラブル時の対応をいかに好印象にするかについて述べる。

CXを強化するうえでは、顧客の不満や疑念が生じそうな箇所はあらかじめ特定し、トラブルが起こる前に顧客に対して予防的な措置を取ることが重要だ。たとえば、ケーブルテレビ会社であれば、「技術者は明日の8時から9時までの間にうかがいます」と約束の再確認コールを入れる。飛行機のパイロットなら「滑走路が混雑のため、30分遅れます」などときめ細かくアナウンスをすることだ。理想を言えば、顧客が質問をする5分前にこれを実行することが望ましい。

こうした先読みのサービスを、私は「顧客の注文を予見するピザ店」と名づけた。「あなたが今注文されようとしたピザをお届けにあがりました！」と配達員が玄関に現れるようなサービスなのだ。先を見越したサービスの優位性については、第4章で詳述する。

▾サービスへの容易なアクセス

顧客がクレームを申し立てやすい仕組みを企業が作らない限り、ほとんどの顧客はわざわざ苦情を申し出たりしない。あなたの企業に不満なら、消費者が取る行動は他のブランドにスイッチするだけだ。「嫌なことがあれば教えてほしい」と、企業は、顧客のクレームを促し、またクレームを申し立てやすい環境（アクセス）を整えなくてはならない。

「消費者のクレームにいちいち対応していられない」という考えは捨て去ってほしい。「顧客から教えてもらわなければ、トラブルが起こったということを認識できない。認識できなければ解決できない」という企業姿勢を明確にし、積極的に改善していく意思を示さなくてはならない。

クレームを申し立てるという行為が簡単にできなければ、顧客はわざわざ面倒な手続きをしてまでフィードバックをしてくれないだろう。こうした傾向は20代に顕著で、彼らはそれより高い年齢層と比較して苦情を申し出ない。20代の消費者はフリーダイヤルの苦情相談窓口を利用することもなく、むしろネット検索で解決方法を探し出すだろう。

電話をかけなくても、必要な情報を見つけやすくしておくべきだ。情報は、顧客が必要としたとき、必要とした場所で、電話でもウェブでもスマートフォンでも、顧客にとって最も手軽な方法で入手できるようにすることが理想だ。

「アクセスのしやすさ」の重要性について具体例を紹介しよう。

ヨーロッパのある飲料メーカーが少し味のおかしな商品を出荷してしまった。残念なことに同メーカーのカスタマーセンターは、最大の顧客層が若者であったにもかかわらず、携帯メール経由での苦情を受け付けていなかった。しかも受付時間は月曜から金曜の9時から17時まで。消費者がそのメーカーのソフトドリンクを飲むのは、夜や週末であることが多い。では、いったい誰が土曜に飲んだ商品の味がおかしいからといって、その空き缶をわざわざ取っておき、月曜に電話をかけるだろうか。

限られた営業時間内に電話でしか受け付けなかったために、そのメーカーは事件の発生に気づくのが遅れ、大損害を招く結果になった。同社は巨額のコストをかけて、ヨーロッパ中の商品棚から商品を回収しなければならなくなったのである。

消費者からの苦情受付の時間帯を設定するには、自社の製品やサービスが使われる時間帯、あるいは製品やサービスについて問い合わせたくなるタイミング(たとえば、毎月の請求書が顧客に届くときなど)を考慮して決めるべきだろう。また、気軽に問合せができるよう、顧客から見て最も利用しやすいコミュニケーションチャネルを用意してほしい。

複雑で階層の深い自動音声応答システム(IVR)を採用している企業が多いが、これは大きな障壁になるだろう。解決策としては、苦情相談窓口のフリーダイヤル番号が記載されている横に、IVRの構造を追加すればどうだろう。簡潔な3~4つの選択肢(さらに「オペレーターと直接話す」を加える）が記載されていれば、消費者がＩＶＲを利用して目的を果たせる確率は著しく向上するはずだ。

電話をかける前にＩＶＲの選択肢の番号や構造がわかっていれば、音声案内を長々と聞く必要もなく、利用者の満足度も高くなる。おそらくＩＶＲ利用者が2割くらい増えるだろう。

大量の情報や何百もの「よくある質問（ＦＡＱ）」が載っているウェブサイトも顧客から見れば厄介だ。正しい解決策にたどり着くまでに手間と時間がかかる。最も一般的な質問に的を絞り、そのＦＡＱをわかりやすい場所に掲載すれば、大半の消費者はワンクリックで問題解決できるようになる。

苦情や要望に即座に応じることを可能にするには、顧客にとって利用しやすいコミュニケーションチャネルを用意することだ。そして具体的には、自社サイトに上位5つのＦＡＱを載せる、コールセンターの待ち時間は長くて60秒以内にするなど、顧客にとって意味のあるサービス基準を達成するべきだ。ウェブサイトや電話など顧客とのコミュニケーションに欠かせないチャネルと顧客応対の能力を備えたサービスへの連携が必要になる。つまり、フリーダイヤルの番号があっても、誰もすぐに電話に出てくれなかったり、顧客が求める情報がなかったりという状態では意味がないのだ。

第5章では、顧客のタイプによって最適なチャネルを通じてサービスを提供する方法について詳細に述べる。

▼最初のコンタクトで問題を解決する

顧客対応やサービスにおいて顧客はどんな事前期待を持っているか。顧客は、何よりも公平に扱ってもらいたい。そして要領よく問題が解決されることを望んでいる。顧客に公平で、効果的だと感じてもらうには、次に挙げるポイントを押さえてほしい。

- 最初に顧客と接した時点で、それが無理なら適切なタイミングで、顧客が求めている要望に応じる。
- 顧客の事前期待をしっかりと満たす。「顧客の事前期待を満たすだけでなく、常に事前期待を上回るべきだ」と考えられていることが多いが、それは無駄の多い、誤った認識である。この点については第4章で詳しく論じるが、顧客1人1人のすべての事前期待を満たすことは到底無理だ。「いいえ」という回答だったとしても、明快な説明があれば顧客に受け入れてもらえることも多い。これについては後で説明しよう。
- 専門用語を使わずに、解決方法や顧客が取るべき対策をわかりやすく説明する。

これらは、顧客接点が対面であれ、電話であれ、テクノロジーを使ったセルフサービスであれ、どんな場合にも当てはまる。顧客にとってトラブルが発生した場合、しっかりとしたサービスやスピーディな対応がなされない限り、顧客との関係に深刻な亀裂が入りうる、ということを常に念頭に置くことだ。顧客の事前期待が外れた、という状況になると、信頼とロイヤルティを永遠に失いかねない。

つまり、一般的に良いと考えられているサービスが必ずしも素晴らしいCXに結びつくとは限らない。そもそもトラブルがないのが一番だと顧客が感じて当然なのだ。

▼企業の誠意を示す

顧客の事前期待に沿えなかった場合、企業の顧客担当者が取れる行動はただ1つ、顧客を気遣っているという真摯な姿勢を示し、誠意を見せることである。

共感の力を見くびってはいけない。ほとんどの顧客は「起こってしまったこと」は受け入れてくれるものだ。その状況になったとき、顧客が求めるのは共感と、企業が彼らの痛みを感じているというしるしである。真心のこもった謝罪には驚くほどの効果がある。

企業が謝罪だけでなく償いの証として何かを提供することは、なお良い。たとえば、飛行機の乗り継ぎがうまくできなかった、機体の故障によってフライトがキャンセルされ、空港で長い夜を過ごさなくてはいけなくなったような場合だ。最悪なのは、杓子定規な対応で企業が責任逃れをすることである。こういった状況で航空会社にできるのは、素早く必要なもの（たとえば、食べ物や飲み物）を提供して、顧客の気持ちを理解し、気遣っている姿勢を示すことである。

企業が誠意を見せる方法としては、次のようなものがある。

- 顧客の言葉を別の言い方に置き換えて話す。これは「聞き返し（リフレクティブリスニング）」と呼ばれる手法である。そして、思いやりのある、同情的な口調で話しかけること。（チャットやEメールの場合でも）適切な語調で伝えれば、こちら側の気遣いを相手に伝えることができる。顧客の言葉を繰り返すことで、きちんと理解しているということを示すことができる。
- トラブルの原因や責任が企業側にない場合でも共感を示し、時には謝罪の気持ちを伝える。
- 顧客と同じ立場になって考え、「お客様の痛みはわかります」という気持ちを伝え、顧客とのエモーショナルコネクションを築く。
- きちんと顧客の話に耳を傾け、顧客に「聞いてもらえた」と感じてもらう。顧客が納得のいく対応をして、顧客が申し立てたクレームが製品やサービスの品質向上に役立てられると約束されたとき、顧客は「聞いてもらえた」と感じるのだ。

3 顧客の不満と不安の原因を見極める

一方、顧客の不満が担当者の行動や態度に起因していると思い込んでいる経営者も多い。しかし、よく考えてみてほしい。自社の従業員で「今日は客にわざとひどいサービスを提供してやろう」と思いながら出社している人間がいるだろうか。普通は誰もが顧客に満足してもらえることを望んでいるものだ。

確かに、中には従業員の行動に不満が出る場合もあるだろう。しかし大半の不満は、仕様書どおりの製品が顧客の手元に届けられていても起こってしまうものなのだ。これには、顧客と企業の双方に原因がある。顧客が製品の取扱い方を間違えてしまうこともあるし、製品のデザイン、マーケティング、サービスに問題があることもある。

言い換えれば、期待どおりの製品が顧客の手元に届いたとしても、顧客が製品説明やマーケティング上のコミュニケーションによって「裏切られた」と感じたり、あるいは単に製品を気に入ってもらえなかったことが顧客の不満につながることもある。

顧客の事前期待や製品の問題について、顧客サービス担当者が責任を負うわけではないが、顧客の怒りの矛先は顧客サービスへ向かうことになる。皮肉にも、顧客が事前期待が外れたと感じるのは、マーケティングや営業のコミュニケーションに起因する場合が多く、製品・サービス自体の欠陥よりも、不満やロイヤルティの低下につながりやすい。なぜなら、顧客は意図的に騙されたと感じてしまうからだ。顧客が騙されたと感じた不満は、顧客サービス担当者のミスや製品欠陥に対する不満の2〜4倍もロイヤルティへのダメージが大きいという調査結果がある。

どの業界においても、顧客の不満や不快な気分になる一番の原因を作り出しているのは企業自身である。何百社もの企業を対象にしてきた調査結果から、顧客の不満の原因は、大きく3つに分類できる。

- 顧客によるもの……20〜30%
- 企業によるもの……40〜60%
- 従業員の態度、ミス、方針違反……20〜30%

▼顧客自身が引き起こす不満

顧客はあまり取扱説明書を読まない。製品の使い方についても(論理的だったり非論理的だったりするものの)、思い込みを持ちやすい。そして、しばしば製品の使い方を誤ってしまう。たとえば、ある液体漂白剤の会社には「味を改善してはどうか」という要望が顧客から日常的に寄せられている。漂白剤を歯のホワイトニングに使っているのだろうが、もちろん一切お薦めできない使い方だ。

こうした行動の特性を逆手に取ってユーモラスにアプローチする企業もある。ある電化製品メーカーでは、製品を梱包した箱に「どうやってもうまくいかない場合は、取扱説明書をお読みください」と書かれたカードを同封している。

これまでに実施した数多くの顧客調査で、消費者に自動車の取扱説明書(オーナーズマニュアルの類)や火災保険の証書に目を通すかどうかを尋ねてきたが、「読む」と答えた割合は、常に2%以下だ。こういった顧客の行動特性を考えれば、顧客が操作を間違えないようにするには、まずシンプルなデザインの製品を作らなくてはいけない。

▼企業が原因となる不満

企業に原因があり、顧客の不満を引き起こすトラブルを大別すると、まず、顧客が予期しない不快な出来事が起こってしまう製品設計になっている。誤解を招くようなマーケティングや営業活動を行っており、顧客に誤った事前期待を持たせてしまう。そして、企業のプロセスが支離滅裂であり、部門間の連携がない、といったことが不満の主たる原因として挙げられる。

プロダクトデザイン▾最初からフラストレーションや顧客の誤操作を誘発するような意図でデザインされている製品はない。過剰な機能や複雑さがトラブルを誘発するのである。

たとえば、ほとんどの消費者はテレビのリモコンに付いている30以上の操作ボタンのうちのわずか数個しか使わないのだが、たまに間違ったボタンを押してしまうことで、元に戻せなくなるトラブルが不満につながる。こうした問題の解決法は、まずシンプルな機能のデザインにすること（リモコンのボタンを減らす）、または使用頻度の高いボタンを目立たせることだ（電源、チャンネル、消音、音量の操作ボタンの色を変える、大きくするなど）。

誤解を招く営業とマーケティングコミュニケーション▾誤解を招くようなマーケティングコミュニケーションや販促ツールに起因するトラブルは、ロイヤルティ低下への影響が最も大きい。なぜなら顧客は意図的に騙されたと感じるからだ。不良品や操作上のトラブルは許せても、詐欺を顧客は許さない。営業やマーケティング部門が製品の限界をわかりやすく伝えていなければ、最悪の不満につながってしまう。

顧客を裏切らないようにするためには、製品自体がシンプルでわかりやすいこと。また、誤解されそうな箇所についてあらかじめ顧客に注意喚起することだ。たとえば、ある保険会社では、損害保険証書において一定額以上の宝石や銃は保険適用外となることを明確に示している。

同社の営業部門では限度額を明記することにためらいがあったが、顧客は情報を教えられたことで安心し、むしろ掛け金が高くなるが、追加保証を申し込むようになった。

契約書、保証書、金融サービスの説明書などでは、活字が小さい、説明自体がわかりにくい、大事なポイントが補足説明の箇所に記載されているなどが顧客の不満につながりやすい。たとえば、ほとんどの自動車タイヤには道路のハザード（危険や障害物）に対する補償が付いているが、釘や石、道路のくぼみで受けた損傷は保険でカバーしていない。顧客は「ハザード」という名称で、どのような損傷も保険でカバーされていると思い込んでしまっていることが多いので、実費修理だとわかった時点で不満につながってしまう。「総合的な生涯保障」とうたいながら、例外や限度については小さな活字で表記している、というのもよくある事例だ。

支離滅裂なプロセス▼企業の組織が縦割りになっているために、顧客から見える業務プロセスが機能していないことも、顧客のフラストレーションを生み出す大きな原因となる。たとえば、ある家電メーカーでは、修理予約を受け付けるコールセンター担当者は顧客との会話を効率的に処理するように指示されていた。通話時間を短縮しようと性急に処理を進めた結果、修理担当の技術者は必要な部品を準備せずに顧客先に出向いてしまい、問題解決に2度の出張修理が必要となった。

改善後は、コールセンター担当者には余裕のある通話時間が認められ、「食洗機の不具合はどの段階で起こっていますか」「水はどの箇所から漏れていますか」という確認質問ができるようになり、2度以上の訪問を要する案件が30％減少した。電話で話す時間をわずかに延ばしただけで、無駄な出張訪問の費用が削減でき、家で待たされる顧客の不満も軽減される効果につながった。

▼従業員の態度とミス

従業員がミスを犯したり、時にはサボったり、ひどい態度を取ることもある。中には顧客と接する仕事が嫌いで、こうした業務に向いていない人もいるだろう。この場合は、CXのレベルの低さは、従業員に起因しているといってよいだろう。しかし、担当者の態度が悪い、知識がない、とコールセンターの顧客担当者を責めているケースでも、大抵の場合、根本的な原因は企業のプロセスにあることが多い。つまり、担当者を育成するトレーニングが不十分、モチベーションが低い、システム上の問題により顧客に十分なサポートができない、といった問題に起因しているからである。

この点については、現場のスタッフに質問すれば明らかになるだろう。「これまで顧客に対して失礼で冷淡な態度を取ったことがあるか」とヒアリングしてみるのだが、その前に「そもそもツールやサポート環境に問題があったのだろうけれど」と付け加えるだけで、彼らは問題のある態度を取ったことを認め、なぜそうなったのかを説明してくれる。

ある航空会社のゲート係員はこう話した。「フライトが定刻に出発できない状態が続いていたのですが、機体の修理がいつ頃終わるのか、そもそも修理可能なのかさえオペレーション部門から知らされませんでした。対応にあたった20人目のお客様から、フライトは本当に出るのか、と質問されたとき、私は日頃のトレーニングを忘れ、つい失礼な態度を取ってしまいました。私自身、事情がわからなくて情けなかったからです」。

私が、顧客サービスに関する記事で彼の発言を引用したところ、「失礼な態度の従業員はその場でクビにすればいいんだ!」とあるビジネスマンから怒りの意見が寄せられたのだが、そんな措置を取る必要はない。彼をクビにすればせっかくの素晴らしい従業員を失うことになる。ちょっとしたトレーニングと情報共有の方法を改善するだけで、問題は解決できるのだ。

4 何も言われないことは、必ずしも良いことではない

企業は不満を抱いている顧客の数を把握できない。なぜなら、不満を感じても実際に苦情を申し立てるのは、その中のごくわずかの顧客だけだからだ。苦情を申し立てる代わりに、顧客はその企業へのロイヤルティを失い、ネガティブなクチコミを広めてしまう。顧客から何も言

われないことは、必ずしも良いことではないのだ。いわゆる「氷山の一角」現象を理解しなくてはいけない。顧客からクレームとして申し立てられたトラブルよりも、企業の耳に入らないトラブルのほうが5倍のダメージがある。

私が開催するワークショップに参加したある大手のIT企業のサービス責任者が、時々発生するパソコンの動作が重くなる不具合について話してくれた。彼は保証期間内にパソコンの調子が悪くなれば、その顧客のほとんどが問い合わせてくるものだと思い込んでいた。「不具合になっても、実際にサポートセンターに申し立てるのは、せいぜい3分の1、おそらくは12分の1程度しか問い合わせていないだろう」と、私が過去の調査データをもとに説明すると、驚きの表情を隠せなかった。

大多数の顧客が苦情を申し立てない。その理由は次のとおりだ。

- 苦情を申し立てることがあまりにもわずらわしい。修理を手配するよりも故障した製品をそのまま使うほうが楽だと考えている。
- 苦情を言っても仕方ないとあきらめている。過去に経験した顧客のクレームを顧みない企業とのやり取りからそう思い込んでいる。これを私は「馴らされた絶望感」と呼んでいる。
- 企業の担当者からの報復を恐れている。たとえば、病院なら次から予約を受け付けて

図表1-1 ▶ トラブルの氷山と本社に届く苦情の割合

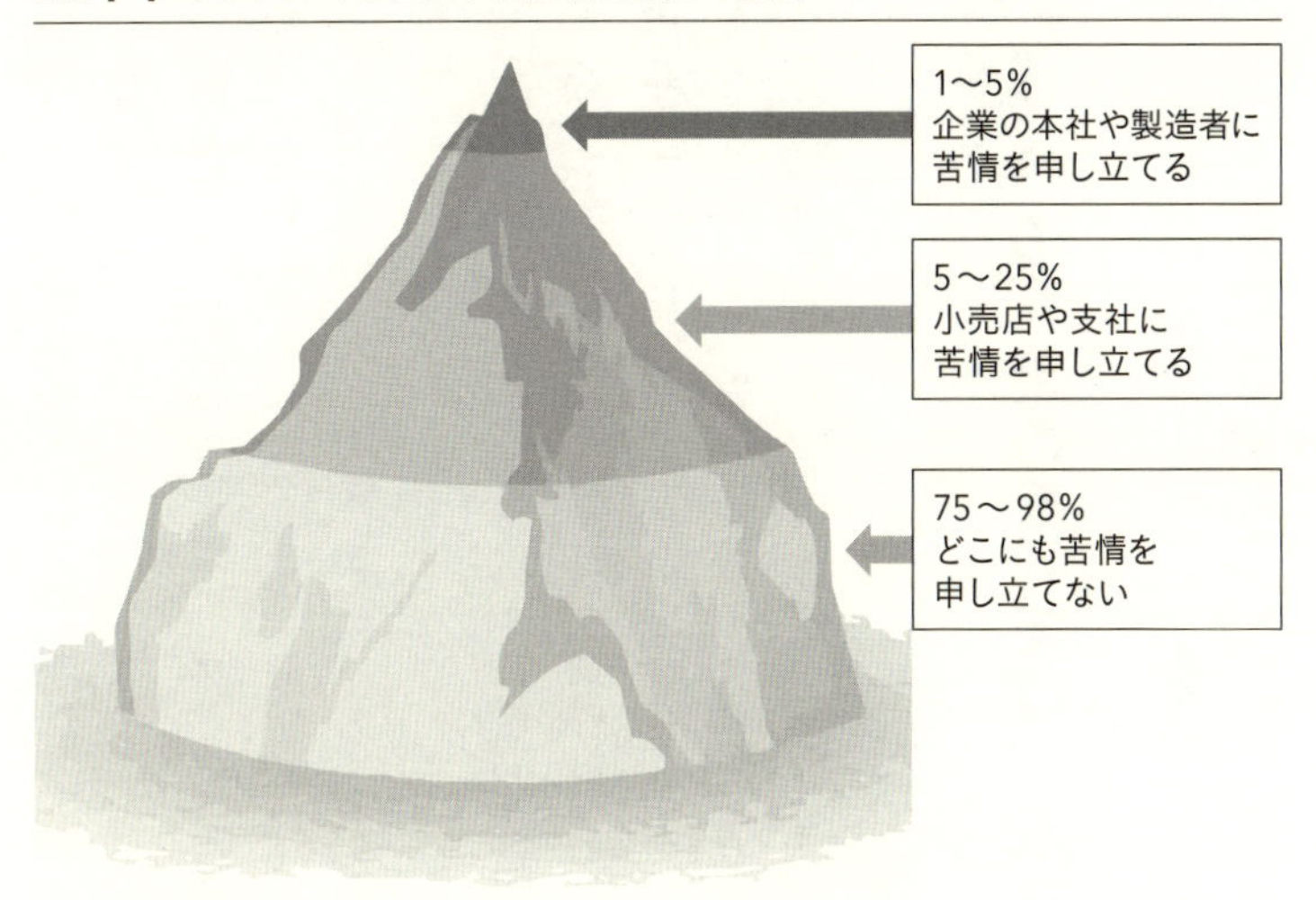

もらえないとか、銀行なら口座に何かされるのではないかと不安に思ってしまう。

- どこへ苦情を申し立てればよいのかがわからない。わざわざ苦情の受付窓口を調べる顧客は少数派だ。小売店で責任者が見つからなければ、あるいは製品に電話番号やEメールアドレスが記載されていなければ、ほとんどの人は、その時点で苦情を申し立てるのをあきらめてしまう。

図表1－1は「氷山の一角」現象を示している。これは1979年にホワイトハウスの委託プロジェクトとして実施した米国企業の苦情対応に関する調査での発見だ[☆1]。連邦政府、州政府、各地の行政機関や非営利団体

に加え、全米の大企業100社の顧客サービスについての包括的な調査を私自身が共同責任者として担当した。

この調査では、顧客が企業のトラブルに遭遇した際の苦情行動を特定したのだが、米国の人口動態に応じたクロスセクション分析も行った。CCMCが実施する2013年の「全米消費者の不満実態調査[1]」と比較しても、1979年当時の調査結果とあまり変わっておらず、今でも通用することがわかる[☆2]。

この図で示すように、企業の本社に届く苦情は、トラブルに遭遇した全顧客の1~5%にすぎない。つまり月に10件の苦情を受け付けている企業なら、同様のトラブルを抱えながら苦情を申し立てない顧客が200~1000人いるのである。第3章で解説するが、企業からは見えにくい不満と、満たされなかった顧客の事前期待は、間違いなく既存顧客の維持に悪影響を与え、収益損失を招いている。

5 なぜ今のままのCXでは、収益を取りこぼすことになるのか

稼ぎたいという強い欲望が、CXの改善を経営者に納得させる手段になる。つまり、CFOやCMOの「収益を改善したい」という願いを利用して、彼らをCX推進派に変えるのだ。

CXの経済的な側面は、明確に、しかし、控えめに、データによる実証的な手法で説明しなければならない。たとえば「表面化していないが、顧客の事前期待が満たされていないことで収益上に重大な影響を及ぼしている。対策を講じれば、○百万ドルの収益損失を回復することができる」といった説明が必要だ。

身近な例を使えば、苦情を申し立てたわずかな顧客は、少なくとも「解決のチャンス」を私たちに教えてくれており、75％を超える大半の顧客は不満を抱えているが、苦情を申し立てないままだ。その他少数の顧客は、代理店や小売店に苦情を持ち込んでいる、といった説明が成り立つ。

これまで私が行ってきた1000以上の調査では、企業に苦情が直接届かない場合、ロイヤルティが少なくとも20％は低下していることがわかっている。不満を抱えながら苦情を申し出ない顧客の5人に1人が競合他社に奪われる計算になる。前述のように、10件の苦情を受け付けた場合、200〜1000人の顧客が不満を抱えたまま放置され、40〜200人の顧客が離反している可能性がある。

---

(1) 全米消費者の不満実態調査は、グッドマンが率いるCCMCとアリゾナ州立大学「センター・フォー・サービス・リーダーシップ」らとのコラボレーションによって2年ごとに実施されている。1976年にグッドマンらがホワイトハウスの委託で行った大規模な消費者行動調査を踏襲しており、企業サービスと消費者行動の関係性を分析する継続的な市場観測として位置づけられている。

仮に顧客の平均価値を1000ドルとすると、10件の苦情による収益損失は4万〜20万ドルに達する。この数字に経営者が関心を示さないはずがない。なぜならCXを改善しない限り毎月これだけの収益を損失し続ける計算になるからだ。何もしないままでいることによる損失金を計算することで、改善策の実行を促すことができるだろう[☆3]。

私たちのこれまでの調査と経験によれば、次の5つのマーケティング効果とコスト削減効果を財務分析に加えることで、良いサービスを心掛けるよりも、優れたサービスに投資するほうが、結果的には経済的だといえるだろう。

▼顧客の離反を抑制する

顧客のトラブルを1件解決し、そのトラブルの原因を突き止めて予防することによって顧客の離反を抑制できる。財務上の効果にすると、トラブルの原因を解消したことで同様の不満を事前に回避できる。5人の不満顧客を予防したとすると、20%のロイヤルティ低下を回避できたことになり、1人の顧客損失を回復したことにつながる。つまり、1人の新規顧客の獲得に相当する。

また、トラブルを解決すれば、その顧客のロイヤルティが30〜50%向上する。問題解決に要するコストと比べて、1人の新規顧客の獲得にかかるコストは5〜10倍かかる。B to Bの場合だと、顧客価値が何千、何百万ドルに上ることがある。新規顧客の獲得にかかる経費が問題解決に要する経費の10～20倍になってしまうことは珍しくない。

クチコミを増やす

次に、クチコミは最も費用対効果の高い新規顧客の獲得手段である。基本的に顧客が商品を売り込んでくれるので、企業には一切のコストがかからない。顧客の紹介による新規顧客の比率をCMOに聞いて回ったところ、最も割合の低い企業でも20％、クチコミマーケティングに成功している企業では、なんと新規顧客の60～70％がクチコミによるものだった。

ネガティブな経験は大抵、ポジティブな経験の2～4倍のネガティブなクチコミを生む[☆4]。最高のサービスを提供することが好意的なクチコミを促し、マーケティング経費の節約につながる。この計算ロジックを理解すると、ほとんどのCMOは好意的なクチコミを増やそうとして、サービスへの投資を惜しまないだろう。

販売において、情報検索において、サービスにおいて、すべての顧客接点がクチコミを生み出すきっかけになる。仮に、顧客が不満に感じる箇所が顧客接点の20％に残ったままであれば、ネガティブなクチコミが拡散する事態は避けられないだろう。CX強化への投資をCMOに支持してもらうには、「高いROIが獲得できるのは、広告掲載か、それとも最高のCXから生じるポジティブなクチコミのどちらなのか」をCMOに質問するのが最も効果的だろう[☆5]。

▼高いマージン率を保つ

トラブルが少ないCXは、高いマージン率[2]を保つことができる。つまり、収益に貢献できる。トラブルが増えるほど、顧客は価格に敏感になる。その感度は最初のトラブル発生で倍増、複数のトラブルでさらに倍増する(第3章の図表3-11を参照)。

▼サービスコストを減らす

顧客接点でのコミュニケーションを強化できれば、多くの企業で顧客からの問合せ件数を30%程度は減らすことができる。企業が顧客接点で効果的に情報を提供することによって顧客に適正な事前期待を促し、社内のVOCシステムを機能させて発生するトラブルを事前に見極め、回避する施策を取ることで、問合せ自体を解消したり、件数を減らすことが可能だ。VOCシステムを活用するメリットは、サービスプロセスの瑕疵(かし)を特定し、改善することであり、これは顧客やサービス担当者のフラストレーション解消にもつながる。

▼法的コストを削る

企業が抱える法的トラブルやPR上の失態は、そもそも苦情が解決されなかったことに端を発している場合が多い。CXを強化すれば、少なくとも10％、場合によっては20％も、こういった事件から生じる経費を削減することができる。CXの経済的効果をCFOが信じていなければ、説得することもできない。私たちが最近実施した企業調査（160社対象）では、CXの財務的効果をCFOが理解している企業では、顧客関連のトラブルの解決が5倍早く、顧客満足度の持続的な向上を見込める確率が2倍高くなることがわかった[☆6]。

CXを強化するために必要な予算や人材などを確保したいのであれば、それが収益性の強化にもつながるということをCFOに理解してもらおう。第3章では、CX強化への投資が財務上の見返りにつながるケースと、何もせずに放置したままの状態で発生する収益損失を数値的にシミュレーションする方法を説明したい。

（2）売上高から売上原価を差し引いた売上総利益（粗利）を指す。製造業界では売上高から製造原価を差し引いたものを指し、流通業界では販売額と仕入原価との差額をいう。

6 CXを強化できるテクノロジー

CX強化のためのアプローチは、サービスを能動的に展開すること、そしてCXの起点から完了までをマネジメントすることにあるが、今やテクノロジーなしには実現できない。

具体的には、顧客や取引データの記録・分析・活用、電話やネット上での顧客対応マネジメント、ビジネス上でのワイヤレス通信の活用などが企業が活用できるテクノロジーである。同時に、消費者も日常的にスマートフォンやソーシャルメディアを生活の隅々で活用している。

こうしたテクノロジーを賢く使いこなすことで、大した経費をかけなくても、顧客にとって不快な出来事を簡単に減らし、効果的な顧客対応を増やし、サービス上の瑕疵があっても顧客の不満をファーストコンタクトで解決でき、企業として顧客に対する細心の気遣いを示すことができる。

次に、テクノロジーの特徴、本来の目的、メリットを示したい。詳細は後の章において述べることとする。

- 企業情報データベースとCRM(カスタマーリレーションシップ・マネジメント)の2つをあわせてビッグデータと呼んでいるが、これらを一緒に活用することで事業運営および取引情報を顧客データに結びつけることが可能になる。つまり企業側では、すでに起こってしまった出来事(サイズ違いの商品が発送されてしまい、顧客から返品があった、など)、顧客に対して起こりそうな出来事(配達予定日が遅れそうだ、あるいは電気料金の請求額がいつもより高くなりそうだ、など)、さらに顧客の購買履歴や取引総額といった自社にとっての顧客価値を把握している。こうしたデータをうまく組み合わせて活用すれば、顧客の身に起こった、または起こりそうなトラブルを、顧客自身がいちいち説明しなくても、企業側は詳細まで把握することができ、予防的措置をとることができる。

- コールマネジメント・システムの機能を使えば、コールセンターに掛かってきた問合せは、顧客への挨拶、ルーティング、待ち時間を適切に管理しながら、顧客を適切な担当者に素早くつなぐことができる。
- コンタクトマネジメント・システムによって、顧客からの問合せに対するサービスが強化される。顧客対応のサービス担当者は、顧客の履歴をしっかりと把握することで適切な対応が可能になり、その記録を残し、さらに顧客アンケートを取ることで、サービスの応対品質を継続的に改善することが可能になる。
- 自動音声応答システム(IVR)によって、顧客には多くの選択肢を提供できる。装置は取引用口座番号などの情報を収集する機能もある。しかし、顧客にとっては煩雑でわずらわしいと感じられてしまうことも多い。顧客視点で適切にデザインされたＩＶＲなら、顧客を素早く適切な担当者へとつなぐことができる。

- 音声・テキスト分析の技術は、当初は諜報活動における電話やＥメールの情報を解析する目的で開発されたものだが、現在では、一般の電話やＥメールの内容における感情を評価・分類・分析し、ＶＯＣ活動を強化することに活用されている。
- ワイヤレス通信のテクノロジーでは、今や製品自体が本社に電話をかけることが可能になり、顧客がトラブルを報告する手間も省ける。たとえば、オフィスのコピー機は自動的にメーカーのサービス部門にコンタクトし、トナーの注文や出張修理を依頼できるようになった。冷蔵庫は棚の空き具合を認識して、自動車のコマンドセンターやドライバーの携帯端末に連絡して、牛乳を買って来るように伝えることができる。同様に、個人は携帯から自宅のセキュリティシステムに電話することで、ハウスクリーニング業者が自宅に入れるようにセキュリティを一時的に解除することも可能だ。
- メッセージング、メール、ネット検索機能を備えたスマートフォンは、電話や対面のサービスの代替ツールとして台頭してきている。実際、多くの企業ではフリーダイヤルへの問合せ件数は減少し、メール、チャット、ウェブサービス（そしてまだ一部だが、ソーシャルメディアも）の活用が急速に増加している。顧客が時間や方法を気にせずにサービスを利用できるようになるからだ。

- ソーシャルメディア・サイトやそれに伴う監視ツールを使えば、顧客の行動や満足度をモニターして、企業も消費者もその情報を共有することができる。消費者は偏りのないレビュー情報を得ることで判断材料が増え、自己判断で選びやすくなったと感じるだろう。企業側もそういった情報を活用しビジネスに生かすことができるが、顧客からストーキングしていると思われないように注意する必要がある。

7 不快な出来事を取り除く

次に紹介するのは、顧客が不快に感じるトラブルを取り除いた好事例である。スマートフォンやタブレット用のメールアプリ「メールボックス」は、発表からわずか1カ月で130万人もの利用希望者を集めた。アプリの性質上、毎日6000万通のEメールを処理できる大規模なサーバーが必要になり、メールボックスでは当初、殺到する新サービスの利用申込みを受け付けることができなくなった。すべての希望者の申込みを受け付ければシステムの速度が落ち、利用者を不快にしてしまうからだ。また、莫大な数の見込み客をにべもなくただ断るのでは、それもまた不満につながるだけだ。

そこでメールボックスは、一度に数千人ずつの利用申込みを受け付け、技術的なキャパシティを超えないようにコントロールした。

次に、サービスの利用開始が遅れるという不快な体験をいかに顧客に説明し、多数の利用希望者を、共感と気遣いを持ってマネジメントするか、という問題になった。メールボックス側ではユーザーにアプリのダウンロードを許しながら、アプリ側から利用の予約ができるようにした。さらに予約した利用希望者には、自分が待ち行列の何番目にいるのかを見せ、カウントダウン形式で進捗を共有した。また、同時にメールボックスが1秒当たりいくつの新規アカウントを開設しているのかをリアルタイムでわかるようにしたのである。

予約した人々には、次のようなメッセージが送られた。「最高のEメール体験をお届けするために、先着順で予約を受け付けています。今すぐアプリをダウンロードして予約をしてください。アプリ上では『行列の進み具合』をリアルタイムでご覧いただけます」。

予約者数は多いときで50万人にも上ったが、「行列の長さ」は問題にはならなかった。パーソナライズされた気遣いを感じさせるリアルタイムの状況がアプリで示されたからだ。

- メールボックスは24時間体制で、人力が及ぶ限りのスピードで新規アカウントを作り続けている。
- メールボックスの運営会社は、サービスのスピードと安定性を重視しているので、一定の時間内に作成できる新規アカウントの数は限定される。

- 顧客は秒刻みでアプリが使える状態へ近づいていく。
- メールボックスは顧客をつなぎ止めようとする気遣いを見せ、そして同時に透明性を確保した。

予想に反して、行列が50万人になっても、申込みを取りやめたり、怒ったりするユーザーはいなかった。むしろ顧客は企業を信頼し、新しいアプリへの事前期待感を高めたのだ。これは最初から最後まで、巧みな顧客教育がなされ、事前期待と商品の品質が絶妙なバランスを保っていた事例だ。顧客にとって不快な出来事を取り除くことに加え、このｉＯＳ用のメールボックスアプリは、製品を受け取るまでの顧客の事前期待をリセットし、企業側の気遣いを顧客に伝え続けることで、サービスアクセスのトラブルにうまく対処して評価を得たのである。

同時に、会社として次のメッセージを発信した。「私どもの革新的なサービスにお申し込みいただいたあなたの正しいご判断に敬意を表します。長らくお待ちいただきまして、心より感謝申し上げます」と。

▼わずらわしいＩＶＲの解決策

消費者にとってありふれたトラブルだが、30年間も改善されなかった問題がＩＶＲのツリー構造のわずらわしさだ。著名な経営思想家で『エクセレント・カンパニー――超優良企業の条件』(1982年)[☆7]の著者の1人であるトム・ピーターズは、以前ツリー構造について私に取材し、その根本的な問題を記事にした。そのタイトル曰く、「1番を押してください、2番を押してください、3番を押してください。そうして顧客を苛立ちの頂点に押しやってしまう!」[☆8]。

ツリー構造にまつわる問題は、顧客に3~9個の選択肢を与え、短時間で最適な選択肢を選べと迫るため、ほとんど毎回といってよいほど顧客に不快な体験を味わわせてしまうことだ。選択のカテゴリーも紛らわしい専門用語を使っていることが多い。

さらに取引用口座番号、パスワード、暗証番号などの情報も求められる。聞き取りにくい案内メッセージが流れると、顧客は聞き続けるよりも、正しい選択肢の番号がどれかを選ぼうとするが、考えているうちに、次の2つの選択肢を聞き逃してしまう。

さらにわけがわからなくなり、イライラして怒りがこみ上げてくる。一度頭に血が上ると、人は理路整然と考えることができなくなり、さらに混乱してしまう。こうなったら、ほとんどの顧客は「0(ゼロ)」を押して、最初につながった担当者に苦情で八つ当たりする。ところが、今や多くのIVRには8つや9つの段階を踏んだ後でも、オペレーターにつながる選択肢の番号すらなく、顧客の怒りに油を注いでいる。

このトラブルを解決する方法がある。ローテクではあるが、すっきりと簡単なものだ。フリーダイヤルの番号が書かれているパンフレットやウェブサイト上に、少なくとも最初の選択肢の番号だけは示しておけばよい。

こうしておけば、顧客に選択肢を聞かせる必要も、その中から急いで選ばせる必要もない。電話をかける前に自分が選ぶ選択肢の番号がわかっているからだ。AARP（全米退職者協会）ではこの方法を用いて成功している。

GETTING STARTED すぐに始めてみよう

自己満足から脱するために確認すべきことがある

自社の現在のビジネス環境におけるＣＸの重要性を経営陣に認識してもらうためには、具体的なアクションを直ちに起こさずにはいられないような説得力のある説明が求められる。現状のままを続けることの問題点と、収益上の損失を明らかにし、ＣＸを強化するためのテクノロジーと組織改革への投資が、大きな利益貢献につながることを伝えなければならない。そのためには次の3つの行動が必要だ。

1 自社の現状のＣＸが、上層部が考えているほど素晴らしいものではないということ

を示すことだ。現場スタッフや販売員、小売店の人々にヒアリングしてほしい。やろうと思えば解決できるはずなのに、何カ月、何年も続いている顧客のクレーム、不満、愚痴の数々に耳を傾けたい。社内の情報システムやアンケート調査で報告されている苦情と、あなたが現場で集めたトラブルを比較してみよう。

2 現状のCXをそのまま放置し、何もしないことによる収益損失は、役員たちが考えているよりも大きいだろう。何人かの離れていった元顧客をサンプリングして、彼らの体験を聞き、ケーススタディをしてみよう。それを動画で録画できれば理想的だ。そして、自社の顧客離れを計算しよう。通常、離れた顧客の半数は、CX上の問題に起因している。その数値に自社の平均的な顧客収益価値を掛けると、損失した収益がわかる。効果的なCXの改善によって、その数字を回復できるだろう。

3 CXの問題は、商品やビジネスプロセスに根差すものだろうか。いくつかの問題を選んで、現場の従業員にその原因を尋ねてみよう。そうすれば、すべてではないにしてもプロセス、商品のデザイン、営業やマーケティングコミュニケーションによる誤解などから生じる瑕疵が見つかるだろう。

本章のまとめ KEY TAKEAWAYS

- 顧客の事前期待は、約束されたものを「不快な出来事がなく」受け取ることにある。しかし、これを実現することは、多くの企業が考えているほど簡単ではない。
- 顧客の不満を引き起こしているのは、サービスに就くフロントの従業員ではない。原因は、企業の意図的な行動にあり、また、説明書やマニュアル、契約書を読まずに責任転嫁する顧客自身にある。
- 顧客から何も言われないことは必ずしもよいことではない。苦情件数が少ないからと言って、最高のCXを提供しているとは限らない。実際に耳に入る苦情の割合はごくわずかである。その結果、企業は自己満足に陥りやすく、素晴らしいサービスを提供していると自負していても、顧客を取り戻すことは難しくなるだろう。
- サービスが素晴らしいことと、最高の顧客体験とは同義語ではない。CXのダメージを引き起こしている原因の大半は、顧客が予期しなかった「不快な出来事」であり、顧客サービスにおいて対応する以前に、すでに収益損失が起きていることが多いのだ。
- 現在のCXで取りこぼしている利益を数値化できれば、CXの強化に投資してもらうよう、自社のCFOやCMOを説得することができる。
- 顧客に能動的に働きかけるサービスは、顧客体験をスムーズなものにし、顧客の記憶に残るものとなるはずだ。必ずしもサービスに人が介在する必要はなく、テクノロジーが適切に配備されていれば可能であるし、そのための投資もそれほど高いものではないかもしれない。

第2章 ▸▸▸ More Than People: Customer Experience = People + Process + Technology

CX＝人＋プロセス＋テクノロジー

先日、私はユナイテッド航空のスターアライアンスに提携している航空会社の国際線フライトをアップグレードしようと、エリート・サービスデスクと呼ばれる窓口へ出向いたのだが、高額なエコノミーチケット、それも返金不可能な航空券を最初に購入しない限り、アップグレードは保証できないと教えられた。提携する航空会社の予約状況を確認したくても購入済みの航空券が必要で、しかも、手元にチケットがあってもアップグレードは保証されないというのだ。

なぜ、他社のアップグレード情報データベースにリンクするという単純なことができないのかと尋ねると、ユナイテッド航空は長年にわたってデータベースへの接続を要求しているのだが、いまだに実現されていないのだという。残念なことに、データベースの連携[1]ができないために顧客も社員もイライラさせられているのだ。

経営者の多くは、賢くて礼儀正しいスタッフが、顧客に対してパーソナライズされたサービスを提供することがCXだと考えている。しかし、それだけではCXは成立しないし、顧客に素晴らしいCXともならない。

まず、CXとは顧客にサービスを提供するだけのものではない。

CXは顧客体験の起点から完了までを指す。そして素晴らしいCXの実現は、サービス担当者の力だけでできるものでなく、慎重に設計されたプロセスとテクノロジーの組合せが不可欠となる。

本章では、以下の3点について述べる。

① 4つの要素から成るフレームワークを使って、常に最高のCXを提供する。
② フレームワークの各フェーズでテクノロジーを応用する。
③ CXの効果を測定し、管理する指標を決定する。

1 CXを強化する4つのフレームワーク

CXを強化するには、組織のすべての活動と結びつける必要がある。たとえば、顧客との直接的な接点がなくても、顧客の体験全体に影響を及ぼす活動が含まれる。たとえば、人事部には顧客と直接的な接点はないが、従業員の採用やトレーニング、給与体系や動機づけはCXに多大な影響を与える。仮に人事部がトレーニングへの投資を惜しんだり、優秀な従業員に出す報酬が魅力的でなければ、顧客サービスを担当するスタッフの質の低下を招き、CXのレベルが組織的に低下しかねない。

次の4つの要素から構成されるフレームワークは、組織の全体的な活動がCXにどのような影響を及ぼすかを示し、CX全体が組織的な活動に確実に組み込まれるようにするためのものである。これによってカネのかかる無駄なサービスを減らし、完全で一貫性があり、継続的な改善を可能にするCXを実現できる。

フレームワークは次の4つから成る。

(1) 同社のこの状況は、原著が書かれた時点のものであり、現在の同社の問題点を指摘するものではない。

①「物事は最初に正しく実行する（DIRFT）」……CXにおけるトラブルの原因をたどっていくと、多くは満たされなかった顧客の事前期待にある。優れたCXを提供するには、企業は製品に対する顧客の事前期待を正しく設定し、プロセスはもちろんだが、ツールや協力会社など、約束されたものを届けるために配慮しなくてはならない。製品だけでなく、そのデザイン、販売、配送、そして請求に至るまでの全段階をCXの観点で計画的に行うことが求められる。

②顧客が利用しやすいチャネルとサービスへの容易なアクセス……顧客が困ったり、疑問に感じた際にはサービスやサポートに簡単にアクセスできるようにすること。そもそも顧客の心理は、企業が助けてくれるとも思っていないし、企業に助けを求めようとしていない。そして、本当に助けを必要としたとき、パスワード、自動音声応答システム、コールセンターで待たされる時間など、顧客はテクノロジーの苦い試練にさらされている。

③すべてのチャネルを通して提供する顧客へのサービス……サービスの強化は顧客を満足させるだけではない。顧客とのエモーショナルコネクションを効果的に作り出し、トラブルが起こらないように予防する。結果的に顧客の好意的なクチコミが広がっていくことになる。

図表2-1 ▸ CX強化に向けた継続的改善の4つの要素

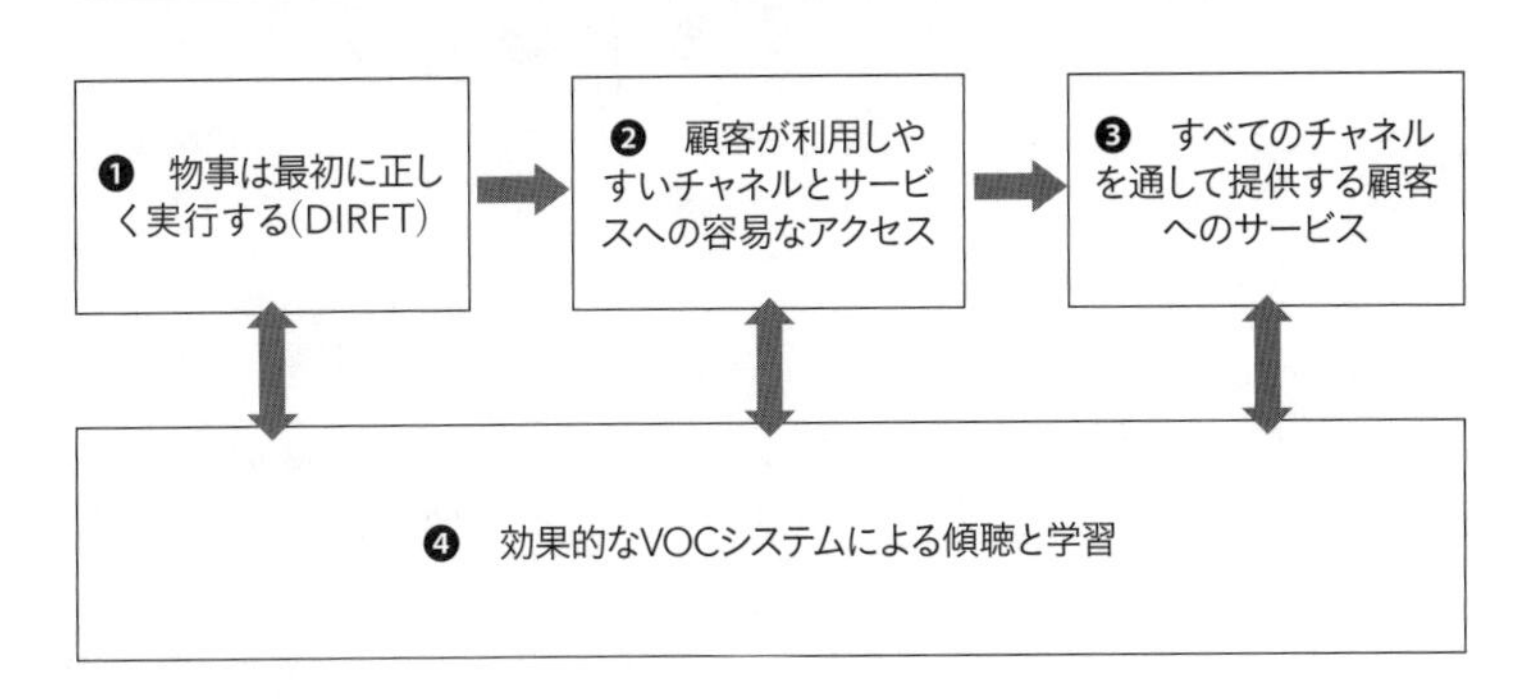

④　効果的なVOCシステムによるCXの傾聴と学習……CXを強化する第4の要素は、DIRFT、顧客接点を促すチャネル、サービスからのフィードバックを収集し、プロセス全体の改善に役立てることにある。継続的改善を通じて付加価値は高まり、最初から物事を正しく実行できるようになる。

図表2－1に4つの要素から成るフレームワークをまとめた。本章ではフレームワークの各要素について解説し、人、プロセス、テクノロジーの役割について述べる。後半では各要素の詳細な実践事例を紹介する。

▼物事は最初に正しく実行する

製品やサービスを購入するとき、顧客の事前期待は、企業が約束したとおりのものを不快な出来事を体験せずに手に入れることにある。最初から、事前期待を上回る「WOW!」を求めている顧客はほとんどいないだろう。飛行機で移動したいとき、定刻どおりに、預けた荷物を失うことなく、A地点からB地点まで移動したいだけなのだ。

競合他社との差別化でサービスに付加価値を付けようと、ファーストクラスでの無料ドリンクの種類を増やしたり、機内サービスの充実を図ろうとすることはあるだろうが、顧客にとっての最大の関心事は、定刻どおりに荷物と一緒に目的地へ無事にたどり着くことなのである。

顧客には、あらかじめ設定された基本的な事前期待の順序(あるいは、優先順位)がある。たとえばコーヒーショップなら、美味しいコーヒー、くつろげる場所、さらに友人と一緒に会話を楽しめる場所という事前期待が一般的だろう。最初からコーヒーショップを「社交の場」として位置づけることはないかもしれないが、たった1杯のコーヒーであっても、企業としてのブランドプロミス(2)に「社交」を組み込んで差別化を図る戦略が成り立つ。

スターバックスの利用者は素晴らしいCXを得るために、かなりの追加料金を支払っている。そこにはWi-Fi環境、自分の名前を覚えている、または少なくとも自分がいつもオーダーするものを覚えてくれているバリスタの存在が含まれる。実際にバリスタが「いつもどおり、ノンファットミルクのキャラメルフラペチーノですね!」と客に向かって言うのを聞いたことがある。

ある大手の証券会社でも、ブローカーやスタッフとおしゃべりをするために電話をかけてくる年配の顧客層がいるようだ。社交のニーズは確かにあるのだ。

ひとたび顧客に提供するものを明確にして約束したところで、顧客担当者には適切なツール、つまり適切に設計されたプロセスとテクノロジーによって、約束したものをうまく顧客に提供しなくてはならないが、同時に、個人的な顧客の要望や事前期待にある程度対応できる柔軟性も必要になってくる。

DIRFTの成功は、3つの点にかかっている。

1つ目は、顧客の事前期待を適切に設定することなのだが、残念ながら、ほとんどの営業・マーケティング部門のDNAには存在していない。彼らは製品の長所を強調し、限界や短所は控えめに言う傾向が強い。

2つ目は、製品に対する顧客の事前期待の範囲は広く多岐にわたるため、マーケティングを担当するスタッフはもちろんだが、サービス担当者らが製品を届ける際にも期待値を再設定しなくてはならない場合が多い。

3つ目は、天候や機械の故障といった外的要因、あるいは顧客自身のステータスや状況も変化する。同じ顧客でも変化するだろう。たとえば、休暇中の旅行でフライトがキャンセルされてもさほど怒らないが、仕事の出張でスケジュールがギリギリの状態のときにフライトがキャ

(2) ブランディング戦略上で、企業が生活者、株主、社会、そしてその会社の従業員に対しての「約束」を明示したもの。長期的な企業成長を支える要素として顧客に向き合い、CX強化をブランドプロミスに掲げる意味は大きい。

ンセルされると腹立たしい気持ちになるのは避けられない。休暇中であれば、次便のフライトへ予約変更してもらえれば私は満足するだろうが、出張中なら別の経由地にルート変更してでも定刻どおりか、それに近い時間に到着できないと納得できないだろう。サービスを強化するには、航空会社の担当者や予約変更のプロセスに柔軟さが必要であり、理想的には、さらに顧客とのエモーショナルコネクションを大切にするようなサービスが望ましい。

顧客が求めるものに合わせてカスタマイズしながら製品を届ける柔軟性を発揮するには、信頼という企業文化が必要になる。顧客の求めているものを察知し、事前期待を満たせるように製品を届けるには、現場の担当者を信頼し、彼らに権限移譲しなければならない。そのためには、適切なプロセスとテクノロジーを現場に落とし込む必要がある。

組織の柔軟性を発揮した好事例が新しい携帯電話会社のティンモバイルである。同社は、携帯端末を利用する顧客に降り掛かる不快な出来事の多くを取り除くことに成功している。たとえば、割増金、支払い遅延時の延滞金、早期契約時の解除料金などを撤廃した。

携帯電話会社の契約に限らず、銀行、クレジットカード会社などに見られる不快なルールについては、『ハーバード・ビジネス・レビュー』誌の「お客様が敵に変わる時」[☆1]という記事に詳しい。

ティンモバイルが提供しているのは、顧客が痛みを伴わない製品のデリバリーと満足のいく心のこもった最高級のサービスであり、携帯端末業界を見渡せば、過酷な競争の中で、顧客に長期的な契約を強制し、サービスは問題だらけの企業ばかりの中でその存在は突出している。

基本的な携帯端末サービスはコモディティ化して非常に安価になっているし、グーグル、アップル、サムスンなどのブランドによるスマートフォンの急速な機能的革新で、端末にはほとんど差がないことも競争激化の要因だ。唯一残された差別化の要素がCXである。

複数年の縛りがある契約を強いる競合他社と違って、ティンモバイルでは毎月の使用量に応じて高いプランや安いプランが適用される。もし月間の総通話時間やデータ通信量が予想より少なければ、顧客は翌月にクレジットをもらえる。予想よりも多く使っても、過大な割増料金を支払う必要はなく、一段階上のプランに変更されるだけだ。プランは自動的に顧客のニーズに最適化されるのである。

ティンモバイルのビジネスモデルは、顧客に対して不快な出来事を一切作らないことの存在意義と価値をはっきりと証明している。同社はスプリントから衛星回線を購入し、競争力のある親しみやすいサービスで差別化に成功している。結果的に、顧客は非常に満足し、企業としての収益性も高くなった。コモディティ化した業界では特にサービスによる差別化が重要であり、携帯端末サービス業界のように顧客を大切に扱わないことで世間的評価が低いセクターにおいて十分に打ち勝てることをはっきりと示している。

靴の通販事業で成功したザッポスでは、購入した靴を気に入らなければ無料で返品できる。たとえ購入と返品を繰り返す顧客であっても、例外扱いはしない。ザッポスが、このような顧客にとってありがたい方針を打ち出せるのは、販売の時点において、クリエイティブかつ賢いやり方で顧客に情報を伝えて教育し、返品が例外となるように努めているからである。

ザッポスでは、「この靴は私の足にピッタリだろうか」という最も一般的な消費者の質問に対して、「フィットサーベイ」という仕組みを使って、慎重にかつ最初の顧客接点で応えるようにしている。フィットサーベイには、靴のサイズに関して蓄積された情報、顧客からの質問に対する回答、商品を購入した顧客のアドバイスが満載されている。

こういったプロセスはクラウドソーシング[3]と呼ばれる。買い物客は商品が表示サイズに比べて大きめなのか小さめなのかといった、多数の利用者から実際の体験に基づいて収集された具体的な情報を確認できる。ザッポスが、利用者に対してこのような親切な返品方針を掲げられるのは、フィットサーベイに集約されたサイズ情報を顧客と共有しているからだ。ザッポスは、顧客にわかりやすい情報を与えて教育し、物事を最初に正しく実行することに徹している。これによって返品を最小限に抑えることで収益性を強化している。DIRFTのフェーズに顧客が参加し、成功しているケースだ。

▼顧客が利用しやすいチャネルとサービスへの容易なアクセス

サービスへのアクセスを簡単にすることは難しくはない、と多くの経営者は考えているようだが、実はそんなに単純ではない。

ほとんどの企業は、アクセスを技術的な問題として捉えている。電話に早く応答する、顧客からの電話を適切な部署に回せるようなツリー構造を構築する、Eメールやチャットに連動したウェブサイトを作る、などだ。

そもそも顧客は企業が助けてくれるとは思っておらず、わざわざ企業の顧客サービス窓口に頼ろうなんて思ってもいない。しかし、いざ企業にヘルプを求めると、顧客はいくつもの壁に遭遇してしまう。

ある代表的なIT企業では、夜中の2時頃になるとテクニカルサポートを求める入電件数が目立って多かった。ほとんどの社員は眠っているのに、テクノロジーオタクがしっかり活動している時間帯だ。結果的に、同社は顧客のニーズに応えるために、夜通しサポートできるチームを作った。

顧客からのアクセスを効果的に受け付けようとすると、まずは、サポートを必要とする顧客に対して壁を作らないことだ。さらに、顧客の要望に応えられるような、柔軟性の高いサービスであることが重要だ。

---

(3) リソース(人的資源)の調達において「不特定多数の人(クラウド)」を活用する手法。クチコミやレビューサイト、コミュニティサイトなどは、効果的なCXを作り出す上でのクラウドソーシング事例といえる。

壁を壊す▾顧客の多くは、サポートを求めないものだ。そもそも、どこでサポートを受けることができるのかさえもわからないと考えていたり、企業は助けてくれないだろう、という先入観があったり、そもそも面倒だと思ったりしている。顧客からのアクセスを構築するには、顧客の心理的な障壁を壊していかなくてはならない。

まず、顧客がトラブルに最も遭遇しそうなタイミング、そして目に付きやすい場所に企業からメッセージを掲げてみよう。ある証券会社では「私たちに知らされたトラブルしか解決することができません!」という目立つ紫色のステッカーを、顧客に送る資産運用報告書の表紙に貼り付けた。さらに、サービスなど相談窓口のコンタクト先一覧を顧客に提供した。その結果、困っている顧客からのコンタクトが増え、顧客のトラブルを改善し、顧客に対してトラブルを予防する情報も提供できるようになった。

あるバイクメーカーでは、販売ディーラーの店頭に同じようなメッセージのポスターを掲げるように推奨している。顧客からの苦情を聞かないことで生じる収益損失額を示すと、ほとんどのディーラーはポスターを張り出すようになった。

サービスの需要量を予測する▾最初にやるべきことは、顧客がいつヘルプを必要としているか、いつ企業にコンタクトしたがっているかを理解することだ。基本的には、商品を使っている時間帯、商品について考えている時間帯は、企業のヘルプを必要とするはずだ。顧客のコンタクト件数はさまざまな要因によって変化する──広告掲載や収益の量、製品のトラブルの程度。たとえば、クリスマスイブにもらった玩具を組み立てたいときにサポートが必要になるだろう。嘘か誠か、天気や月の満ち欠けでさえ、顧客からの入電件数に影響を与えると言われている。実際、満月の夜には奇妙で感情的な電話が増えるらしい。

金融サービスや企業向けのビジネス(B to B)では週末に営業しない会社が多いが、顧客が質問したいことがあるのは、溜まったメールや請求書の類を週末にチェックしているときだろう。顧客が疑問を抱いたときに企業のサービスにアクセスできるのが望ましい。

次のステップは、顧客がアクセスしたいと思ったときに、顧客が使いたいと考えているチャネルをすべて用意しておくことである。たとえば、商品について調べたいときには、顧客が素早く目的のページを見つけられるように、ウェブサイトのサイトマップはわかりやすくしておく。ウェブを見ていた顧客が担当者と話をしたいと考えた場合に備えて、チャネルの変更はわかりやすく簡単にできるようにしておくべきだ。

たとえば、顧客がクレジットカードの請求項目を明細書またはオンラインでチェックしているとき、何か疑問があれば担当者とすぐに話したいと思うはずだ。請求書やウェブサイトの目に付く場所には、フリーダイヤルの番号を掲載しておく必要がある。ウェブサイトなら「コールミー・ボタン」[4]がなお良いだろう。たとえば宅配便の場合、通常ならば顧客は荷物の追跡をするセルフサービス機能を嫌がらずに使うだろうが、予定日時になっても荷物が届かないといったトラブルに遭遇すると、セルフサービスでは対応できない。コールミー・ボタンをクリックすれば、担当者に相談して、遅延の理由や再配達の手配について決めることが可能になる。

十分なキャパシティを備える▼すべてのコミュニケーションチャネルの利用量を正確に予測し、顧客からのコンタクトに対して十分な応対処理能力を備えておく必要がある。よく訓練された顧客担当者を配置し、シンプルでわかりやすいナビゲーションのウェブサイト、必要な情報を網羅し、最新情報にアップデートされたナレッジベース、常に組織内の変更を反映している自動音声応答システム（IVR）のツリー構造など、タイムリーで正確な回答を保証する電話応対に限らず、チャット、ウェブサイト経由の問合せ受付、ソーシャルメディアでの発信、Eメールなども同様だ。

しかし、顧客接点での業務量を仮に正確に予測できたとしても、経営者の責任はそこで終わりではない。顧客が簡単に操作でき、セキュリティ上、安心できるチャネルを構築することで、顧客からのコンタクトの発生状況に応じて、テクノロジー環境と十分なマンパワーを備え、組織としてよく訓練されたスタッフへとつなげることが必要になる。さらに、顧客が選んだチャネルの間をスムーズに行き来できるようにし、顧客の問合せに対応可能な能力とナレッジコンテンツを備えたスタッフへとつなげる。

また、どの企業にとっても重大な課題になってきたのが、厳しさを増す企業のセキュリティ要件を満たすことである。ハッキングや個人情報を盗まれる危険性が高まる中でも、顧客はパスワードを記憶し、変更するわずらわしさに不満を募らせている。これもまた、顧客がサービスを受ける際の壁となり、顧客の維持率低下に影響を与え、ネガティブなクチコミにつながる可能性がある。こういった事態に対処するため、ウェブサイト上にFAQを掲載し、顧客がわざわざログインしなくても、回答を入手できるようにしている企業が増えつつあるが、これは賢いやり方だ。

常に変動する需要に対応する▼顧客からの電話に応答し、正確な応対をする要員の配置は、業務量の変動が大きい環境においては重要な課題だ。どんな企業のコールセンターでも、地元のクリーニング店でさえ、業務量には大きな変動がある。月曜の朝にピークを迎え、10時30分頃には約半分、木曜の午後には4分の1にまで下がる。このような変動する業務量に対して、どうすれば費用効率の高い要員配置ができるだろうか。顧客はサービスが受け付けられるまで、それほど長く待ってくれない。

オンライン上のキャパシティを調整することに加えて、前述のパスワード地獄[☆2]も同時

(4) ネット上の画面に設けられた「コールミー・ボタン」をクリックすることで、そのままコールセンターにつながる仕組みを指す。

に解決したCXの改善事例がある。多くの有名大学と提携して大規模なオンライン公開講座（MOOC）を事業化して急成長しているオンラインコミュニティのコーセラだ。学生がコースを受講し、その単位取得を認定する学校運営では、セキュリティ上も安全なアクセス環境が重要となる。学生の本人確認を行ったうえで提出される課題を認証するプロセスは、実際の学校同様に、オンライン上の教育プログラムでも重要になる。いい加減な認証プロセスでは、学生の単位取得や修了認定に疑義が生じてしまい、オンライン講座の訴求力が弱まり、やる気のある学生を募集することも、優秀な管理者を採用することも難しくなってしまう。

コーセラが開発したシグニチャトラック・システムは、オンラインセキュリティ上の課題を簡単に、効果的に解決している。他でありがちな個人情報を何度も尋ねたりするようなものではない。さらに認証レベルを強化することで、同社のオンラインコース自体の有効性、正当性、信頼性の付加価値を上げようとしている。

シグニチャトラックではコース受講開始前に、学生は政府発行の写真入り身分証明のスキャンデータを提出しなくてはならない。そして、学生の課題提出やテスト受講の際には必ず、スピーディーでシンプルな認証プロセスを行っている。それは、本人が簡単な文章をタイプする動作をウェブカメラで撮影し、その速さやリズムなどから本人のタイピングパターンを認証するというものだ。この認証プロセスでは、なりすましなどでごまかすことが難しく、また複雑なパスワードを学生に記憶させる必要性もない、非常に効果的な認証方法である。

もう1つの事例は、一般に広く普及したブロードバンド環境を使って、コールセンターで大きく変動する業務量を在宅ワーカーに割り振り、キャパを調整できるようにした事例だ。従来の8時間シフトではなく、パートタイム勤務を採用し、子どもが学校に通っている8〜10時や9〜12時といった時間帯に働く在宅ワーカーを採用するコールセンターが増えている。もし急に業務量が増えそうなときには、スーパーバイザーから追加10人の在宅勤務者に通知し、最初にログインした6人に業務を割り振るといったシフト運営の形態を採用している。

ある生花配達サービスの会社では、45分間のマイクロシフトと呼ばれる小刻みなシフト勤務の制度を作った。この手法は大規模なコールセンター、オンラインビジネスにおけるメールやチャット業務では有効だが、対面の小売り店舗のサービス環境では採用しづらいだろう。パートタイマーを2〜3時間シフトで活用する小売店もあるようだが、在宅勤務型のセンターのように効率的には機能しないだろう。

▼すべてのチャネルを通して提供する顧客へのサービス

企業の顧客サービス部門が以前から重視してきたのは、顧客の問合せに応え、要望を満たすことである。サービス担当マネジャーや現場で顧客対応に就くスタッフは、いまだに自らの役割を、個々の顧客に対応し、案件を処理することだと考えている。具体的には、かかってきた電話に応対する、Eメールに返信する、顧客の注文を受ける、あるいは苦情や問合せを解決するといったことだ。

しかし、CXをめざす組織では、顧客へのサービス機能には5つのゴール設定が必要になる。

① 最初のコンタクトでの問題を解決する(以前からの目標でもある)。
② 適切なタイミングでクロスセルを実施する。
③ 顧客教育を通じて、不必要なコンタクトを回避する。
④ 適切な状況で、顧客とエモーショナルコネクションを作り、付加価値を高める。
⑤ VOCのための情報収集を行う。

1つの応対処理をする間にこれら5つの目標を達成している企業はごくまれだ。高級デパートのニーマン・マーカスの通販部門は、ほぼ満点に近い顧客応対を実現している。顧客担当者らは、自分たちが販売している洋服を愛しており、ほぼすべての電話応対において、顧客とのエモーショナルコネクションを作り、顧客に合った情報を提供することで理解を促し、顧客のフィードバックを記録し、さらにクロスセル(たとえば、アクセサリーなど)を行う、これらを自由に判断して実践できる自己裁量権と専門的知識を備えている。

素晴らしいサービスには人が欠かせないが、プロセス、テクノロジー、パートナーも同様に不可欠な要素である。サービスを提供するスタッフが揃っていたとしても、プロセス、テクノロジー、5つの目標を従業員全員で達成するという企業文化まで揃っている企業は少ない。しかし優れた企業では、シンプルな顧客対応を1つ実行するにおいても、5つの目標すべてを達成するのである。

テクノロジーを活用した効果的なサービスデリバリーの好事例が、サービス業界自体に存在する。ノッシュはグーグルが出資しているスタートアップ、ファイア・スポッター・ラボが外食好きな人々のために作ったソーシャルプラットフォームだ。そこからスピンオフして開発されたレストランの予約や行列待ち用の管理アプリが「ノッシュリスト」である。扱いづらいうえに利用範囲が限定される端末は必要ない。

席が空くと、レストランはノッシュリストから予約客のスマートフォンにテキストメッセージを送る。待ち客はレストラン周辺で待っている必要はないし、かさばる電子端末を持たされることもない。レストラン側も専用の電子端末やシステム機器を購入したりメンテナンスにかかる経費を心配する必要がない。こうしたわかりやすいメリットに加え、ノッシュリストに蓄積されたデータ分析機能を使えば、レストラン客のロイヤルティ、利用客の属性分析が詳細に把握できるのである。

過去の来店で長く待たされた顧客には、店側からお詫びのメールを入れる、次回は優先的に席を案内する、あるいは一度は待たされたにもかかわらず再来店してくれたことへの感謝の意を示すことなどができる。加えてノッシュリストでは、時間帯、曜日ごとの平均待ち時間を正確に示し、サービスパフォーマンスの履歴を確認することができる。店側では勘や経験則に頼らずに顧客の事前期待を管理できるようになり、長く待たされて不満を持つ客にフレンドリーな接客サービスで穴埋めする必要もなくなるのだ。

▼CXの傾聴と学習

顧客の声に耳を傾けて学習する（L&L：Listening and Learning）は、従来のVOCよりも幅広い概念である。L&Lでは、CXから獲得できるすべてのデータを分析の対象にする。

従来のVOC手法では、苦情、アンケート調査、フォーカスグループなどを主な対象としていた。しかし現在では、ソーシャルメディア、CXにかかわる従業員からのコメント、さらに業務上のデータからも「顧客に何かトラブルが発生した、または発生しそうだ」といったCXに関連する情報を得ることができる。

L&Lのラーニング（学習）は、CXについて詳しい情報を獲得するだけでなく、それに対して何らかのアクションを取ることができるようになることである。これは非常に重要なことだ。

私の経験では、社内にVOCシステムを持つ企業の半数以上が経営に生かしきれていない。その理由は、VOCをベースに改善のアクションを取れば必ず大きな見返りがあることを誰も信じていないか、単に無関心だからである。

顧客体験を効果的に改善するには、L&Lの機能は、顧客体験の起点から完了までをカバーし、CXの全体像を浮き彫りにしなければならない。これによって組織は次のことができるようになる。

- サービスにコンタクトすることのない大多数の顧客も含めた、すべての顧客ベースのCXを理解する。
- 改善アクションを取ることの経済的必然性に基づいて、縦割り組織を横断的に見渡してアクションの優先度を決定する。
- CXの強化プロジェクトの実行においては、最適な部門を任命し、実質的な責任と権限を割り当て、プロジェクトの効果と財務的影響を測定する。

「起点から完了まで」には、販売前のコミュニケーションから請求を含むすべての活動が含まれる。その中で起こりうる、顧客にとって不快な出来事のすべてを特定し、特に重大な「痛点」に対処することが求められる。BtoBのような長期的な関係や、通信や金融サービスなど継続的なサービス事業の場合には、顧客担当者、フィールドサービス・スタッフ、口座管理、顧客管理などが対象になる。企業にとって最大のダメージは、苦情として申し立てられていないトラブルであることが多い。

たとえば、コピー機メーカー3社で行った調査によると、営業担当者による説明不足や曖昧さが、機械の故障や修理の遅れと比べて4倍ものダメージをロイヤルティに与えていることがわかった。しかし営業担当者の説明が悪い、という問題は、人間関係に軋轢（あつれき）が生じるのを恐れてか、なかなか苦情として表面化しない。したがって、一般的な苦情収集システムでは、最もダメージが大きなトラブルや問題が認識できないのである。

CXの全体像を把握するための統合されたVOCシステムがあれば、単一のデータソースから得られる情報の食い違い、矛盾、偏りの影響を軽減することができる。VOCは顧客アンケートだと捉えている企業も多い。単一のデータソースから来る偏りを排除し、効果的なVOCを構築するには、アンケート、カスタマー・タッチポイント（サービスと営業の両面から）、そして顧客に影響を及ぼしている業務上発生している出来事（たとえば、製品保証の請求内容や件数、予約のキャンセル、在庫切れ、精算、延滞料、配送の遅れなど）を含めるべきだ。

処理作業のデータをチェックすれば、配送の遅れなどのトラブルが生じていることを把握できるし、同様のトラブルが発生する前に顧客に知らせることが可能になる。顧客からの電話、Eメール、手紙にはすぐに対策を取るべき情報が含まれている。なぜなら、アンケートに比べて時間のズレがなく、具体的に顧客の事前期待、最もロイヤルティに影響しそうなトラブルを把握するきっかけになるからだ。

また、従業員から寄せられる意見や情報も重要である。顧客の事前期待のズレや顧客が遭遇するトラブル、社内の業務上のトラブルの原因を説明できることが多い。

最近のVOCにおける2つの大きな変化は、オンラインコミュニティと通話分析の登場であり、VOCシステムが劇的に変化してきた。

オンラインコミュニティから得られるフィードバックは貴重で、不特定多数の消費者からの優先事項やアイディアを収集することができる。たとえば、スターバックスや会計ソフト大手のイントゥイットではオンライン上のカスタマーコミュニティでさまざまな質問に答えたり、新しいアイディアを集めることから大きなメリットを得ている。

通話分析はもともと米国の諜報機関が開発した技術だが、会話で使われている言葉を解析して、会話の目的、テーマ、さらには雰囲気までも読み取ることができる。この技術を活用すれば、毎日の何百、何千という電話での会話を解析し、最も満足度の高い結果に終わった会話に使われた言葉や回答を特定することが可能になる。解析結果はスタッフのトレーニングや評価に利用できるだろう。ある通信会社では、顧客応対の品質管理担当者を半分以上減らしても、通話分析のほうが効率的かつ正確で一貫性があったそうだ。

2 CXの各フェーズにテクノロジーを適用する

CXの効果的なプロセスを構築するうえでの最も重要な概念はマス・カスタマイゼーション[5]にある。つまり、顧客体験を事前に予測して個々のニーズに合わせるのだ[☆3]。これを実現するには、どんなに小規模な店舗のような環境でも、テクノロジーに頼らざるをえない。

顧客のニーズを事前に予測することについては、一例として先に紹介した「顧客の注文を予見するピザ店」のコンセプトがここに含まれる。事前に予測することが大切なのは、それが不快な出来事の対極にあるものだからだ。ポジティブな驚きの要素は、通常の取引や応対が味気ないものではなく、顧客の記憶に残るものとなるだろう。大きな驚きにならなくても、予測することで顧客の不満や不快感の原因となる不確定要素を取り除くことはできる。

飛行機での移動を思い浮かべてほしい。乗り継ぎ時間があまりなく、ギリギリのタイミングで機長から「乗り継ぎ便を待たせています」というアナウンスがあったら？　乗客はホッと安心するに違いない。すべてしっかりと管理されている、という状態を顧客は感じたいのだ。先手を打つコミュニケーションは、出来事の重要性に正比例して安堵と喜びをもたらしてくれる。

顧客にカスタマイズしたサービスを提供するには、顧客の履歴と今の状況を把握する必要がある。テクノロジーがなければ、事前予測もカスタマイズも難しい。特に今の時代、顧客の多くはテクノロジーを使っての取引を求めているのだから。もしこの提案に納得がいかないのなら、最後に銀行の窓口で預金をしたときか、現金を引き出したときを思い出してほしい。ATMなら60秒以内でできる時代にわざわざ時間をかけたいと考える人はまれだろう。テクノロジーによって簡単に利用できるなら、多くの人は日常的な取引に使いたいと思うものだ。

「顧客の注文を予見するピザ店」のコンセプトは、不快な体験を快適なものに変えることもできる。たとえば、ケーブルテレビのトラブルが発生すると、技術者や修理担当者を家で待つしかない。修理の予約を午前中（8〜12時）に入れたとしよう。予約日の前日14時半にケーブルテレビ会社から連絡があり、「明日の朝8時から8時15分の間に技術者が電話をさせていただき、到着時間をお知らせします」と言われたら？　不安は解消し、予約日前日の午後や当日の朝に確認の電話を入れる必要がなくなる。もし技術者から8時15分に電話があり、11時前後20分の間に到着予定だと言われれば、予約の訪問を待ちながらも2つくらいの用事を片づけることができるだろう。

この方法を採用している企業では、いつになれば修理が完了して仕事場に戻れるのかを心配する顧客からの電話が減り、簡単な用事で10分ほど外出してしまったために技術者の訪問と行

(5) 1990年代に登場した概念だが、消費者・顧客のニーズの多様化に対応して「最高の顧客満足を、迅速に、かつ低コストで実現させる」(ジョー・パイン) ことをめざす考え方として、製造業のみならず、サービス産業でも取り組まれている。

き違いになる顧客も減り、予約の実行率が高くなった。テクノロジーによって最初の予約時点から顧客に合わせたスケジュール管理やコミュニケーションの方法を取ることが可能だ。

電力会社の南カリフォルニア・エジソン(SCE)の事例を見てみよう。同社では、ワイヤレス通信を使って把握した月初10日間の電気使用量に基づき、請求額が著しく高額になりそうな顧客にはEメールを送り、節電方法を案内している。対象顧客の50%以上がEメールを開き(広告メールの通常の開封率が5%程度なので、50%以上は非常に高い)、エネルギー使用量も減った。さらに、SCEの環境保護活動に対する満足度も上がり、賛辞のメッセージも増えた。これらはすべて、悪いニュースを顧客にいち早く伝えたからなのだ。

3 CXの効果を測定する

CXの4つのフレームワークを使うことによって、自社の組織がCXを効果的に実践できているか評価できる。4つの要素それぞれにおいて、高い顧客満足度、ロイヤルティと収益性強化につながるのだが、いまだに経営者の認識は低い。経営者は、すでに多くの人材や資源を投資してしまっており、すでに使っている指標が適切だと考えているようだ。

CXに対する影響度では、4つの中では低いのがサービスアクセスだが、この領域の指標フォーマンス指標を4つのエリアで採用した場合にどうなるかを見てみよう。が、ここをマネジメントする指標はまだあまり広まっていない。まず一般的に使われているパが最も整備されているようだ。CX全体への影響度が最も大きいのは、DIRFTとL&Lだ

- DIRFTについては、ほとんどの企業では、製品やサービス自体の品質基準を持っている。基本的な生産工程およびサービス業務運営上の品質基準である。しかし、顧客の事前期待をどれだけ効果的に設定し、製品の使い方などについて顧客に理解を促しているかの基準を設けて、指標測定している企業は少ない。もし顧客が誤解したままであったり、製品の活用法を知らなければ、商品の価値は劇的に下がってしまう。操作方法がわかりにくいテレビのリモコンや自動車の制御装置を思い浮かべてみてほしい。
- サービス担当の経営者であれば、サービスへのつながりやすさについての詳細な指標をたくさん持っているだろう(放棄呼率[6]、応対までのスピードなど)。しかし、苦情を積極的に受け付けたこととの効果を測る指標はない。顧客が不満や苦情を申し立てるにあたっての障壁をどれだけ取り除き、多くの苦情を受け付けたかを知ることが重要だ。

(6) コールセンターに電話をかけると、オペレーターにつながるまで「待ち行列」の中で待たされることになる。待たされる人が不満から自発的に切ってしまったコールを放棄呼と呼ぶ。受け付けたコールを分母にする放棄呼率がKPIの1つになる。

- サービスデリバリーに関しては最もしっかりとした指標がある。満足度調査、録音された顧客との通話の評価などがある。サービス担当の役員は、サービスプロセスを測るたくさんの指標に溺れていると言えるくらい充実した管理指標を持っている。しかし、流行りの指標の多くは百害あって一利なしだ。例を挙げよう。フレッド・ライクヘルドが『ハーバード・ビジネス・レビュー』誌に発表したネットプロモーター・スコア（NPS）では[☆4]、企業にコンタクトを取った結果、不満ではないが十分に満足しきれていない顧客層を無視していると同時に、不満があっても苦情を申し立てない顧客のことを考慮に入れていない[☆5]。
- L&LとVOCシステムの効果を測る指標を導入している企業はごくわずかだ。トラブルがどれくらい解決されたと思うか、などの顧客アンケートで調べることができる。

すぐに始めてみよう GETTING STARTED

現在のCXを見直してみよう

1 自社のCXプロセスの現状を、4つの要素から成るフレームワークを使って見直してみよう。どのプロセスにおいて顧客の事前期待を設定し、ロイヤルティを損なう障壁を取り除き、L&L（傾聴と学習）ができるだろうか。

2 顧客にとっての「不快な出来事」を予測し、回避するための方法論があるだろうか。あるいは、少なくとも顧客に警告しているだろうか。

3 自社で導入しているテクノロジーのどこで顧客が詰まってしまうのか、それを検知して知らせてくれる仕組みはあるだろうか。

4 CXの4つの要素が有効に機能しているかを測る指標が揃っているだろうか。

本章のまとめ
KEY TAKEAWAYS

常に最高のCXを顧客に提供するメカニズムには6つの要素がある。

- DIRFT（最初に物事を正しく実行する）。顧客の事前期待を適切に設定し、商品やサービスを約束したとおりに提供する。
- サービスに簡単にアクセスさせるような戦略が要る。顧客がサービスを求める際の障壁をなくし、顧客が必要としたときに、どのコミュニケーションチャネルにも容易にアクセスできるようにする。

- サービスにおいては、顧客の基本的な要求に応えながら、顧客とのエモーショナルコネクションを作り出す。さらに、顧客がトラブルに遭遇しないように、顧客に適切な情報を提供し、教育する。
- 顧客の声に耳を傾けて、そこから学習する（L＆L）。VOCシステムを活用することで、CXの起点から完了までの流れを検証する。効果的な改善策につなげるために、顧客体験の全体像を浮かび上がらせる。
- 効果的なCXテクノロジーの導入によって、CX上の各プロセスを強化し、現場の従業員のパフォーマンスを向上させることができる。さらに、トラブルを察知し、能動的なコミュニケーションを取ることで、顧客よりも先回りしてトラブルの発生を予防する。顧客のニーズに合ったCXを提供するようなカスタマイズも可能になる。
- 測定されていないものは改善できない。CX上の4つの要素を効果的に測定できている企業はごくわずかだが、CXのKPIを導入することで効果的なマネジメントが可能になる。

第3章 何もしない場合のコストを算出してアクションを起こす

Jump-Starting Action by Quantifying the Revenue Cost of Inaction

ＣＸを強化したいという提案も、説得力のある説明材料を準備しない限り、財務担当者には潰されてしまうかもしれない。収益性強化という成果はすぐには数字に表れにくいため、ＣＸへの投資を出し惜しみして、結局は大金を失っているケースが多い。結果として、短期的な効率性アップや経費削減ができるプロセス改善に取り組みやすく、顧客ロイヤルティや長期的な収益性を確保するための道を閉ざしている企業をよく見かける。

例を挙げてみよう。大手のＩＴ企業の顧客が商品購入後91日目にテクニカルサポートへ電話をした。しかし、彼は90日以上の延長保証に登録していなかったので、サポートの提供はにべもなく断られた。なぜこうなるかというと、財務部門や商品管理部門は、たった一度の電話サポートでさえ経費がかかりすぎると信じているからだ。

私の概算では、サポートの拒否によるロイヤルティへのダメージとクチコミの影響を考慮すると、失われた利益は一度の電話対応にかかる経費の10倍に上る。

私も説得を試みたが、残念ながらその企業は将来的な損失と長期的な収益性のシミュレーションを理解できなかった。先見性のある企業なら、トラブルを抱えている顧客をなんとか助けようとすると同時に、延長保証に登録すれば、さらなるサポートが受けられることを顧客に伝えるだろう。

別の事例を挙げよう。ある医者が自分のスマートフォンをとても気に入っていて、患者や他の医師からのカルテや病状画像の送受信に使っていた。新しい高級車を購入しようとしたとき、彼はスマートフォンと自動車のコミュニケーションシステムを同期させたかったのだが、簡単には同期せず、ディーラーの営業担当者も自動車メーカーのサービスセンターもスマートフォン側に何か原因があると決めつけた。

しかし、彼が2番目に気に入っていた自動車メーカーの車種では、スマートフォンとの同期がスムーズにできた。結局、彼はどちらのメーカーの車を購入したのだろうか。彼の妻曰く、「主人はカメラ機能が優れているスマートフォンを購入し、ハンズフリーで電話が使える車を選んだのよ」。ほとんどの顧客は、これと似たような理由でいろいろな購買の決定をしている。小さな問題を無視する企業は、大きな利益を遠ざけているのだ。

本章では、CXを強化する投資金額を大きく上回る収益がもたらされることを説明する。また、この事実を経営陣に理解してもらうために、特にサービスへ投資することの経済的必然性の推定方法について解説する。一般的な見方とは裏腹に、「平均より良いCX」よりも「優れたCX」に投資するほうが経済効果が高くなるものなのだ。また、本章で扱う主張だが、常に顧客に感動を与えるべきだという考えに対する異論を述べる。感動は時折あればよく、常に顧客を感動させようとするのは費用対効果が悪い。

本章では、第1章で確認した顧客行動(満足度、ロイヤルティ、クチコミ)で示唆した内容と第2章のCXの4つの要素から構成されるフレームワークの概念を結びつける。また、CFOの投資判断を促すものとして、CXを強化する投資が収益へ与える影響を数値化する方法を示す。

以下で考察するのは、次の5つのトピックだ。

① なぜ財務担当役員は「非常に優れたCX」への投資が「平均より良いCX」より高くつくと考えているのか。

② CXの強化による収益、クチコミ、マージン率への影響をどのように数値化するのか。

③ 非常に優れたCXを実現することで得られる経費削減効果をどのように数値化するのか。

④　半信半疑のＣＦＯや他の経営者たちに最高のＣＸを作る価値を理解してもらうだけでなく、現状維持は非常に危険だということを納得してもらうにはどうすればよいか。

⑤　どのような戦略で攻めるか、つまり、ＣＸを強化する施策がたくさん考えられる中で最も合理的な方法を選択するにはどうすればよいか。また、戦略面に加えて、現場レベルでの費用対効果を即時的に判断できるようにするには、テクノロジーがどのように役立つか。

1 「最高のＣＸ」が高くつくという誤解

残念ながら、短期的な経費がほとんどいつも長期的な収益に勝る結果になってしまう。

私が最近かかわった2つの小売店と家電メーカーでは共通して、在庫レベルを非常に低く設定していた。その理由は、財務部門が在庫管理に相当額の原価配分を計上していたからだ。小売店では在庫切れが頻繁に起こっており、家電メーカーでは修理用の部品を顧客に迅速に発送することができなかった。在庫切れは、顧客の再購買意欲や同ブランドの他の製品を購入しようという気持ちに深刻なダメージを与える。２つの小売店と家電メーカーでは、確かに在庫を抱えるための相当な経費がかかっていた。

しかし、財務部門は「在庫を持たないことによる見えない経費」の発生に気づかなかったのである。サービス、在庫、品質に直接的にかかわる経費は簡単に算出できるが、それらを顧客に提供しない場合、収益、利益、クチコミに与えるダメージを算出することは難しいと考えがちだ。その結果、「最高のCX」を実現しようとするとROI（投資対効果）が見合わず、「現状のCXのまま」または「平均よりは少しましなCX」でよし、と結論づけてしまう。

実際にはとんでもないストーリーだが、最高のCX事例として有名な逸話がある。デパートのノードストローム[1]では、他社よりも優れた返品ポリシーを守るため、販売してもいないタイヤの返品に応じたとか、ある運送会社では、空港が濃霧で閉鎖されたときに担当者がヘリコプターをチャーターして顧客の荷物を配送したといった話がある。

そういったことは確かに一度は起こったのだろうし、美談かもしれないが、最高のCXとは言えない。なぜなら、日常的にはそんなにコストのかかる行動が期待されているわけではないし、実際に効率も悪い。

最高のCXに要する経費を算出するのは簡単だと考えている人は多い。経費に含まれるのはスタッフの人件費、トレーニングに要する経費やトレーニング中の人件費、テクノロジー、そ

(1) ノードストロームの店舗があった場所が、かつてタイヤ店だったために勘違いをして返品に来た老婦人に対して、無条件で返品する方針のノードストロームが応じたという逸話。

して特に、不満を抱いた顧客への返金くらいだと考えているだろう。実際に、顧客は期待どおりのものが手に入ったときのほうが満足するし、手に入らなかった場合には、その理由をきちんと説明されたときのほうが公正な扱いを受けたと感じる。

この事実を踏まえれば、実際に取るべき対策は、実は一般的な常識とは異なるものになるだろう。たとえば、ある自動車メーカーでは、保証期間外の修理において全額をメーカー側で負担した顧客の満足度は、部品は無償にしたものの修理代(取付料)が請求された顧客よりも低いことが傾向として見られることがわかった。なぜなら一部の修理部品代を支払う際に、保証および顧客が保証期間内に受けた恩恵について詳しく説明されたからだ。顧客にとって、修理代金よりも説明が重要だったのである。

貧弱なCXが収益とクチコミに与えるダメージを数値化することは、次の3つの理由からそれほど簡単ではないと考えられている。

- 収益は未来に出るものなので、しょせん推測値でしかないと見なされてしまう。CXは現在の出来事だが、顧客がさらにお金を使うために戻ってきてくれるかどうかは未来の出来事である。財務部門が将来の収益について懐疑的に考えるのも当然であろう。
- 財務部門もマーケティング部門も顧客のクチコミは測定が難しく、さらにその効果についても推測でしかないと考える。

・ 貧弱な体験の経費は組織の他の部分で表面化する。たとえば、誤って設定された事前期待は、返品やサービス部門への電話の増加という形で表れる。

こういった反論を打ち負かすには、明快かつ論理的で検証可能な方法論がなくてはならない。次のアプローチは、こうした3つの要件をすべて満たすものだ。

2 CXの強化がもたらす収益への影響を測る

CXの強化による経済的メリットを数値化するうえでの最大の課題は、収益への影響を数値化するところである。CXと収益の関連性に懐疑的なCFOでも納得できるよう、まず収益への影響を3つに絞って定義し、それらの影響を数値化する方法を述べる。収益に影響を与えるのは、ロイヤルティ（顧客の維持）、マージン率、クチコミである。損益計算書の最初に来るのが収益だが、それに影響を与えるものとして、顧客価値、ロイヤルティ、マージン、CXに影響されるクチコミのデータをもとに影響度を計算することができる。それぞれの要素はすべて測定し、数値化することが可能だ。

▼顧客価値

収益への影響要素はどれを取っても、顧客を獲得し、維持することに大きく関係しているため、収益への影響を数値化するには、まず顧客1人当たりの価値を把握する必要がある。もし顧客価値がわからなければ、顧客を獲得し維持することの経済効果を数値化することができない。

顧客価値を考えるとき、ほとんどのマーケティング担当責任者や財務担当責任者は顧客生涯価値（LVC）(2)を参照している。LVCとは、1986年のホワイトハウスの調査[☆1]で初めて言及された概念だが、カール・スウェルらが1990年に『一回のお客を一生の顧客にする法』[☆2]という著作で用語として定義した。

スウェルも、私の考え方も、総収入もしくは純利益を算出し、将来30年間にわたって顧客が購入するであろうすべての購入から割引キャッシュフロー（DCF）を見込んで顧客価値として評価する点は共通している。

LVCの概念が初めて紹介された当時から、財務担当の経営者の多くは懐疑的だった。「そもそも同じビジネスを5年後も続けているかどうかさえわからないのに、20年後のことなんて！」といった具合だ。

取り組みやすいアプローチとしては、向こう3～5年間における収益または粗利益の平均値から顧客1人当たりの年間平均価値を控えめに算出するやり方だろう。もし、顧客が10年に1度しか購買しないのであれば、その顧客の収益価値は5年に1度の顧客に比較して価値は半分になる。

顧客価値の算出は、多くの場合、個人よりも世帯単位(同居の家族全員)で考えたほうが筋が通りやすい。なぜなら誰か1人の体験は他の家族全員にも影響するからだ。車を運転する大人2人とティーンエイジャー1人という世帯を考えてみよう。家族の1人が車を買い替える頻度は6年に1度としても、世帯として平均すれば2年おきに購入する計算になる。この世帯は5年間で2・5台分の車を買う計算になり、企業から見た価値は、車2・5台分の購買を「世帯価値」として定義できる。

CXのロイヤルティへの影響

私たちがこれまでさまざまな業界で行った何百という市場調査によると、ネガティブなCXは、平均的に顧客のロイヤルティを20%低下させる。つまり、ネガティブな体験をした顧客が

(2) 顧客との取引を継続することによって企業にもたらす価値(収益)のこと。LTV(ライフタイム・バリュー)やCLV(カスタマー・ライフタイム・バリュー)とも呼ばれる。

5人いれば、企業はおそらく顧客1人を失うことに相当する。

ネガティブなCX、平たく言えばトラブルがロイヤルティにダメージを引き起こす幅は5〜50%なのだが、扱いやすい数値としては、20%のロイヤルティの低下がトラブルによって引き起こされると考えてほしい。

あるスナック菓子メーカーでは、割れたクラッカーが5%のロイヤルティ減少につながっている。味の落ちたクラッカーでは25%の減少、虫の混入があれば50%以上の人が同じブランドの商品を二度と買わなくなる。このロイヤルティへの影響度を顧客の収益価値と組み合わせることによって、トラブルが収益に与える影響を数値化することができる。

たとえば、「ロイヤルティを20%低下させるトラブル×顧客価値100ドル＝20ドルの収益損失」となる。同じような顧客のトラブルを未然に防げば20ドルの節約に匹敵するわけだ。つまり、トラブルを除去したり回避できれば、ロイヤルティは平均20%向上する。

既知のトラブルを解決すれば、20〜50%のロイヤルティ向上が見込める。この数値幅が生じるのは、トラブルの深刻度や企業がスピーディーに解決したかによって変化するからだ。

トラブルのあった商品をすぐに交換し「二度とこのような問題は起こらない」と丁寧に顧客に説明すれば、一旦は傷ついたロイヤルティの多くは回復できる。顧客のロイヤルティがトラブル発生以前よりも強化されるケースすらある。しかし、ロイヤルティの回復はありえないケースもある。クラッカーに虫が混入していたという記憶は、商品を交換した程度で塗り替え

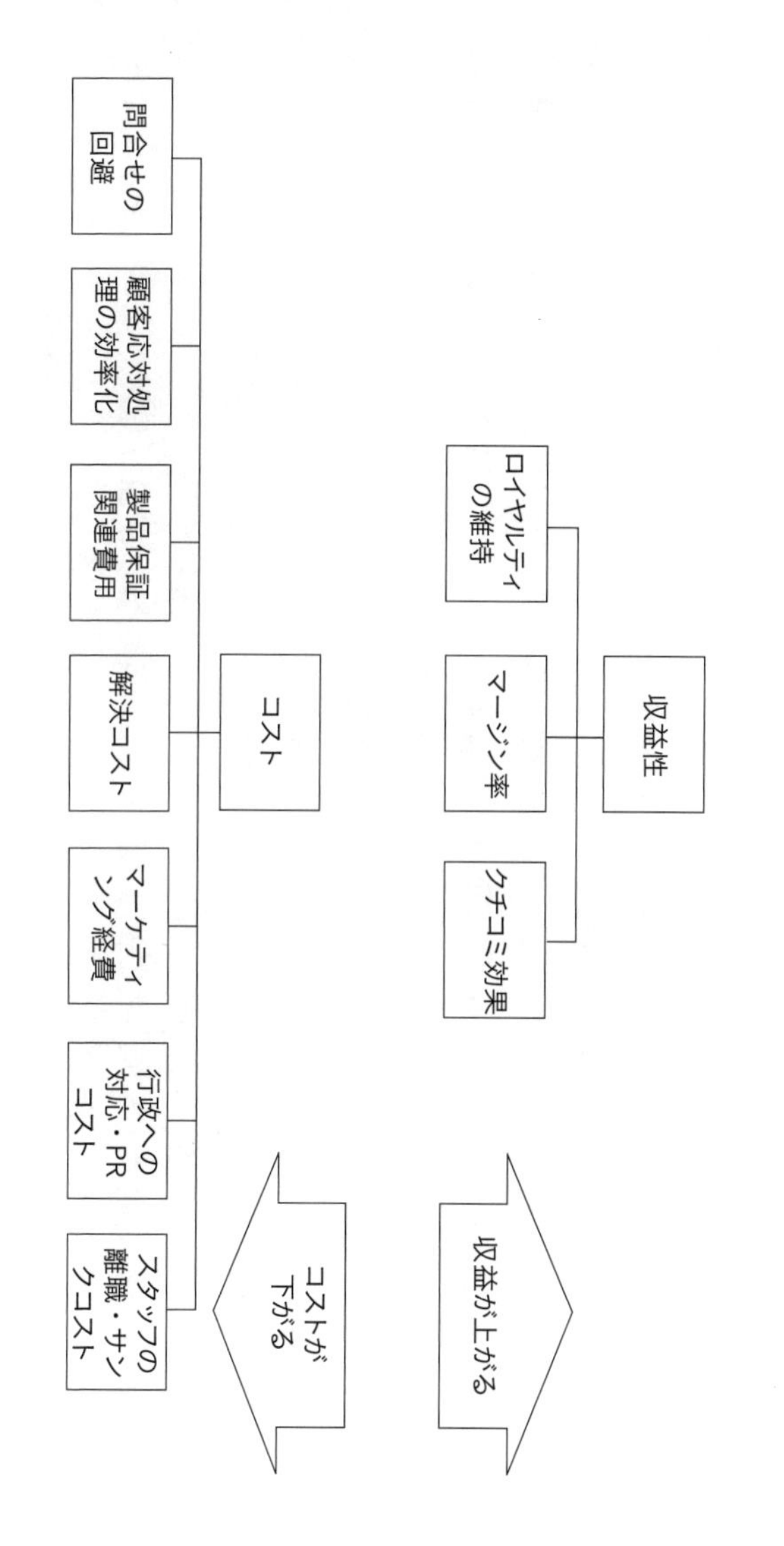

図表3-1 ▶ CXの強化による収益性とコストへの貢献

られるものではない。

・CXのマージンへの影響

トラブルがあると消費者の価格への感度は2倍になり、再びトラブルが起こるか、複数のトラブルが起これば、さらに倍となる。

たとえば、トラブルに遭遇していない顧客の10%が価格に価値を見いだしていない場合、トラブルに遭遇した顧客の場合は20%が価格に対して不満と感じ、その中のかなりの割合の人々がその商品を再購買しなくなる。つまり、顧客がトラブルに遭遇すると、高いマージン率を持つプレミア価格を維持することが難しくなってしまう。

逆に顧客の信頼が深まれば、ロイヤリティは30%程度まで向上する。この場合、価格を30%吊り上げてもロイヤルカスタマーは再購買を続けてくれる。これがスターバックスのコーヒー1杯の価格が高い理由である。顧客はスターバックスでのCXに満足しており、価格に対して不満感を持っていない。しかしトラブルに遭遇すれば、スターバックスのラテが価格に見合わないと感じるかもしれない。

▼CXのクチコミへの影響

不快な顧客体験は、嬉しかった体験に比べて2〜4倍多くのネガティブなクチコミ（あるいは、ウェブ上のクチコミ）を拡散する。

最近はクチコミサイトが人気だが、Eメールやフェイスブックへの投稿よりも影響力がある。流行サイトのトリップアドバイザーやエクスペディア、アマゾンといったレビューサイトへの書き込みは顧客の購買決定に大きな影響力を及ぼしている。CCMCが実施する2013年の「全米消費者の不満実態調査」では、カスタマーレビューを書き込むのは消費者人口全体の5％に達しており、しかも全体の30％の消費者が購買決定においてカスタマーレビューを参考にしているというデータが出ている[☆3]。CXのマネジメントを実践していくうえで、今やクチコミのあらゆる側面をしっかりと促進、測定、管理していくことが欠かせない[☆4]。

3 ▼▼ CXの強化で得られる収益を計算する

CXの状態は、ある一定の顧客ロイヤルティのレベルに紐づけられる。顧客が完璧な体験を得られなかった場合、収益をある程度キープはできるが、何らかの収益損失につながるだろう。

顧客の体験が最高であった場合、そこそこ満足できるものであった場合、そして不満の残るものであった場合、それはロイヤルティのレベルに表れる。現状、もしくはベースラインとなる状態と比較してCXが変化すると、それは収益の増減を左右する。ベースラインとなるCXにおいてどれだけの顧客が離反するかのリスクを計算することで、CXを強化すれば離反リスクを抑える、すなわち収益損失をどれだけ軽減できるかを計算する。

まず最初にベースラインにおける収益損失のレベルを確認し、次に、CXがベースラインから改善後の状態に変化した場合、収益にインパクトを与える力学が働くが、その際に次の3つの要素が影響する。

- より多くの顧客を維持することで収益がアップする。
- CXの付加価値が高くトラブルが少なくなれば、定価を維持もしくは高く設定しても顧客が維持できるため、高いプロフィットマージンをもたらす。
- 既存顧客の好意的なクチコミや推奨により、新しい顧客を獲得する。

▼強化されたCXによるロイヤルティの向上

現状のCXの状態で離反リスクのある顧客数と1人の顧客がもたらす収益価値を計算する。

ベースラインにおける収益損失のリスクを計算したうえで、CXの変化による収益へのインパクトを数値化できる。CXの変化で使う主なパラメーターとしては、苦情を申し立てた顧客の割合、苦情対応に満足した顧客の割合、トラブルに遭遇した顧客の割合がある。

▼ステップ0　現状のままでは取り損ねる収益を数値化する

CXに満足できなかった顧客から生じる収益損失を計算する手法である顧客損失モデルについては、本章の6節「勝てる戦いをする」で詳述する。この計算モデルは、特定のトラブルではなく顧客が遭遇するあらゆる種類のトラブル体験をもとに計算するのが特徴であり、顧客リスクモデル(3)は個々のトラブルが収益に与える損失を計算する。

顧客損失モデルを使う目的は、顧客の不満の影響度を全体的に示すことによって顧客を維持する施策立案の判断材料にするものであり、このモデルは、1980年代にホワイトハウスの委託事業として民間企業と行政機関の両セクターを対象に実施した苦情対応の実態調査から生まれたものだ[☆5]。

(3) 顧客損失モデルが、離反する顧客数を特定するのに対し、顧客リスクモデルは顧客離反のきっかけとなる痛点の深刻度(リスク度)を算出する方法。

モデルの中で定義されている「顧客損失」とは、次の2点である。

- トラブルに遭遇した顧客から生じる営業や収益損失額もしくは損失リスクの推定額。
- トラブルに遭遇しなかった顧客から生じる営業の損失。この損失は通常、製品・サービスの価格に対する知覚価値に関係している。

ほとんどの企業では、ディスロイヤルティ（顧客ロイヤルティの低下）が起こる原因の半分は顧客体験上のトラブルによるものであり、残りの半分は知覚価値の低さ（「商品には価格に見合う価値がない」など）に起因している。したがって、両方の要素を考慮しなくてはならない。

顧客がトラブルを体験した後にロイヤルティがどう変化するかを示すものとして、図表3－2をご覧いただきたい。CXの全体像として、トラブルに関する顧客体験のそれぞれの割合、顧客体験上の各セグメントにおけるロイヤルティ、クチコミへの影響度までが示されている。このデータは、無作為抽出した顧客への市場調査において収集可能であり、次の簡単な設問をアンケートで尋ねて

Ⅳ 顧客損失への影響	
必ず人に薦める	クチコミ頻度
69%	—
74%	1.7
52%	4.4
32%	5.5
40%	2.9

いる。

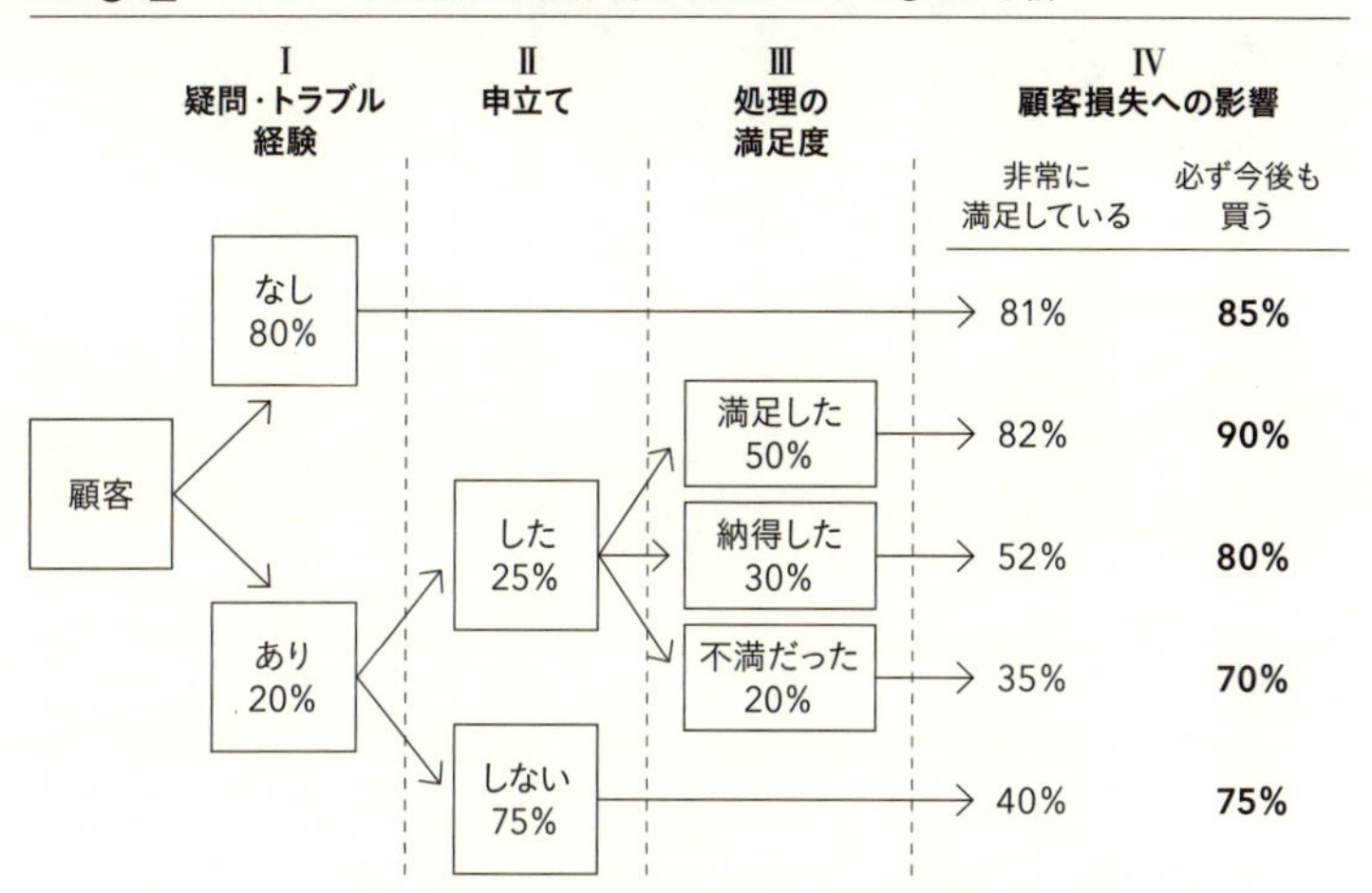

図表3-2▶トラブルの経験による影響を明らかにするCXの寸評

① 何かトラブルに遭遇したことはありますか。

② ①の質問の答えが「はい」の場合、企業が想定したトラブルの一覧を回答者に示し、経験したトラブルにチェックを入れてもらう(複数回答可)。

③ どのトラブルが最も深刻でしたか。

④ そのトラブルについて企業に苦情を申し立てましたか。

⑤ ④の質問の答えが「はい」の場合、顧客応対に対する満足度、さらに回答者のロイヤルティ、クチコミに関する設問に答えてもらう。

この短い一連の質問で、図表3-2の顧客

損失モデルの作成に必要なデータが揃う。この図では、トラブルに遭遇しなかった顧客、トラブルに遭遇して苦情を申し立てた、もしくは申し立てずに黙ったままの顧客におけるロイヤルティとクチコミについても示している。図の一番上の数値、トラブルに遭遇しなかった顧客の結果について困惑するかもしれない。なぜなら、トラブルに遭遇しなかった顧客のロイヤルティが必ずしも高いわけではないし、クチコミで経験を伝えたりもしないからだ。

CXが適切なものであったとしても、すべての顧客が支払った価格に見合う十分な価値を感じるわけではない。したがってこの事例では、85%の顧客は維持できるが、15%の顧客は次の機会では競合他社の商品を買う可能性がある。これを解決するには商品に付加価値をつけるか、顧客とのエモーショナルコネクションを持つことが必要だが、これについては、第4章で解説する。

また図を見ると、トラブルがあっても苦情を申し立てたことで解決して満足すれば、トラブルがなかった場合よりもロイヤルティが高いという数字だが、多くの企業事例で同様の結果が出ている。またクチコミに関しても、1978年に私が担当したコカ・コーラ社での調査を契機に、「不満を抱いた顧客がその経験を伝えるクチコミの数は、満足した顧客が伝えるクチコミの2倍以上である」という一貫した結果が得られている。

（データ収集については、第7章で詳述するが）顧客のトラブル体験とそれがロイヤルティに及ぼす影響のデータが入手できれば、顧客損失モデルを使って現状のCXで発生する収益損

図表3-3 ▸ 現状を維持することで失われそうな顧客を数値化する

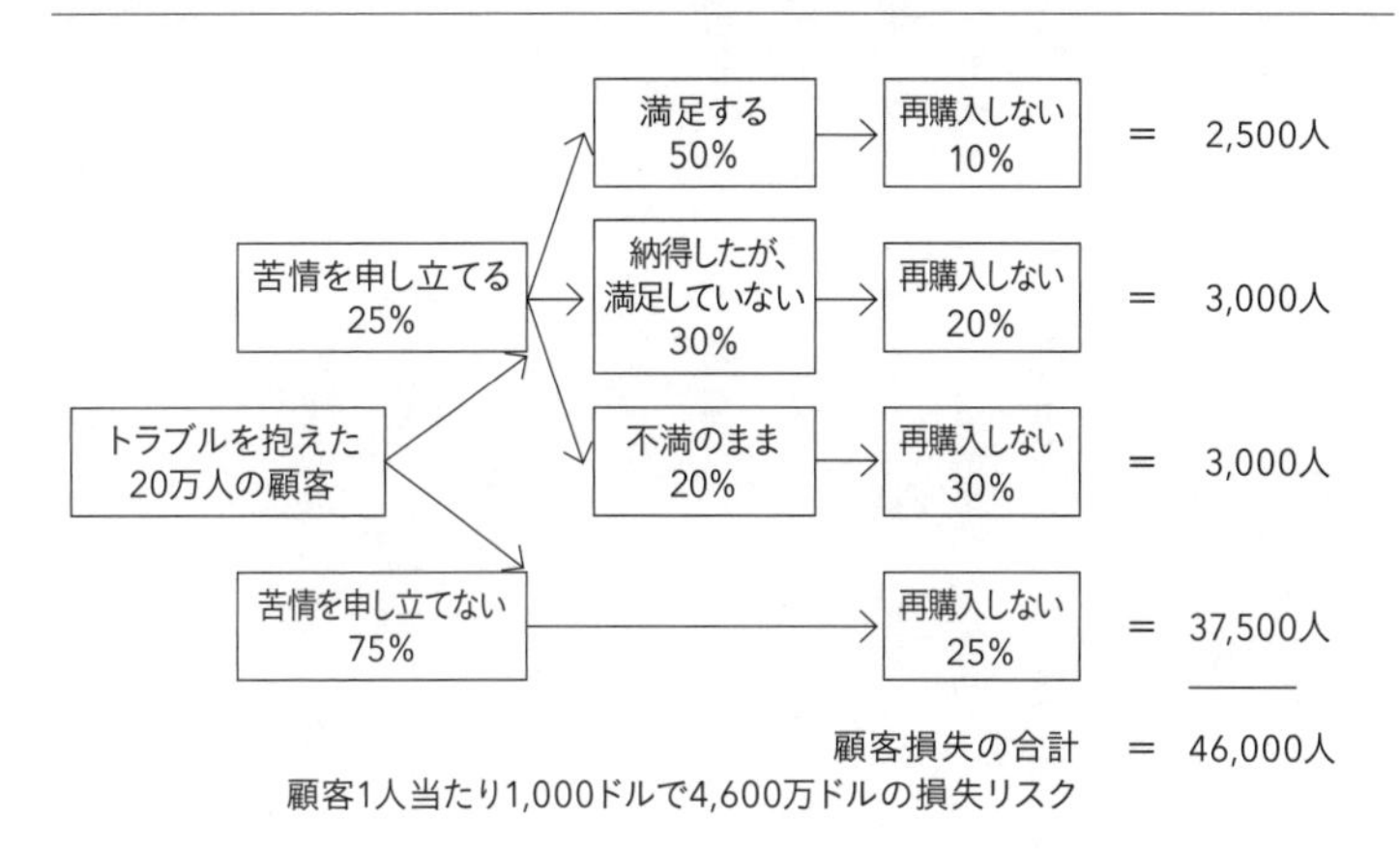

失を計算できる(さらに本章の後半では、顧客リスクモデルを使ってトラブルの種類別に損失額を推定する手法も解説する)。

収益損失は大きく2つの要素から成る。まず1つ目は、トラブルには遭遇しなかったが「値打ちがなかった」と判断して、その商品を再購買しない顧客から生じる損失である。事例では100万人の顧客ベースがあり、80%は問題がなかったと答えている。80万人のうちの15%の顧客、12万人は商品に価値がないと評価して再購買しない。つまり、離反し将来の収益損失につながる。

2つ目は、図表3-3をご覧いただきたい。商品価値を認めなかった顧客の離反による収益損失とは別に、トラブルに遭遇したり、その際の企業側の苦情対応の影響によっても収益損失が生じる。

顧客損失モデルを使えば、次の3つの基本的なパラメーターの変化で収益に及ぼす影響を計算できる。

- トラブルを抱えた顧客の割合
- 苦情を申し立てた顧客の割合
- 申し立てられた苦情に対するサービスの有効性

100万人のうち20万人の顧客がトラブルを体験し、うち25%が苦情を申し立てたとする。苦情を申し立てた顧客の50%が十分満足し、うち90%が必ず再購買し顧客として維持できる。満足するまではいかなかったが、顧客のロイヤルティは低く、苦情を申し立てたが不満が残った顧客のロイヤルティが最も低い[☆6]。

現状では4万6000人の顧客を失うリスクがある。トラブルに遭遇した顧客のうち、苦情を申し立てない顧客が大多数を占めているが、これはどの企業でも同様の調査結果が出ている。顧客を維持するための効果的なアプローチは、トラブル自体を防止するか、トラブルで嫌な思いをしているが黙っている顧客の苦情や要望を表面化させることである。

現状のまま放置した場合の収益損失への影響を数値化できれば、CXを改善し、離反顧客の数を減らすことで回復できる収益がわかる。顧客損失モデルからは次の3つの戦略が立てられる。

- 顧客サービスでの苦情対応をさらに改善することによって、苦情を申し立てた顧客の満足度を向上させ、ロイヤルティを強化できる。
- 強化されたサービス体制へのアクセスをしやすくすることで、より多くの顧客の苦情を受け付けることができる。
- トラブルの防止によって、顧客の不満の原因を取り除くことができる。

▼ステップ1　顧客満足度を高めた場合の収益性を示す

苦情を申し立てた後、顧客サービス対応において十分満足した顧客の割合を増やせば、離反リスクのある顧客を減らすことができるという結果が、顧客損失モデルによって一貫して実証されている。

図表3－4は、顧客対応における解決度を50％から70％に強化したケースを示している。ここでは、顧客サービス担当者への権限委譲と顧客情報システムを改善したことで解決度を向上させた。この図の数値を見れば、解決度を向上させたことにより1500人の顧客損失リスク

図表3-4 ▸ 顧客満足度を向上させる

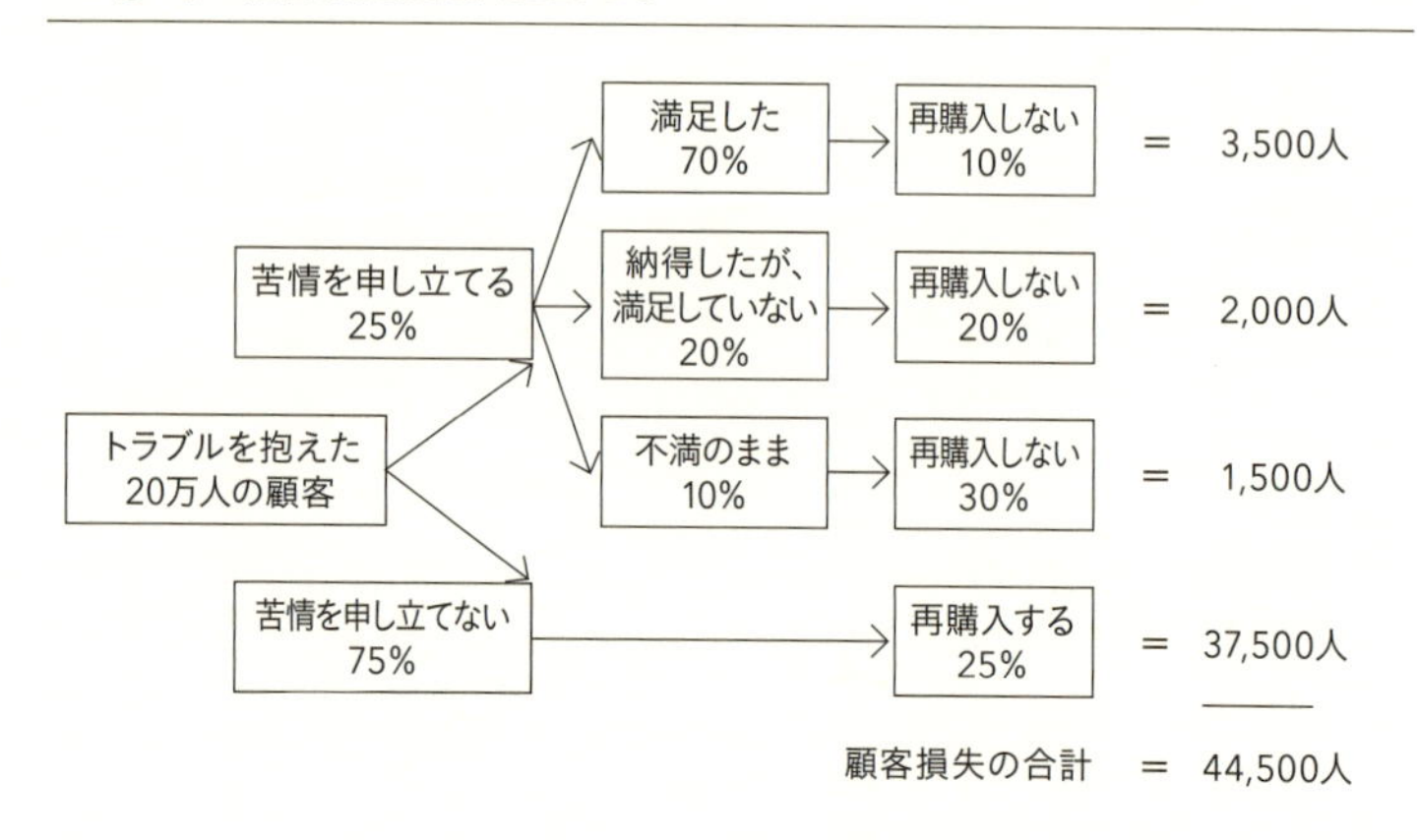

を防ぎ、150万ドル分の収益損失を回避できたことになる。

▼ステップ2　苦情を申し立てる割合を増やした場合の収益性を示す

企業が積極的に苦情を受け付けるようにしたことで、苦情を申し立てる顧客の割合を40％に上げた。8万人の苦情に対応するために、現状よりも追加で3万件の電話を処理することになる。業務部門や財務を担当する経営者はコールセンターの拡大を経費増大として見なしがちだが、企業が顧客を満足させることができれば、サービスにかけた経費よりもはるかに大きな収益をもたらすことができる。

図表3－5では、苦情対応の経費を1件当たり10ドルとしている。

図表3-5 ▸苦情を申し立てる割合を増やす

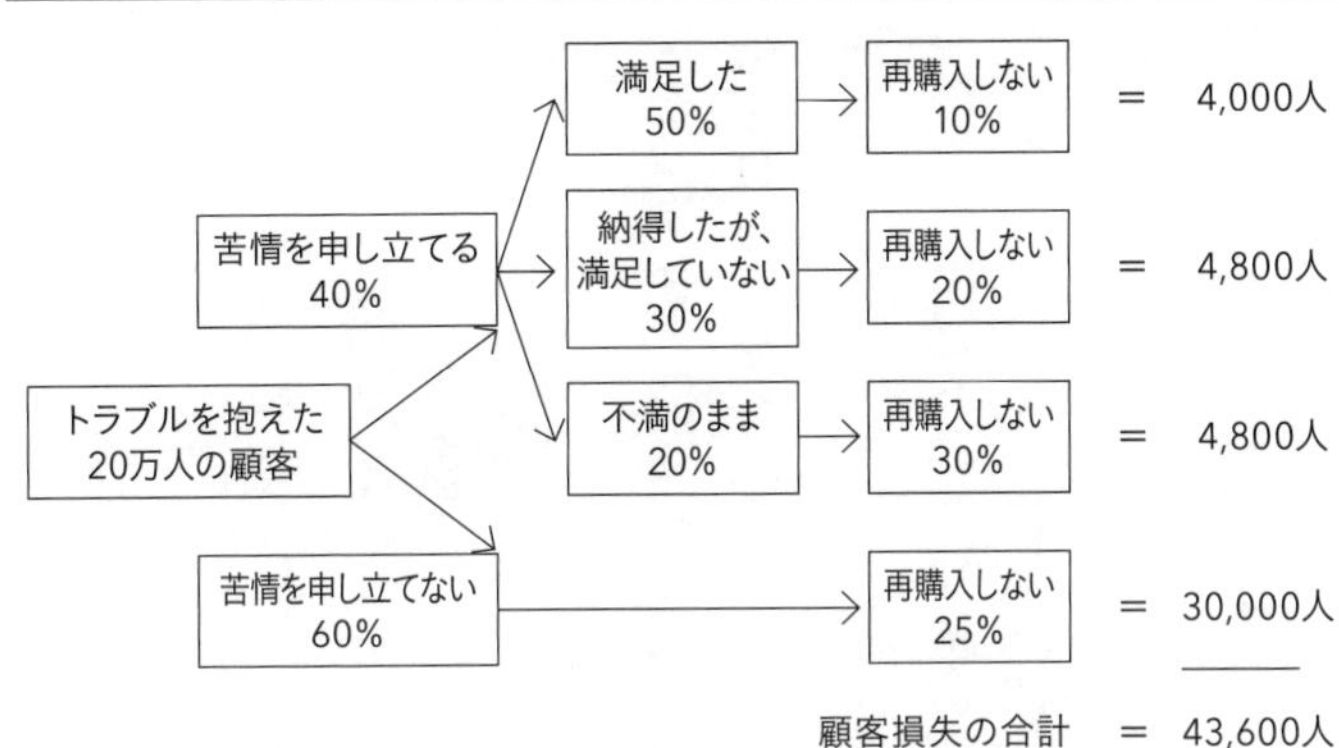

顧客1人当たり1,000ドルで4,360万ドルの損失リスク、あるいは240万ドルの損失を回避
粗利益25%で、増えた3万件の10ドルの電話受信コストは100%のROIになる

不満顧客からの苦情を3万件多く受け付けることのROI（投資対効果、投資収益率）は非常に大きい。収益の貢献利益を25%にした場合、顧客1人当たりの粗利益が250ドルになる。3万件の電話応対にかかる経費30万ドルを投資することによって、100%のROIが達成できる。試算の詳細は次のとおりである。

- 電話1件当たり10ドルで3万件の電話を受ける＝30万ドル
- 収益の増分は240万ドル
- 貢献利益を25%として、収益の増分は60万ドル
- 苦情対応経費30万ドルを差し引いた後のROIは100%

マーケティング、財務、業務関連の部門は、

「なぜ余計な苦情応対をするのか?」と考えるが、分析結果を見れば、不満顧客からの苦情電話を受け付けることで顧客の離反リスクを抑えるため、投資に対する見返りが大きくプラスになることを示している。

新規顧客を獲得するのに要する経費がどれくらいになるかをマーケティング部門に質問してみるべきだ。新規顧客1人当たりの獲得に掛かる経費が20ドル以上であれば、顧客サービスを通じて顧客を維持するほうが高い投資対効果が得られるのは明らかだ。

▼ステップ3 問題解決度と苦情の申立て率の両方を上げることによって得られる収益を示す

収益と利益に対してさらに大きな影響を与えたいのであれば、苦情の申立て率と問題解決度の2つの戦略を組み合わせればよい。図表3-6では40%の苦情申立て率と70%の解決度を合わせることで、4800万ドルの収益増大が期待できる。

▼ステップ4 トラブルを防ぐことによって得られる収益を示す

3つ目の戦略は、能動的な顧客教育、誠実なマーケティング、そして業務改善に取り組むこ

図表3-6 ▸ 顧客満足度と解決率を上げる

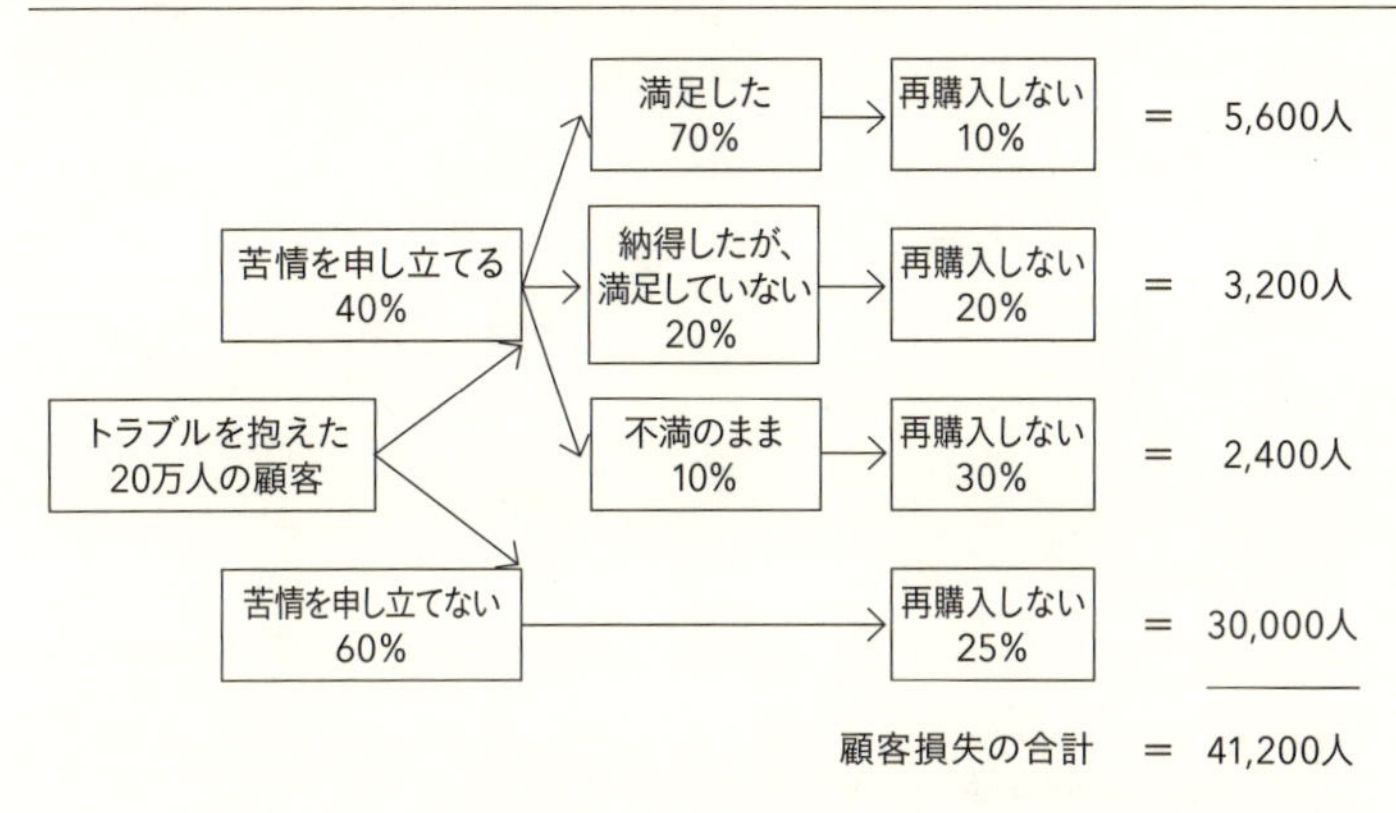

とによるトラブル防止である。図表3－7で示すように、トラブルを25％防止することで、離反するリスクのある顧客を大きく減らすことにつながる。たとえば、トラブルを防止するための顧客教育に100万ドルを投資したとしても、改善効果としての見返りは相当な金額に上る。

この戦略の影響力が最も大きく、大抵の場合、投資対効果が最も高い。

これまでに挙げた戦略は、いずれも収益にインパクトを与え、その効果測定を数値化することが可能だ。

▸クチコミの力学を理解する

クチコミは、マーケティング活動を補強し新規顧客をもたらしてくれもするが、

図表3-7 ▶ トラブルを防ぐことによって得られる利益を示す

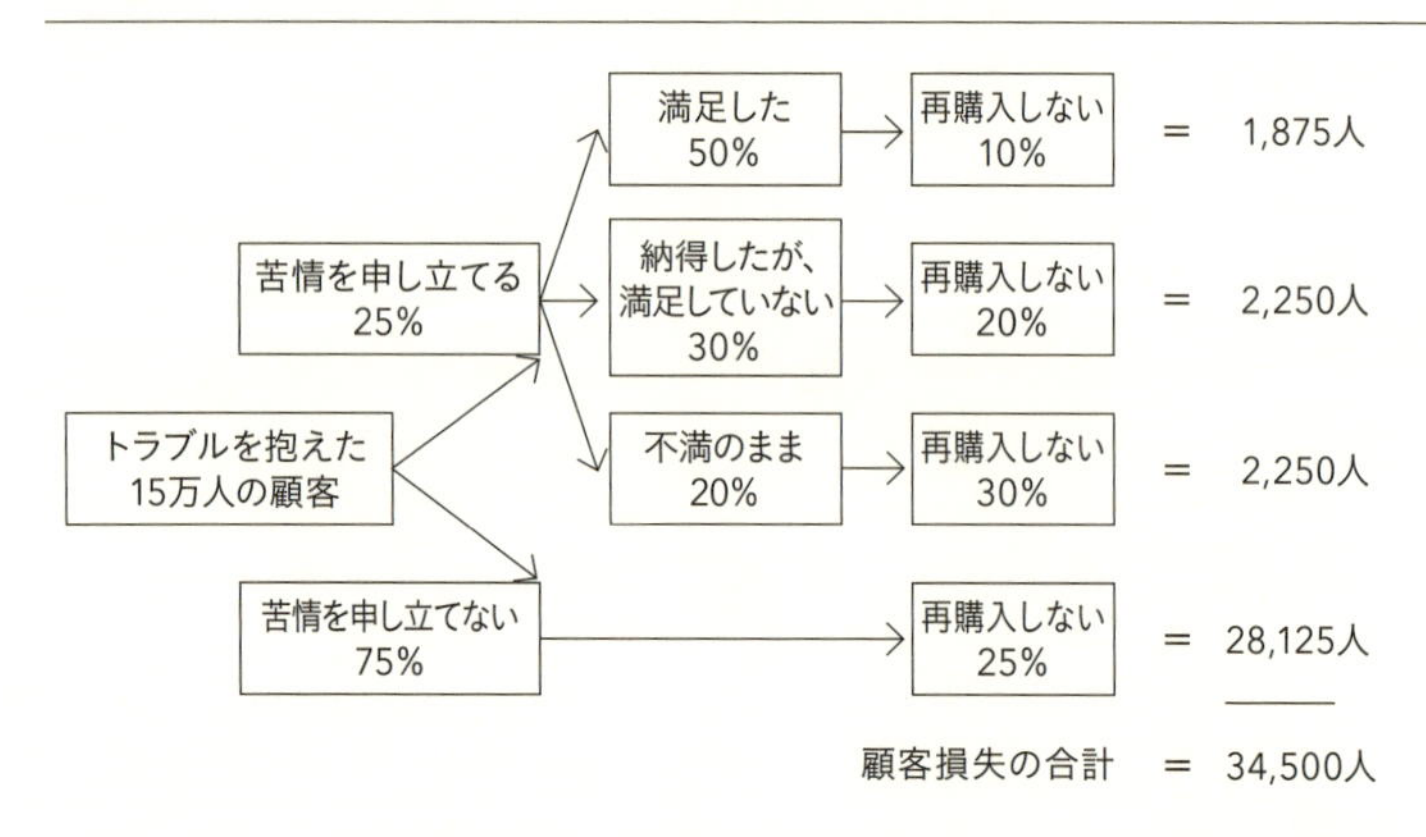

顧客1人当たり1,000ドルで3,450万ドルの損失リスク、あるいは1,150万ドルの損失を回避
粗利益25%で、トラブル防止の費用100万ドルでは187%のROIになる

マーケティング活動を弱め、顧客を減らすベクトルにも作用するものである。ここでは、クチコミの全体像とクチコミが収益へ与える影響を数値化する方法を示す。

図表3-8は、クチコミが売上げに与える影響を示したものだ。底に穴の開いたバケツの中の水は顧客を表している。企業のマーケティングとセールス活動によって顧客が上から入ってくる。素晴らしい体験を持った顧客のロイヤルティは高く、クチコミによる推奨で新しい顧客を企業にもたらしてくれる。トラブルに遭遇した顧客は満足せず、バケツの底の穴から出て行ってしまう。

トラブルの防止と顧客サービスの強化によって、バケツの穴を小さくすることができる。バケツの水漏れを少量に抑え、ポジティブなクチコミによって新規顧客を集めることができれば、営業やプロモーション活動の必要性が減り、マーケティ

図表3-8 ▸ クチコミの影響

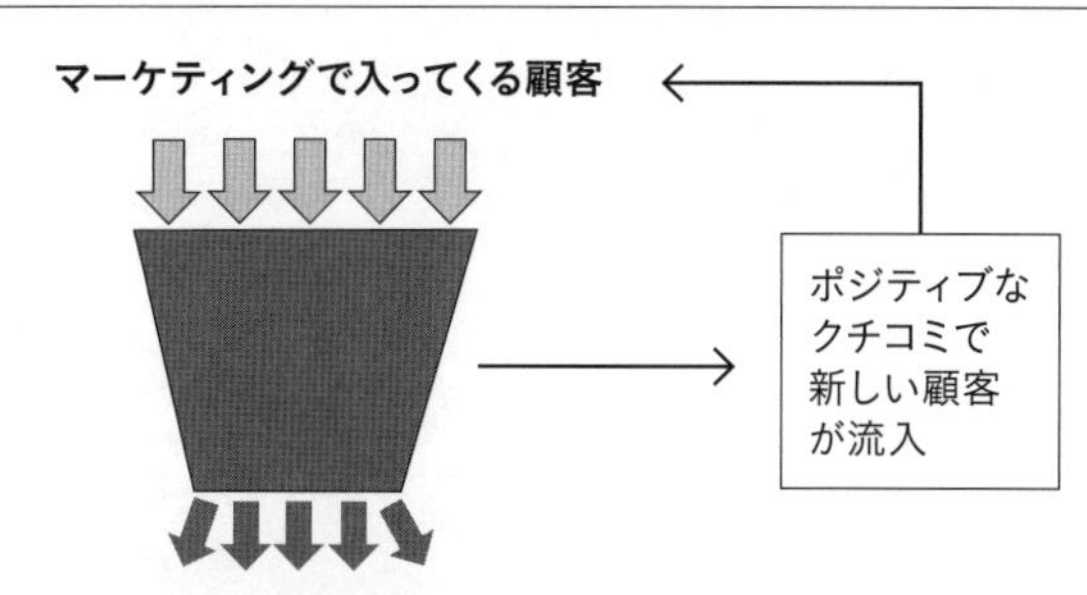

ング予算も縮小できる。さらにポジティブなクチコミによってバケツには継続的に水(顧客)が注がれる。

こうした好循環のマーケティングで成功している企業事例に、チックフィルA(ファーストフード)、USAA(金融保険業)、レクサスなどがある。マーケティング予算を削らず、さらにアグレッシブなマーケティング攻勢をかければ、ライバル企業から顧客を奪い、市場でのシェアを大きく伸ばすことができるだろう。

クチコミは、最強のマーケティングであると言われる。CXの評判をバイラルマーケティング(4)に載せれば、ポジティブな評価であればメリットは大きい。ただし、ネガティブな場合には甚大なダメージにつながる。バイラルの成功は例外的だし、失敗事例を見ていると、ソーシャルメディアに投資することに財務部門が慎重になってしかるべ

(4) インターネットを使ったクチコミのプロモーションを指す。バイラルは病原体のウィルスと同義で、短時間で広まることから、こう名づけられた。

図表3-9 ▸ クチコミの全体像

クチコミのタイプ	利用されるチャネル	クチコミする人	チャネルの拡散範囲	クチコミの影響力
個人的なクチコミ	対面	誰でも	友人の輪	誰でも
	電話	95%強	友人の輪	誰でも
ネット上のクチコミ	Eメール	70%	限定された友人	ほとんど
	個人的なブログ	5%	100人	誰でも
	ソーシャルネットワーク・サイト	25%	230人	25%
	レビューサイトへの投稿	8%	おそらく数百万人	10%
	レビューを読む	30%	おそらく数百万人	おそらく数百万人

きだ[☆7]。

クチコミが収益に与える実質的な影響力には6つの側面がある。図表3-9をご覧いただきたい。

① 利用されるチャネル……事実上すべての人が対面でのコミュニケーションを行い、電話は、ほぼ誰もが使っている。テクノロジーの普及も急速に進み、消費者の61%はウェブにアクセスできるスマートフォンを利用している[☆8]。普及率は世代で大きく変化し、スマートフォンの利用率は20代なら78%、55歳以上なら42%という数字が出ている。

② クレームを申し立てるのに利用するチャネル……CCMCの2011年の「全米消費者の不満実態調査」によ

ると、ほとんどの消費者は以前から存在するチャネルを使って企業に直接クレームを申し立てている。きわめて深刻なトラブルであってもソーシャルなチャネルを利用する消費者はわずか11％にとどまっている[☆9]。2013年の同調査では、レビューサイトに投稿する消費者は8％のみだが、高額な買い物をする前にオンラインレビューを参考にする消費者は30％にのぼることがわかった(5)[☆10]。

③ チャネルによるクチコミの拡散範囲……CCMCやTARPで行った私たちの調査では、消費者が対面や電話でネガティブなクチコミを広める場合、20人以上に伝えることは非常にまれだということがわかった。一方、2011年の「全米消費者の不満実態調査」によると、フェイスブックなどのソーシャルメディアを利用する消費者の平均的な友人数は280人である。20代での平均友人数334人、65歳以上では平均53人であった。結論を言うと、ソーシャルメディアにクレームを書き込む人はほとんどいないが、書込みを行う消費者は、実に多くの潜在顧客にトラブルを広めることになる。

④ クチコミのネガティブとポジティブの広がり方の違い……クチコミの広まり方に関す

(5) 本書が書かれた時点では、「全米消費者の不満実態調査」は2015年版が出ていなかった。最新のデータを付け加えておくと、深刻なクレームの申立てに企業のソーシャルサイトを使う消費者は、11％（2011年）から22％（2015年）に増えている。一方、レビューサイトにクレームを投稿する消費者は、8％（2013年）から6％（2015年）に減っている。

る最初の発見は1978年に実施したコカ・コーラ社での調査結果によるものだが、「消費者は嬉しかった体験を伝えるときより、嫌な体験を2倍多くの人に伝える」という事実は、最近の調査でも変わらない結果が出ていることがわかった。驚くべきことに、この比率はB to Bの取引の場合でも変わらない。

⑤ クチコミの内容……クチコミの内容が詳細になればなるほど、クチコミ自体の有用性、信頼性が高まり、結果的にクチコミの影響度が大きくなる。パーティーで知人から詳しい話を聞いたときに自分がどんな反応を取るか、また、アマゾンのレビューの中でどんなレビューを参考にしたいかを考えてみてほしい。情報の詰まった詳細なクチコミの影響度は大きい。

⑥ クチコミによる消費者の行動……クチコミが購買に及ぼす影響力の推定は、次のような設問によって可能になる。「あなたのクチコミで伝えた相手の中で、推奨内容に基づいて実際に購買をした方は、あなたが知る限り何人いますか」。この設問に関しては、回答者の3分の1から2分の1は（消費者やB to Bの顧客に関係なく）は、「クチコミによる推奨の結果として購買をした人の数と割合を回答できる」としている。

▼クチコミに対するCXの影響力を数値化する

クチコミの影響の数値化は、いまだ推論の域を出ない技法だと言うべきだろう。消費者の購買動機を理解することは容易ではない。たとえば、映画業界のある重役がクチコミの話題になったとたん、あきれた表情を見せ、自社で行った消費者調査の例を持ち出した。その調査では20％の消費者がテレビコマーシャルをきっかけに、ある映画を観に来たと答えたのだが、実際はテレビコマーシャルなど行っていなかった。このように、消費者の動機を調べるのは不正確な科学だと最初にお断りしておきたい。

クチコミが収益に影響を与えるのは2通りある。①ある商品を購入しようと考えている消費者が特定のブランドに対する肯定もしくは否定するクチコミを直接得た場合、そのクチコミが購買決定に影響を与える可能性はかなり高いだろう。②消費者があるカテゴリーの商品を購入したいと考えて、その商品に関するレビューサイトやソーシャルメディアでの意見を参考にする場合がある。

ＣＭＣの２０１１年の「全米消費者の不満実態調査」では、高額な買い物をする際に36％の女性と21％の男性がサイトを見て参考にしていることがわかった。ただ面白いことに、レビューサイトに自分のフィードバックを投稿するという人はわずか８％だった。

クチコミの影響力を測る方法には２通りある。①ＣＸが生み出すクチコミの総数を数値化し、そこから予想される影響度を推測する、あるいは、②ポジティブな体験とネガティブな体験に分けてクチコミの数を計算し、その合計から影響度を推測する方法である。

図表3-10 ▸ 顧客サービスから1週間以内の影響

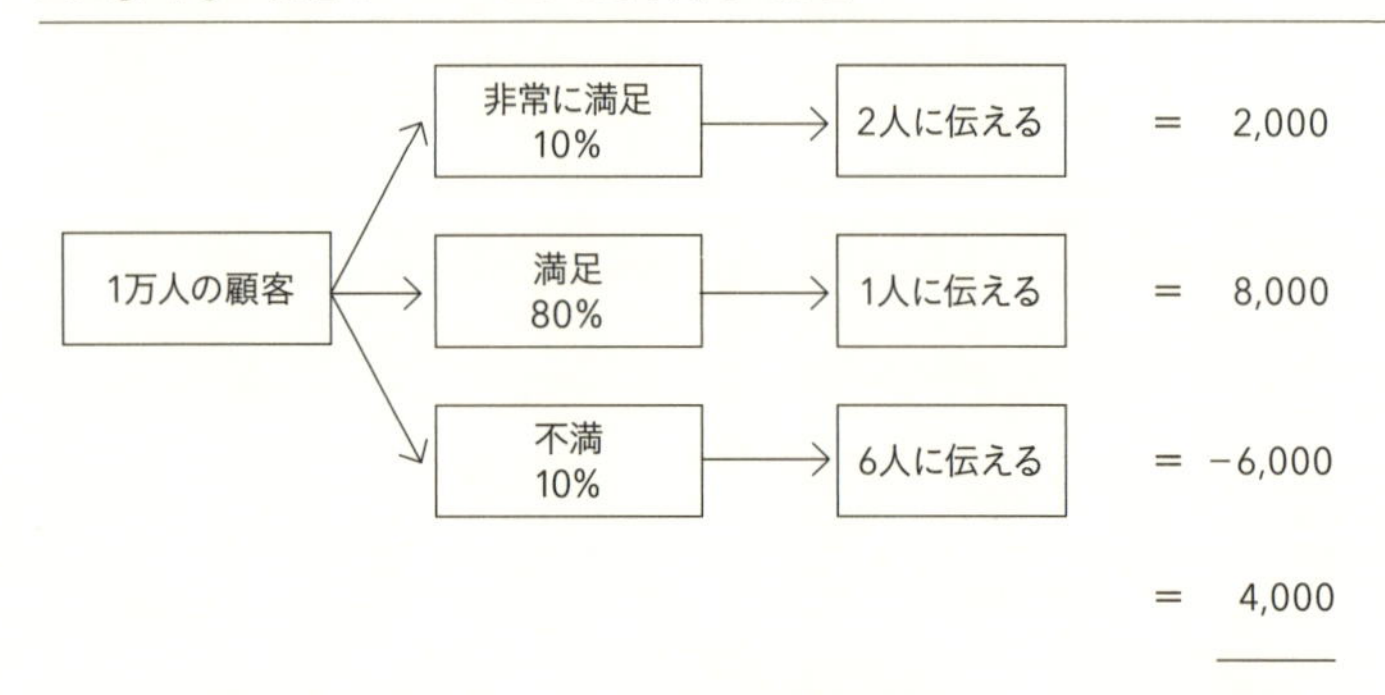

$$1万人への推奨 \times \frac{1つのアクション}{30の推奨} = 333人の新規顧客$$

まず最初の手法だが、図表3－10は、顧客サービスの利用者1万人に対して、実際の顧客対応から1週間以内に、全体的な満足度とクチコミの実態をアンケート調査したものだが、満足度を見ると、「非常に満足」と答えた人が10％、「満足」が80％、「不満」が10％という結果に終わった。クチコミの影響度を見ると、最終的にはポジティブなクチコミの数が上回った。

ポジティブなクチコミを通じてもたらされた新規顧客を333人と推測しているが、ネガティブなクチコミが2倍の影響力を持つと考えれば、333人という数も、6000人への負のクチコミによって相殺される可能性は否めない。

2つ目は、もうすこしきめ細かい手法になる。ある特定の顧客が広めるクチコミの影響力を計算する際に、クチコミが伝わった消費者の中から対象の商品カテゴリーに関心のない消費者を差し引く。

たとえば、ゴルフのクラブを話題にしているときに、ゴルフをする人が10％しかいないのであれば、残りの90％がクチコミから購買行動を起こすことは考えにくい。そこで、潜在的な消費者のみを対象にしたうえで、クチコミを参考にして実際にクラブを購入する人数を推測する。最近の調査において、「あなたのクチコミに基づいて実際の購買などの行動に結びついた知人の人数を推定できるか」という設問を投げたところ、「人数がわかっているので、ためらわずに回答できる」とした回答者は33～50％程度しかいなかった。

クチコミが購買に与える影響力を推測するには、こうした回答の信頼度を考慮したうえで数値化の方法を決めなければならない。クチコミが実際に何人の購買に結びつくのかを回答できた人が3分の1程度しかいないのであれば、影響力も3分の1にとどめるのが無難な計算方法だろう。この方法は「控えめ」だが、クチコミの経済効果を金額面まで含めて計算する場合には、財務部門の支持を得やすい方法を取るべきだ。

図表3‐11で、この算出方法をまとめた。クチコミの影響によって購買に結びついた顧客については、「購買につながった」とアンケート回答者によって明らかに特定された人数のみを「購買への影響」として扱うことにする。同時に、アンケートの中で「購買につながった人数」と特定できる回答者からの数字を顧客全員（市場全体）に適用してクチコミの影響として推定する計算も代替方法として使える。

ネガティブな顧客体験に対しても同様の計算を行い、収益額に対するクチコミの負の影響力

図表3-11 ▸ クチコミの影響力を算出する

100人の消費者がポジティブな体験を話した	×	該当商品の市場にいる10%の消費者	×	40%の消費者がクチコミに基づいて行動したと概算	=	ポジティブなクチコミ100件が4件の新規購入につながる

を計算する。ポジティブなクチコミの場合とは異なり、前述の代替方法が「より慎重」な計算式となる。この方法では、ネガティブな体験を人から聞いただけの消費者についても、クチコミから購買に負の影響を及ぼしたこととして扱う。ネガティブな体験の場合も、クチコミから実際に何人が購買をやめたかについては、まったく把握できないというアンケート回答者がいることも事実である。

クチコミが購買に与える影響を数値化するといっても推論の域を出ないのは述べたとおりだが、テクノロジーを活用することによって前提となる仮説を検証していくことが可能になる。グーグルアナリティクスやリゾネイト社などが開発したツールを使えば、ネット上で誰がどんなクチコミを耳にしているかを追跡でき、さらに何人の消費者がクチコミをもとに購買行動を決定しているかを大規模なパネル調査を通じて実証できる。

行動の背後にある因果関係を理解したい場合にはモデリングが役立つ。これは従来の社会科学における疑似的な実験グループを作り出して行う調査設計と基本的には同じだが、テクノロジーの力で加速された手法である。たとえば、1万人の顧客サンプルに3つのグループを作り、それぞれに3つの異なるメッセージを発信する。どのグループにおいて購買行動の影響

図表3-12 ▶トラブルと価格感度の関係

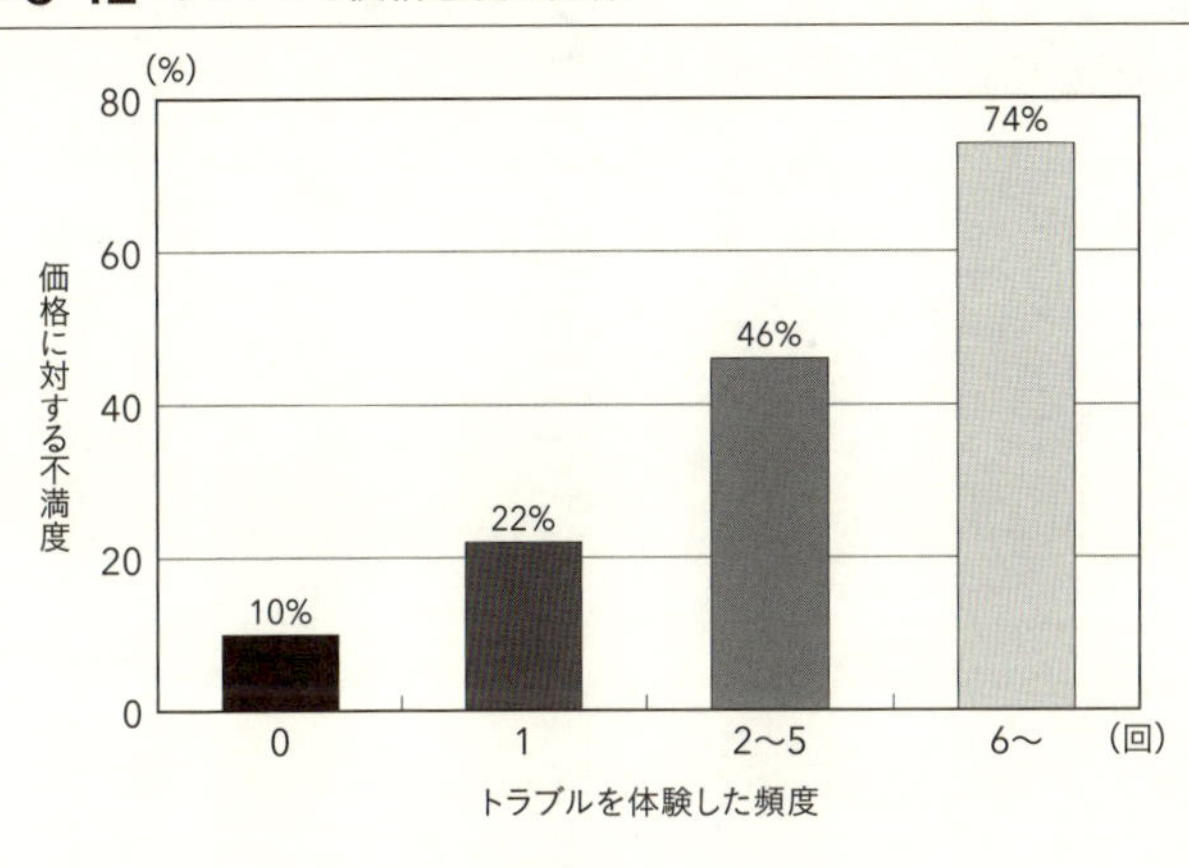

が一番大きかったかを検証することができる。

CRMソフトウェアを使えば、顧客が体験した接点とその後の購買行動を紐づけて簡単に分析できる。

▶マージンに対するCXの影響力を数値化する

ほとんどの消費者は、品質が高くなればそれなりの価格を支払うものである。これについては、あらゆる市場において実施した私たちの調査で実証されたものだ。たとえば、図表3-12のように、リテールバンキングの顧客3000人以上を対象にしたアンケート調査では、顧客体験におけるトラブルの頻度と価格に対する感度には強い相関性があることがわかった。トラブルの発生頻度が低ければ、価格に対する不満は起こりにくい。

つまり、優れたサービスを提供することによって、マージン率の高い価格設定をすることが可能になる。消費者曰く「めったにトラブルが起こらないから、商品の値段は高いけれど、それだけの価値はある」となる。

わずかな差でも収益性に大きな影響を与えるマージン率は、財務部門にとっては非常に重要である。たとえば、米国企業の平均純利益率が8％だとすると、マージンにおける純利益率を1％上げるだけで企業収益が12・5％アップすると言われている。

4 CXの強化による効率性を数値化する

経営者の多くが誤解していることだが、彼らは素晴らしいCXを実現するための主な経費は人件費と顧客への返金だ、くらいにしか考えていない。人件費が半分程度という理由から、米国企業を中心に、コールセンターを海外に移してアウトソーシングすることの発端はこのような考え方に基づいている。オフショア・コールセンターを見ると、トレーニングや権限委譲の不足から、顧客サービス担当者が何を言っているのかわからないにもかかわらず、経営者はそれを「マイナー」なデメリット程度にしか見なしていない。

しかし、少なくとも6つの調査結果を見ると、コールセンターの移転で30％の経費削減に成功しても、20～40％のロイヤルティ低下、案件が解決できないことによるスーパーバイザーや本社へのエスカレーションにかかる追加経費、訴訟や調停の経費増大、優秀だがフラストレーションを持った社員の離職が起こると、経費の削減額など、いとも簡単に相殺されてしまう。

CXの強化により組織内のさまざまな経費、最終収益に与える影響については、次に解説する。また、（どんな状況でも適用できるものではないが）読者が財務部門を説得する判断材料を作成するうえで、影響を具体的に数値化する手法も挙げる。

▼問合せの回避

コールセンターなどのサービス部門に入ってくる問合せの30％は回避することが可能だ。つまり、問合せの原因を特定し、改善することによって顧客からの問合せ件数を減らすことができるのだが、この数字はほとんどの企業で共通している。

ある保険会社では、顧客企業からの問合せの上位10のすべてが登録口座の管理に関するものだった。さらに上位10のうち6つは口座管理の手続きを顧客が理解していないことに起因していた。そこで、この保険会社のサービス部門では、法人顧客１００社を抽出し、問合せの電話が入ると口座管理の手順に関する教育を能動的に実施。さらに口座管理で起こりやすい一般的なトラブルを避ける方法を記載したチラシを作成しメールで配布した。能動的な教育を仕掛けた１００社と何もしなかった１００社のデータを比較したところ、問合せ件数がほぼ30％下がる結果となった。

もし顧客が商品を正しく理解し使用できていたと仮定すると、回避できたはずの問合せ件数の割合が明らかになる。そこから回避できる作業量を計算し、改善によって期待できる削減コストが割り出せるだろう。先のケーススタディと同様に顧客への能動的な教育に対する投資を正当化できる数字が揃う。

この保険会社では、顧客教育への投資として、チラシを開発し、顧客からの問合せに対応する際に3分間の通話時間を延長することによって、顧客に対する初期教育とチラシの紹介を行った。その結果、種々のテーマに関する入電件数（コールセンターなどで受け付けたコール数）が30％減少した。同社のその後の調査では、顧客からの問合せが減った時期の顧客満足度評価は著しく上がった。教育にわずかな投資をしたことで、顧客の満足度が上がり、作業量が減ったことでコスト削減につながった。

より良いツールや説明によって、より効率的なサービス応対を実現する

次に、コールセンターに入る問合せが一度で解決できず、スーパーバイザーにエスカレーションされたり、同じ顧客からの問合せが同日中に何度か繰り返される場合がある。これらの案件をすべて抽出し、種類、件数、コストなど詳細に分析してみよう。複数回に及ぶ電話、上

司へのエスカレーションを分析することで、解決を妨げる明らかなプロセス上の問題があることに気づくはずだ。

たとえば、自動車の修理工場で、営業担当者から「この車の修理には5日間かかりますね」とピシャリと言われたら顧客は嫌な気分になるだろう。しかし「部品の入手に1日、塗装と12時間の乾燥を4回繰り返すのに3日間、最終的な表面を磨く作業に1日かかります」という詳しい説明を受ければ、顧客は日数の長さに喜べないとしても、その修理期間を受け入れることができるだろう。なぜなら、修理する工場側の事情を理解するからだ。

また、解決するまでの過程において、「他部署に回してから(または、上司の確認を待って)回答します」といった形で顧客にコールバックするよりも、社内データベースに直接アクセスして回答を提供するほうがはるかに効率的である。顧客からの苦情や問合せを解決したり、顧客をトラブルから回避させようとするときに、社内プロセス上の障害を取り除くことでCXが改善するだけでなく、担当者の応対効率も向上するだろう。

▼製品保証の関連費用が減る

ある電子機器メーカーだが、修理のために返送されてきた製品を診断しても問題が発見できないケースが70%以上にも上ることがわかった。製品の取扱説明書の中でトラブルシューティングの内容を掲載したところ（印刷物とネット上の両方において）、修理目的の返送件数が著しく減少した。

顧客の操作ミス、勘違いなどに起因するトラブルや修理返品が必ず存在する。その中で上位3つを特定し、製品保証関連で経費をどれだけ無駄に使っているかを計算する。その3つのトラブルを防ぐために必要な顧客教育にかかる予算を出してみることで、改善に対する十分な見返りがわかるだろう。

たとえば、ウェブサイトのホームページ上に上位3つのトラブルに対して対処方法や取扱い上の注意を掲載するだけでも、トラブル発生のすべてを防ぐわけにはいかないが、おそらく、少なくともトラブルの3分の1は減るだろう。

▼トラブルの解決コストが減る

ある大手の水栓器具メーカーは、製品トラブルで顧客に全額返金してきたが、むしろ顧客自身で取付け可能な部品を受け取れたり、新製品を割引価格で購入できるといったオプションを提案したほうが効率的だということがわかった。

水栓器具はバルブを回さなくても、人の動きや熱を感知して作動するテクノロジーが搭載されるなど、急速に複雑化が進んでいる。顧客は部品を受け取って交換することで解決できれば、それが適切な対応だと感じており、全製品を取り替えたり返金するよりも、より精巧な新製品を割引価格でオファーするほうが高い満足度につながっている。この新戦略を成功させるには、修理時のオプションや保証内容を明確にして誤解が生じないようにすると同時に、新製品価格との差額分を明示する必要がある。

▼マーケティングコストを下げる

まず、企業として獲得する新規顧客の数と、クチコミの推薦から得られる新規顧客の数をマーケティング部門に尋ねてほしい。次に、広告やプロモーションなど従来の手法で新規顧客を獲得する平均コストを計算する。

この分析をすれば、素晴らしいサービスを提供することによってクチコミを助長することが、従来のマーケティング手法と比較して5倍も費用対効果が高いことがわかるだろう。クチコミの強化にかける予算が出れば、それによってマーケティング部門の予算をどれくらい減らせるかがわかってくる。

予算の縮小を話題にすると、社内の政治的なトラブルに発展しないとも限らないので、クチコミはマーケティング予算を減らすとは言わずに、CXはマーケットシェアの強化に有効な手法だと提言しよう。

▼多額の費用がかかる行政対応、そしてPRのコストが減る

顧客のトラブルが多額の損害賠償に発展するケースがある。苦情が解決されないまま、やがて弁護士にエスカレーションし、監督官庁、そしてメディアの露出へと発展する。顧客の案件が解決されない場合、監督官庁、弁護士、メディア関係者に苦情を持ち込む顧客は、わずかだがだいたい2〜6％存在する。

顧客が弁護士や監督官庁にコンタクトする前に企業側で問題解決できれば、多額の経費を要する大事件に発展するリスクを最小限に抑えられる。効果的なL&Lプロセスでは、集約されたVOCを活用することによって、問題を取り上げ予防策を講じることによってリスクの高いクレーム件数を大幅に減らすことができる、もしくはクレームが大きくなる前に影響力を和らげることができる。

たとえば、ある医療機関では、クレーム処理の管理体制の強化によって、患者のクレームを必ず表面化させ迅速に解決できるようになり、結果的に保険金や訴訟関連経費が10％以上も削減できた。

また、ある医療機器メーカーの法務部は、非常に積極的な顧客教育と苦情対応を運営する経費として年間500万ドルの予算を持つことを、FDA（米国食品医薬品局）からの注意勧告を受けないようにする一種の保険だと考えている。実際、過去に不適合だと注意勧告を受けた際

には、是正措置に1億ドル近い経費を要したのだった。

▼現場スタッフの離職率を抑えてサンクコストを下げる

金融サービス業と小売業で実施した従業員調査によると、顧客応対に就く従業員の自主退職のほぼ50%が、予防できるはずのトラブルに対処し続けるフラストレーションによるものだった。自社の人事部門と相談して、離職に伴う損失(6)のサンクコストを金額に換算してほしい。そして、同様のフラストレーションに起因する退職が、どの程度の損失を与えているかを数値化してほしい。

5 CFOを説得する

本章で挙げている計算式や数値化の手法に関しては、財務やその他の懐疑的な人たちから反

(6) 従業員の離職によって発生したコストを指す。採用から初期研修にかかる経費だけでなく、品質や効率性の面で一人前に成長するまでにかかる費用を考慮すると、コールセンターのオペレーターなど、ナレッジワーカーの場合、3～4カ月分の給与に相当するといわれている。

対意見や疑問が出るだろう。一般的な反対意見とそれに対する効果的な回答を次に挙げる。

- 「顧客のほとんどは、嫌なことがあると苦情を申し立てる(苦情件数が少なければ、顧客は満足していると考えてよい)」……これは完全に間違っている。たとえば、化学工業、運輸、航空宇宙、企業向け金融企業などの大手法人顧客でさえ、苦情を申し立てずに終わっていることがある、と回答している。理由としては、苦情を申し立てたところで改善の見込みがなかったり、雰囲気を悪くすると考えてしまうからである。彼らは苦情は申し立てないが、自らの裁量の範囲で取引相手との予算をカットするという。
- 「私たちの得意客は、みんなクレームを言ってくれる」……得意客になると平均的な顧客に比べて多少は苦情を申し立てることが多くなるかもしれないが、前と同じ理由で、結局は苦情をわざわざ持ち出さないことが多い。1年間ほどは取引相手とのビジネス関係を波風立てずに維持しようとするのである。
- 「顧客の維持には経費がかかりすぎ、新規顧客を獲得するほうが得策だ」……マーケティング部門に依頼して、新規顧客の獲得にかかる経費を計算してもらい、既存顧客との関係修復にかかる経費と比較してみるべきだ。本書で紹介している「顧客損失モデル」を使えば、この主張は覆されるはずだ。
- 「顧客は『他のブランドに乗り換える』などという脅しを実際にはしないものだ」

……CRMシステムやロイヤルティ分析のプログラムを使えば、顧客の購買行動を正確に追跡することができる。私たちがこれまでに実施した6つの長期的にわたるロイヤルティ追跡調査に基づくと、他社にスイッチしたいと言った顧客の50%以上、通常は3分の2以上が実際にブランドやサプライヤーを変更している。

- 「顧客にはあまり選択肢がない。私たちの企業と取引するしかないんだ」……独占的企業、非営利団体、政府機関、長期契約で守られている企業でも、CXに満足がいかなければ、顧客はなんとかして他社ブランドに変える方法を考えるし、それができなければペナルティーの手段を考えるだろう。具体的には、これはどのように行われるのだろうか。一般的に、選択肢がない環境にいる顧客の不満が解消されない場合、次の3つの手段に出る可能性が高い。どれを取っても、企業にとってはダメージだし、余計な経費がかかってくるだろう。
  - 経営者に直接クレームを申し立てる。もしくは監督官庁やメディアに訴える。
  - 不満な製品やサービスの使用を中止し、その企業の他の製品・サービスの購買もストップする。
  - 料金に異議を唱えたり、運転資金が厳しいときには、その企業を支払先リストの下位に位置づける。

これらの3つの手段のどれを講じられても、企業にとって短期的な損失だけでなく、長期的なビジネスの両面においてダメージをこうむるはずだ。また不満を持つ顧客は、代替が見つかったとたん、一斉に他社に乗り換えてしまうだろう。

6 勝てる戦いをする

CXを強化して顧客に喜んでもらう、この戦略を経営陣が支持してくれると決まったら、何から手をつけるか、この選択が非常に重要になる。

ここで、「顧客リスクモデル」を使うことによって、CXを強化するうえで最も見返りの大きい改善機会を特定することができる。同モデルは最初、1980年代にゼロックスとシェル・カナダで私たちが実施した調査をきっかけに、企業の財務部門に受け入れられるような計算モデルとして考案した。

このモデルは、顧客損失モデルの後続モデルであり、1980年代後半にゼロックスとモトローラにおいて実施したプロジェクトで完成した。現在でも十分に応用可能で役に立つ。

CXを強化することが収益に及ぼす影響の数値化は顧客損失モデルによって実証できるのだが、この時点で、自社の顧客ベースにおいて発生している全体的なトラブルの発生頻度、トラ

図表3-13▶顧客リスクモデルの計算

トラブルを経験した顧客の割合(%)	×	特定のトラブルを経験した顧客の割合(%)	×	商品を再購入しないと思われる顧客の割合(%)	=	そのトラブルによって失われる可能性のある顧客の割合(%)

ブルのタイプ別の発生頻度、各タイプのトラブルがロイヤルティに与えるダメージのデータは入手できている。

図表3-13で示す計算式を使えば、各タイプのトラブルにおいて離反する可能性(リスク)の顧客が各々何パーセントいるかを出すことができる。これが顧客リスクモデルである。

顧客リスクモデルの結果例を図表3-14で示す。この表は、10年ほど前にマルコム・ボルドリッジ国家品質賞を受賞したあるテクノロジー企業のデータをもとに見本例として作成した。

この表によると、最も発生頻度の多いトラブルは約束の配達日が守られないことだが、このトラブルに遭遇した顧客の10・5%が推奨しない(再購入しない)ために離反する可能性がある。これを顧客ベース全体で見ると、1・3%の顧客を失うリスクが見えてくる。顧客ベース全体で1億ドルの市場価値があれば、このトラブルによって130万ドルの財務的な損失リスクが生じている。

分析結果で興味深いのは、発生頻度が2番目に多いトラブルだ。商品が希望する納期内に入手できないのだが、これ自体では顧客ロイヤルティにダメージを与えていないし、このトラブルによって顧客が離反す

図表3-14▶顧客リスクモデルによる計算例

トラブルを経験した全体の割合(45%)	トラブルの割合(%)	推奨しない割合(%)	失われる可能性のある顧客の割合(%)
約束の配達日が守られない	27	10.5	1.3
希望の納期内に製品を入手できない	23	0.0	0.0
約束が守られない、最後までやり通さない	21	30.0	2.8
初回に設備・システムが修理されない	20	22.2	2.0
製品購入後のコミュニケーションが十分でない	19	10.0	0.9
営業担当者からの折り返しの電話が来ない	16	33.3	2.4
失われる可能性のある顧客の割合(合計)			**9.4%**

るリスクもない。希望の納期内に入手できなければ、早めに注文することで解決できるからだ。企業にとって、このトラブルを急いで改善する必要はない。

一方、この表の最後にある、営業担当者が折り返しの電話をしてくれないというトラブルはロイヤルティに深刻なダメージをもたらしている。企業側の取組みとしては、トラブルの発生頻度を抑えたり、トラブルを取り除くことによる財務的な見返りを考えたうえで取組みの優先順位を決めるべきである。

GETTING STARTED すぐに始めてみよう

自社のCXに投資するうえでの企画書を見直してみよう

1 財務部門も合意している、顧客価値の平均値はどのくらいか。

2 新規顧客の獲得にいくらくらいの経費がかかっているか。

3 クレームを申し立てない顧客の割合は、控えめに見積もってどのくらいか。もしこの数値を算出できる方法論がなければ、サービス担当者に依頼して100人の顧客に「会社に苦情として申し出なかったトラブルを経験したことがあるか」という設問に答えてもらい、その割合を出発点として利用しよう。

4 マーケティング部門はクチコミの重要性にあらかじめ合意しているか。

5 回避可能なトラブルの上位3つと、そのトラブルの原因を除去するのにかかる経費はどのくらいか。ステップ2で算出した「クレームを申し立てない顧客の割合」から市場全体におけるCX上のダメージを推測し、さらに特定された顧客価値から収益の損失を推測しよう。

6 予測できたはずのトラブルの情報を事前に顧客に知らせなかったために失った顧客の事例はあるだろうか。最近離反した顧客10人に対して電話でのヒアリングを試みる。なぜロイヤルティを失って離れたかの理由を探し出す。ヒアリングによって、トラブルを体験したにもかかわらずクレームを申し立てなかった顧客が少なくとも5人以上いることもわかる。顧客へのヒアリング内容は録音しておき、経営陣に聞かせれば、強い説得材料になるだろう。

7 回避できたはずの顧客のクレーム対応に伴って発生した多額の製品やサービス関連の保証費用、サービスコストを考えてみよう。

本章のまとめ
KEY TAKEAWAYS

- 最初からCXに積極的投資をする財務担当者はいない。なぜなら、CXを強化することによって期待できるロイヤルティとクチコミへの影響を数値化することが難しいからだ。最高のCXがもたらす収益へのメリットには、顧客の維持、ポジティブなクチコミの増加、ネガティブなクチコミの減少、そして利益率の向上がある。さらにCXへの投資のROIは通常100%以上だ。
- 特定のトラブルが与える収益への影響を算出する大まかな方法は、「顧客がトラブルに遭遇した場合、典型的にはロイヤルティが20%下がる」と考えればよい。つまりトラブルを体験した5人に1人が再購買しない、と考える。

- 期待できるコスト削減としては、サービスを求める需要が減る、サービスの対応が効率的になる、トラブルを解決するコストが下がる、製品&サービス保証関連の経費が減る、トラブル解決にかかわる管理者の工数が減る、訴訟やPRにかかるコストが減る、そして優秀なスタッフの離職に伴う人材コスト(採用と育成)を防げる、などの効果がある。
- CXが作り出す収益貢献やコスト削減を数値化できても、懐疑的な人はなくならず、そのデータに異議を申し出る人はいるだろう。本章で紹介した議論の事例を参考にして、彼らを納得させる準備をしよう。
- すべてのトラブルが同じ影響を与えるわけではない。通常、2つか3つのトラブルがロイヤルティに最も深刻なダメージを与えるのであり、中には改善しなくてもいいトラブルもある。勝てる戦いをしよう。

第II部

起点から完了までのCXをデザインする

Designing the End-to-End Customer Experience

第4章 物事は最初に正しく実行する（DIRFT）

Do It Right the First Time (DIRFT)

完璧さを顧客に届けるには、まず何を提供できるのかをはっきりと約束し、その約束どおりのものに輝きを添えることである。

この完璧さを実現するには、3つのことを守らなければならない。1つ目は、顧客の事前期待の設定を誠実にすること。2つ目は、個々の顧客の多様なニーズに合わせながら約束どおりのものを一貫して届けるような柔軟なシステムをデザインすること。3つ目は、エモーショナルコネクションを大事に育てる組織文化を作り出すことだ。そして一貫性、柔軟性、およびエモーショナルコネクションのカルチャーのベースには、テクノロジーの活用が必須になる。

3つの要素を守るにはテクノロジーが欠かせない。たとえば、修理を依頼したとき、技術者が来てくれるまで自宅で待つ、という経験は誰にでもあるだろう。顧客は心配になれば、自分のほうから前日や当日の朝に確認の電話をするのではないだろうか。

ニュージャージー・ナチュラル・ガス（NJNG）では、予約を受け付けた時点で、希望する連絡方法を顧客に指定してもらい、前日に自動配信でアポイントメントの確認を行い、さらに当日の朝には到着予定時間を顧客に伝えるサービスを始めた。これによって、心配になって問い合わせる顧客からの確認電話に対応する手間やコストもなくなり、顧客のフラストレーションも解消した。

NJNGが提供するサービスは、顧客の期待を超えた「WOW！」体験であり、同時に合理的アプローチだ。顧客はいつになったら技術者が来るのか、イライラしながら無駄に時間を潰すことはなくなり、NJNG側もフィールディングサービス（技術者派遣サービス）につきまとう複数回の電話確認にかかる経費と人手を省くことができる。

また、テクノロジーをうまく活用すれば、実際のサービス自体も人間に代わって提供することが可能になる。それも、不快な体験をさせずに。たとえば、私が妻と一緒に映画を観に行くとき、チケットの購入はネットで可能だ。オンライン予約をする際に座席指定をして、駐車場の料金を携帯アプリで支払う。チケットの受取りもキオスクで自動化されている。映画館のスタッフとのやり取りが生じるのは入場口だけ。「映画をお楽しみください」とフレンドリーに声を掛けられ、アイコンタクトがあれば悪い気はしない。軽食の注文も電子キオスクで可能だ。

注文品を手渡すところだけは、人間のスタッフがやってくれる。

テクノロジーは不快な体験を防ぐことはできても、それ以上の価値を提供することはできない。たとえば、映画館の最前列シートに座るはめになってしまっても何もしてくれないが、それでよいのだ。

本章では、次の4点について解説する。

① 顧客に不快な体験をさせないために、DIRFTの本質的ステップを実行する。
② 組織の中に顧客中心主義のカルチャーを作り出し、DIRFTと顧客との素晴らしいコネクションの両方を実現する。
③ 柔軟なプロセスを備え、常に約束どおりのものを顧客に届ける。
④ DIRFTのマネジメントを絶えず評価し改善できる適切な指標を定義する。

1 プロセスは最初が肝心

DIRFT(Do It Right the First Time)の基本的なゴールは、顧客に不快な体験をさせることなく、付加価値のある顧客体験を起点から完了まで提供することにある。しかし、多くの企業は消費者を引きつける魅力的な製品やサービスを提供していても、同時に顧客体験のどこかに瑕疵があり、それが自社の商品価値を損なっている場合が多い。

製品設計の段階から継続的な製品使用に至る企業の活動の起点から完了までのすべてを見直すことによって、CXの中に顧客にとっての不快な体験がないかを確認できる。うまくデザインされたDIRFTは、少なくともいくつかの活動において素晴らしい価値を提供しており、その他の活動では、決して不快な出来事が起こらないように注意深く設計されている。

顧客体験の中にある個々の活動について解説している書物はあるが、CXに与える影響については言及されたものはこれまでになかった。ここでは、CXの活動を定義し、やってはいけない顧客体験の不快な事例として最も一般的なものを紹介する。そして、テクノロジーや人のちょっとした行動でCXに素晴らしい価値をもたらす革新的な事例を紹介したい。

DIRFTの活動を見直す最善の方法は、まずプロセスマップを作成することだ。あくまでも顧客の視点に立って、顧客がどのようにして自社製品を知ったか、そして製品を購入し、自宅まで届けてもらい、使い始めたかのフローを描く。次に組織全体を見渡して、すべての顧客接点をプロセスマップに書き込んでいくが、パートナー、代理店、サービス業務を委託しているベンダー先のプロセスもすべて盛り込む。

このプロセスマップを作る際は、経営陣に任せてはいけない。そもそも彼らは、顧客プロセスの詳細を把握していないからだ。プロセスマップ作成の作業に適任なのは、各部門で顧客との直接的な接点を担当しているスタッフ、リーンシックスシグマ・チーム、品質管理の担当者たちだ。

企業の各活動のパフォーマンスをCXの観点から見直すと、顧客にとって不快な体験を作り上げている箇所が少なくとも2つは見つかるはずだ。第8章で述べるが、このプロセスマップをIT部門と共有することで、CXの全活動を最適化するうえでテクノロジーをどこに導入するかを考える基礎資料となるだろう。

CXの改善を製品のデザインから考える

改善に取り組み始めると、その多くは、現在の製品やサービスに内在する瑕疵に起因していることがわかる。

たとえば、何年も前のことだが、エイビスの顧客にとって最大の頭痛は、空港近くの店舗にレンタカーを返却する際に手続きカウンターの行列に並ばされて、飛行機に乗り遅れることだった。問題は長年にわたって解決されず放置されてきたが、この不快な体験が収益に与えるダメージが数値化されたことで、エイビスは型破りな考え方を実行した。ワイヤレスの携帯型コンピュータを導入して顧客の返却手続きを簡素化し、待ち行列と遅れを解消させたのだ。これは現在、どのレンタカー会社でも採用しているサービスとして業界に定着した。

次に、2つの大手重工業関連の事例を紹介しよう。1つは化学薬品の船荷ターミナル、もう1つは製紙業だ。いずれも競合企業との差別化を図りたいと考えていた。

いずれの企業の業界も、製品の配送に関してはトラックでも鉄道輸送でも専門会社に委託するのが一般的であった。出荷の際に、顧客には出荷日時と配送業者の社名を知らせてはいたが、途中で何らかの遅延が生じても、それに気づいて対処するのは顧客であり、企業側は関与していなかった。

両社がCXを強化するために導入したサービスは、製品の出荷状況を絶えず確認し、遅延が発生した時点ですぐに顧客への通知を行ったことだ。顧客にとって大変嬉しいサービスだった。たとえば、最大で2時間近く配達が遅れるとわかった場合には、顧客にメールで通知する。さらに遅れそうだとなると、携帯で連絡を取り合うのだが、顧客は非常に高い評価をした。

現在では、両社とも社員が毎晩自宅から配送業者の進捗システムにログインし、1時間ほどの出荷確認作業を行っている。以前のやり方に比べると仕事量は多少増えたものの、プロセス改善はきわめて意味のある差別化につながった。

製品デザインでよくある問題は、製品機能を多くして複雑になってしまい、ユーザーにとっては簡単な操作をすることも、面倒な操作になってしまうだろう。わかりやすい例としてテレビのリモコンや自動車のデジタル制御パネルが挙げられる。むしろできるだけ機能を省略化することで製品は洗練されてくる。それにはVOCシステムによって改善が必要な場所や、新しい製品や機能のアイディアを得ていくべきだろう。

製品に新しい素材を使ったために、品質まで劣って見えてしまうという過ちもよく見受けるものだ。たとえば、大型家電製品、家具などにプラスチックや強化カーボンファイバーが使われるケースが増えている。今でも多くの消費者は、プラスチックが金属よりも耐久性に欠けると考えており、強度や耐久性を示すデータや価値を伝えない限り、消費者のがっかり感は変えられないだろう。製品のデザインにおける成功の鍵は、ちょっとしたことでも「不快な驚き」をなくして、製品本来の価値を守ったり高めたりすることにある。

▼製品とその価値を認知してもらう

製品の認知度を高めるキャンペーンは、製品やサービスのメッセージを消費者の目に触れるようにし、購買検討につなげることを目的として行われる。通常は、従来型の広告宣伝やマーケティング、さらにはクチコミのクリティカルマス(1)を作り上げる活動などが行われる。

しかし、広告宣伝やマーケティング活動がCXに対してネガティブに作用する、その最たるものが「図々しさ」だろう。具体的には、電話による勧誘、騒々しいばかりのテレビコマーシャル、ターゲット層も絞り込まずに発信されるスパムメールなどの類、第一印象でわざと誤解を招きやすくしているメッセージ、などがそうだ。

スパムメールが問題になるのは、その頻度にある。たとえば、私自身が興味を持っている協会団体が複数あり、実際それらに会員登録を行っている。しかし、どの協会からも週に5通はメールが送られてくることになり、結果的に私はEメールのオプトアウトを選択することにした。もし、「週に1通だけ」という選択肢があれば、再びEメール通知の設定を元に戻すかもしれない。

もう1つのわずらわしい事例は、消費者としては1つのオプションを選んでいるのに、異なるテーマの情報が一緒に送信されてくることだ。たとえば、私はユナイテッド航空のエリート会員だが、マイレージプラスについての情報には関心がある。しかし、そのテーマだけを選んでも大抵の場合、見たくもないマーケティングキャンペーン情報が一緒に送られてくるのだ。結局、私はスパム的情報の洪水から自分を守るために航空会社の情報を一切オプトアウトすることにした。

では、認知度を高めるベストプラクティスのいくつかを紹介しよう。

---

(1) 商品やサービスの普及率が一気に広がるとされる普及率の分岐点のことで、一般的に約16%とされている。概念を提唱したエベレット・ロジャースによると、最初は先進的なイノベーター(革新者)と呼ばれる消費者層に受け入れられ、次に新しいものに敏感なアーリーアダプター(初期採用者)に広まる。それから保守的な利用者層に広がっていく。

- 企業からのマーケティング情報を受け取る頻度とテーマについて複数の選択肢が用意されている。
- ヘッドライン（見出し）において誤解を招く表現をしない。たとえば、「40％オフ」が限定商品のみを対象としているのであれば、見出しでそれをうたうと誤解を招くだろう。
- 顧客の関心に合った特別な情報だけをちょうど良いタイミングで通知する。たとえば、お出かけアプリのフォースクエア・ドットコムは、顧客が入店したり、入り口近くに差しかかったときだけに特別セールの案内を流している。
- 顧客のお薦めを他の人とシェアするように促している。たとえば、レストランチェーンのチックフィルAのフェイスブックに顧客が「いいね！」ボタンを押す。スターバックスの特別オファーを顧客がメールでシェアする仕組みなど。
- 前回までの購入履歴に基づいて個々の顧客にカスタマイズされたお薦め商品情報を能動的に提供する。アマゾンの成功事例はあまりにも有名だ。
- ターゲット層に合わせたEメール。たとえば、顧客が犬を飼っていることを知っているのであれば、クロスセル商品としてペット保険をオファーすることは間違っていない。むしろ、付加価値の高い情報として喜ばれるかもしれない。

よく考えられた、ごまかしのないマーケティング活動の結果として購買意欲が高まり、誠実で思いやりのある企業イメージにつながる。さらに、その後のCSにおいても顧客にとっての不快な出来事が生じることはない。

▼購買決定を後押しする情報を提供する

2012年の『ハーバード・ビジネス・レビュー』誌の記事が指摘しているように、購買を検討している製品について調べたり、それどころかその企業についても調べる顧客が多いようだ[☆1]。顧客が調査をする理由は、企業が放つマーケティング情報をそもそも疑っているからであり、友人のお薦めやレビューサイトを見ることで、購買を検討する候補企業を消去法的に絞り込もうとしている。

こうした顧客行動に対して企業が取れる手段は、何よりも自社のウェブサイトやマーケティング情報において「誠実であること」だ。また、顧客が見つけやすくわかりやすいことも重要だ。そして素晴らしいCXへと強化することで、否定的なレビューを最小限に減らし、好意的なレビューを最大限増やしていくことができる。

しかし実際のところ、顧客は購入するかどうかを決めるのに、わざわざその企業のウェブサイトにログインしたり、製品について徹底的に調べ上げるわけではない。顧客の購買決定に障害となる3つの事象を挙げておこう。

- 簡単な質問なのに、回答する前にログインや個人情報の記入を要求する。
- 広告やウェブサイトを見ると、企業側のスローガンは長々と書かれているが、具体的な詳細については乏しい。
- 情報が大量すぎて消化できない。

顧客の情報検索を助けているベストプラクティス事例を次に挙げる。

- パンフレットやウェブサイトの最初のページに、最も一般的な質問に対する回答を記載している。
- 45秒以下にまとめたユーチューブの動画で、製品の特長を説明している。
- 専門知識の少ない顧客にアドバイスしたりサポートするオンラインコミュニティのスポンサーになっている。たとえば、イントゥイットでは、自社の会計ソフトを利用する数千人のCPA（公認会計士）やユーザーが属するオンラインコミュニティのスポンサーをしており、そこでは、たくさんのベテランユーザーが新しいユーザーにアドバイスやサポートを行っている。ザッポスのコミュニティでは、どのブランドの靴が小さめなのかあるいは大きめなのかという情報を顧客同士で共有しており、足に合わないという理由での返品を減らす取組みを行っている。

- レビューサイトの利用を促している。ヨーロッパでは、トリップアドバイザーが顧客にコメントカードを送り、同社に登録されているホテル、レストラン、航空会社についての感想を書き、トリップアドバイザーのウェブサイトに投稿することを促している。これは顧客、登録企業、ウェブサイト(トリップアドバイザー)の三者にとってウィン・ウィン・ウィンの関係を作り上げている。

カスタマーレビューにおいて新たに出現した問題は、ポジティブまたはネガティブなレビューのでっち上げである。『ニューヨーク・タイムズ』紙によると、1レビューにつき5ドルで投稿を請け負うアルバイト的な仕事をこなす会社の業界が存在する。自社に対してはポジティブなコメント、ライバル企業にはネガティブなコメントを投稿するのだ[☆2]。

あなたの企業がポジティブなレビューを得たいのであれば、顧客からの高い評点を一貫して獲得し続ける必要がある。それにはCXを最適化していくことだ。つまり、顧客の苦情を積極的に受け入れ、苦情に対応することで顧客の気持ちを好転させ、顧客には満足したことを積極的に投稿するように促すことだろう。

▼顧客を裏切らないセールストーク

一般的にセールスポイント（売込み）やセールトークと呼ばれるものがある。商品をマーケティングするうえで価格や性能などをまとめた価値提案だが、製品の限界についても明らかにしておくべきだ。商品のパンフレットや広告にせよ、最初に掲載するのがこのセールスポイントなのだが、シンプルでわかりやすく、何よりも誠実であることが求められる。

しかし、よくある過ちには次のようなものがある。重要な事実や例外事項をあえて省略している。わかりにくい専門用語を多用している。制約条件を並べ立てている。印刷物のフォントが小さかったり、注釈に重要なことが書かれている。また、すでにトラブルを抱えている顧客に売込みを行ってしまう、などがある。

的外れな売込みほど顧客を激怒させるものはない。たとえば、紛失した荷物を航空会社に問い合わせている顧客が電話で待たされている間にツアーの宣伝を流すのは賢いやり方ではない。

ベストプラクティスに共通するコツを挙げると、メッセージはシンプルにすることだ。バリューや価格については3〜4行のわかりやすいメッセージでまとめる。

スプリントのCEO、ダン・ヘッセは２０１１年にカンザスシティで開催されたカンファレンスで次のように述べている。「計画していたマーケティングプランの８割近くを思い切ってカットし、残りについては簡潔な文章に書き直した。すると顧客の満足度は高くなり、複雑でわかりにくかった通話料金プランが原因だったのか、問合せ電話や顧客が申し立てるトラブルが激減した。おかげで、なんと23カ所ものコールセンターを閉鎖できた」。

ある大手自動車会社では、10万マイルの総合的な保証プログラムを顧客の信頼と満足度の向上につなげていたのだが、しかし実際の保証には、多数の補足説明や除外事項があり、顧客にとっては不快な気持ちにさせられることが多々あった。たとえば、バッテリーの保証期間はわずか3年だった。除外事項の数を減らして保証内容を簡素化していれば、顧客にとっては、もっとシンプルでわかりやすいものとなり、不快な体験をすることも減っていたはずだ。

他にも、次のようなベストプラクティスがある。

- 製品の限界や特別なオファーといった顧客にとって重要なメッセージは目立つようにする。マーケティング部門は弱点をさらけ出すことを嫌がるが、むしろ誠実さを高く評価してもらうことができる。
- 個々の顧客にとって何が最も大切な価値なのか顧客自身に選んでもらう。たとえば、エイビスではレンタカーを利用する顧客に複数の選択肢を用意している。最新型のテクノロジーを備えた車、出張のために使うベーシックな車、子どもを連れてバケーションを楽しむ車など、複数のセグメントを用意して用途やニーズに合わせて顧客に選ばせることで、個々の多様なニーズにマッチしたサービスを一貫して提供することができる。

▼製品購入時のベストプラクティス

商品を購入する際の体験については、迅速、柔軟で、正確なものにしなくてはならない。不快な体験は、その最たるものとしては、購入手続きを始めた後で在庫切れだとわかる、手続きの書式がわかりにくく、ミスを犯しやすい、ミスを犯すことによって手続きが成立しなかったり、書式が元に戻って最初から書き直さなくてはならない、他の商品も購入させようと圧力をかけてくるプレッシャー、さらには追加料金や長期契約を強いる条件などの不快なことが発生する、などが挙げられる。

購入時のベストプラクティスとしては、アマゾンがワンクリックで購入できる仕組みを作ったように、購入体験がスピーディーで簡単にできて、楽しいことだ。ザッポスの販売担当者は靴が大好きで、熱心に靴の説明をしながら購入を手伝ってくれる。ニーマンマーカス・ダイレクトでは、服のコーディネートが似合うかどうかをやさしくアドバイスしてくれる。ペットフードのアイムスのサービス担当者は、ほぼ全員がペットを飼っており、親身になって顧客の犬の話題に付き合ってくれる。同社では顧客システムを使って、リピーター客の飼っているペットが、犬か猫かを前もって把握できるようにしている。

もう1つのベストプラクティスは、顧客がミスを犯さないようにしている事例だ。ある保険会社では、登録申込書を記入する際に代理店や顧客が最も犯しやすいミスを特定したうえで、代表的な3つのミスを記載したメモを貼った申込書を顧客に渡すようにした。この3つのミスは直ちに50％以上も減少するという成果につながった。

同様に、顧客が入力したデータを自動的に編集チェックするシステムを導入した企業がある。編集チェックによって取引上のミスは確かになくなったのだが、同システムではエラーが見つかると全データが消され、顧客はもう一度すべての情報を入力し直さなければならないという厄介な面があった。結果、顧客が途中で申込みをあきらめてしまい、多数の手続きが放棄されてしまったことも付け加えておく。

▼製品やサービスを顧客に届ける

製品やサービスのデリバリーが満足いくものであるためには、顧客にとって予測可能で、かつ楽であることだ。さらに今日の多くの顧客はすぐに満足のいく結果を求めたがる。

デリバリーの重要ポイントを挙げると、顧客に届けると約束した時間枠、信頼性あるいはデリバリーの時間が予測できること、そしてどのチャネルを使うかにある。

デリバリーにおいてよく起こる問題としては、約束の時間を守らない（遅れる、来ない）、顧客への進捗報告や確認をし忘れる、指定どおりの商品が届かない、直前になって変更や追加手続きが発生する、などがある。

たとえば、住宅ローンを借り換えようとしている顧客に対し、手続き完了の2日前に別の書類を提出するように伝えれば、顧客をいら立たせ、急がせることになる。こういった事態が起こるのは、銀行側のジャスト・イン・タイム方式によるものだ。事務スタッフが直前になって書類を確認して抜け漏れに気づくことで起こる。このチェックプロセスは、銀行にとっては都合が良くても、大勢の顧客に不安を与えるものでしかない。もし、ローン手続きの完了納期を立て直すことになれば、銀行側の経費にも響く。

デリバリーのベストプラクティスとしては、商品の即日配達がある。すぐに満足したいという顧客の希望を満たす。アマゾンのような企業は、バイク便などを利用して1時間以内の配達や、さらに早く配達するためのドローンの利用も検討している。顧客からの注文をネットで受け付け、最寄りの店舗で商品を受け取ってもらうサービスを始めた小売りチェーンもある。

顧客はデリバリーがいつ完了するのかという点で確実性を求めている。たとえば修理サービスの訪問でも、よりきめ細かい枠で約束時間を設定するようになってきた。8時から17時の間では顧客の期待に沿えない。8時から正午の間でも受け入れてもらえない。多くのサービス会社では2時間の時間帯指定で約束している。

ブリティッシュ・ガスでは2時間以内の到着を保証し、遅れた場合の賠償金を約束している。フェデックスはさらにその先を行き、配達便をネット上でリアルタイムに追跡できる機能を提供することで不確実性をなくしている。同社はモバイルとGPSテクノロジーを活用し、顧客の配達物の位置確認、温度管理の必要な内容物の温度チェックを可能にした。これによって「配達トラックはどのあたりにいるのか」「いつ到着するのか」といった問合せの電話がほとんどなくなった。フェデックスは「Be the First to Know!（最初に知るのはあなた）」と名づけたマーケティングキャンペーンの中核に、付加価値の高いこのサービス機能を位置づけている。

▼初期の使い方について顧客を教育する

顧客教育とは、顧客が製品を使い始め、その価値を最大限に享受できるように、顧客に必要な情報を提供することを指している。

顧客が自力でマスターできる操作機能の数としては、3つの機能までは誰の助けにも頼らず、クイックスタート・ガイドを使えば、6つまでの機能を使いこなせるだろう。注意事項だけで10ページもある分厚いマニュアルは、顧客の教育という観点から見ると効果的ではない。法務やコンプライアンス部門は安心するだろうが、最初の10ページ以上を読み進める顧客は多くないはずだ。

悪い事例を挙げると、新車を納車にやって来た販売店の販売員が、新車の機能説明をしてくれるのはよいが、ダッシュボード上の10の操作ボタンを使ってできる30以上の機能、その他電子機器の機能のすべてを早口で説明することだ。コンピュータや家電製品の販売員にも同様のことが当てはまる。

顧客教育のベストプラクティスは、消費者の学習スタイルが多様化しているため、できるだけ多くのチャネルや形式を使って、ワンポイントに絞った情報を少しずつ提供することだ。新規顧客向けのウェルカムパッケージには、録音テープや動画を補足資料として付け加えるのも効果的だ。

アウディでは販売員のベストプラクティスを決めるコンテストを実施したが、顧客に対して次のアプローチをする販売員が選ばれた。「早速、新車に乗られるのであれば、新車の操作についてお客様が知りたいことを3つだけ教えてください。本日はその3つに絞ってご説明して私は失礼しますが、2週間後もご説明が必要でしたら、私が詳しいご説明をさせていただきますし、ダッシュボード機能の操作についてでしたら、DVDをご覧いただくことも可能です」。

他にもベストプラクティスを紹介しよう。

- 顧客の手元に新製品が届いた時点では、数ページに簡単にまとめたクイックスタート・ガイドを紙と電子媒体の両方で用意する。詳しい操作説明については別冊の参考ガイドにまとめるべきだ。
- 新製品を購入したばかりの人や、初めてその企業のウェブサイトを訪れる人のために、新しいユーザー向けポータルを作り、企業のトップページから入れるようにすると非常に役立つだろう。

- 顧客の多くは視覚から学ぶことを好むため、45秒以内の短い動画は、製品の操作や機能を効果的に伝えることができる。ホンダ・カナダ・ファイナンスでは6本の短い動画を使ってウェブサイトのコンテンツや製品機能を顧客に紹介している。製品の操作や設置はシンプルな説明シートを用意するが、サポートが必要な顧客向けに、お客様サポート用のフリーダイヤル番号やオンラインの動画へのリンクも記載しておくとよいだろう。蛇口のトップメーカーであるモーエンではこの手法を採用したことで、大半の顧客は配管工がいなくても、同社の製品設置や部品交換ができると考えていることがわかった。効果的な情報提供により、製品価値は高まり、スピーディに顧客自身で設置できるようになったのである。

たとえば、テスラモーターズでは新車を納車する前に顧客にウェルカムコールをかけ、ウェブサイトの使い方や新車の機能説明をする16本の動画（合計28分間）の利用を促している。またソフトウェア会社の組織であるNFG(Network for Good)は寄付金の処理を専門とする有料、無料のソフトウェアを開発し、非営利団体に提供している。

NFGはソフトウェア購入後の使用状況をモニターし、もし2週間経っても顧客が活用していない場合には、メールと電話で未使用の理由を突き止め、ソフトウェアの利用を促すテクニカルサポートを提供するようにしている。

▼製品・サービスの利用とメンテナンス

顧客が製品に慣れてくると、今度はその製品の価値を最大に享受したり、メンテナンスや支払い請求におけるサポートが必要になってくる。この段階で、顧客が不快な体験をしやすいのが、製品が初期段階で故障する、製品の高度な機能を使いこなせない、サービスの請求額が予想以上に高くついた、などである。

不具合や故障については、テクノロジーによって問題を回避することができる。たとえば、ゼロックスの製品は、調子が悪くなると、故障する前に機械自体が自動的に本社へ電話する仕組みになっている。

製品が使われ始めたところをモニターし、ジャスト・イン・タイム方式の教育を施すのが効果的だというのは前章で述べたが、製品を継続的に使用する段階でも同様のアプローチが可能になる。たとえば、ほとんどの顧客は、自家用車に搭載されているカーナビやエンターテインメントシステムの機能の3分の1程度しか機能の使い方を理解していない。

そこでメーカー側としては、どの機能が使われていないかをモニターし、加えて顧客の人口統計学的属性やサイコグラフィックス（心理学的属性）をもとに、どの機能を使えば喜んでもらえるかの提案ができるだろう。

顧客にはメールや電話でのアドバイスをしたうえで、補足情報として機能操作を説明する45秒動画やネット上の詳細説明へのリンクを補足情報として紹介することができる。製品の機能をより多く使いこなせば、顧客の知覚価値がさらに強化される。

2 顧客中心の柔軟な文化を作る

人材、プロセス、テクノロジーを適切に調整し、柔軟で顧客中心の文化を創造していくための9つの領域をここで説明しよう。

明確なブランドプロミス

顧客に対する価値提案の重要ポイントを誠実に伝える明確なブランドプロミスが必要になる。たとえば、HSBC(香港上海銀行)の場合なら「World's Local Bank(世界に誇るローカルバンク)」となるし、オールステート保険の場合は「You're in Good Hands with Allstate(オールステートに安心してお任せください)」とうたっている。フェデックスの「The World on Time

（世界へ約束どおりにお届けする）」は、顧客と従業員の双方にとって、信頼性を事前期待にわかりやすく設定している。

ブランドプロミスは、次の8つの領域において人材、プロセス、テクノロジーの方向性を定めるうえで基礎となるものである。

▼ブランドをデリバリーすることへの明確な責任

顧客中心主義であることの重要ポイントは、ブランドプロミスの実現に全員が責任を持つことである。組織がブランドに即したサービスを提供する責任を果たすには、次の4つの方法がある。

- すべての外部コミュニケーションにおいてブランドメッセージを伝え、またすべての現場のサービスデザインにおいてブランドを守ることができるよう、部門あるいは部門横断的なチームを組織内に正式に配置する。
- すべての模範となるリーダーシップを、コミュニケーション、評価、施策の実行においても発揮する。たとえば、ウォルト・ディズニー社では、マネジャー全員が最低毎月1日はパブリックエリア（ゲストが入れる場所）で仕事をする。ゴミを見つければ必ず拾って捨てるなど、普段の主張や約束は必ず実行しなければならない。

- ブランドの実践については、同僚同士が責任を負うように義務づけている。ディズニーやスターバックスでは、たとえば名札をつけ忘れるなど、企業の価値観に基づいて行動できていない同僚に優しく忠告することを促している。
- 従業員に権限委譲する。つまり、ブランドメッセージを積極的に、クリエイティブに伝えていけるように行動する裁量と権限が従業員に与えられ、その実践が奨励されている。ディズニーのスタッフは「Make the Experience Magical（魔法のような体験をしよう）」というカードを携帯しており、ゲストに配ることができるようになっている。カードは特別なアイテム（ポップコーンや風船）と交換できたり、待ち行列の先頭に移れる特権がもらえるようになっており、スタッフが自由裁量でゲストにあげてよいことになっている。率先してカードをゲストに渡したスタッフを評価できるように、カードの動きはマネジャーによって管理されている。

▼運用ガイドラインに組み込まれた価値

顧客中心主義の企業では、クレドと呼ばれる経営信条を要約したキャッチフレーズを作成しており、それはブランドを実践に移すための考え方を示している。

たとえば、BB&T銀行では「現実的、理性的、誠実さ、品格」を重んじ、従業員はこれらの言葉をしっかりと理解し、その意味に沿ったサービス体験を顧客に提供する。企業の意思決定もこれらの価値観に基づいてなされる。興味深いことに、BB&T銀行のバリューステートメント（経営理念）には、感情的になっても構わないと書かれている。理性や論理性を失わなければ感情をあらわにすることは正しく、時に最善の決断を強くしてくれるものだとしている。

ジョンソン・エンド・ジョンソンのクレドの一部にはこう書かれている。「我々の第一の責任は、我々の製品とサービスを使用する医師、看護師、患者……すべての顧客に対するものであると確信する」。これがあることによって、難局を乗り越えるための意思決定をわかりやすく迅速にしている。

▼あらゆる重要な活動のための正式なプロセス

サービスプロセスのデザインをするうえで重要なことは、顧客に対して直接的または間接的に影響を与える各プロセスで、CXの「あるべき姿」をしっかりと想定することである。

現状のプロセスをマッピングすることによって、顧客とつながっていない箇所、顧客にとって不必要にわずらわしい箇所などが特定でき、本当に必要なプロセスなのかを確認できる。たとえば、ある保険会社でプロセスマップを作成したところ、追加情報や説明のために会社から顧客に再コンタクトするプロセスが5カ所も存在することがわかった。マップを経営者に見せたところ、すぐに5つのプロセスのうち4つを取り除いて1つのプロセスに統合することが決まった。

▼測定とフィードバック

顧客中心主義の企業では、CXの直接的・間接的なディスクリプタ[2]を使い、パフォーマンスを理解することによって、CXが自社のブランドプロミスと一致しているかの検証を行っている。直接的なデータソースとしては、顧客満足度の測定、顧客の苦情、市場調査、ソーシャルメディアへの書込み、VOCシステムから集まる情報などがある。間接的なデータソースとしては、品質測定、業務データ、オンラインレビュー・サイト、従業員に対する継続的なフィードバックなどがある。

通常、顧客から得た直接的なデータよりも、間接的なデータソースのほうが先に企業として

(2) 記述子。コンピュータプログラムがアクセスしたい参照ファイルを検索して識別するためのキーワードのような語句を指す。

把握できる場合が多い。つまり、トラブルが発生した場合、顧客が知るよりも前に企業の業務システム上でトラブルが検知されているはずである。第6章では、測定とフィードバックプロセスの構築と活用について解説する。

▼顧客、チャネル、従業員との継続的なコミュニケーション

優れたCXを提供する企業では、自社のブランドの理念をわかりやすく説明し、強化する目的で、CEO自らが社員全員と頻繁にコミュニケーションを取っている。さらに、社員教育、ニュースレター、ガイダンスなどを通じて全従業員(雇用形態に関係なく)、顧客、流通チャネルに至るまでコミュニケーションを徹底している。

ある企業では、全従業員が利用する施設としてトイレを選び、「フラッシュファクト」と名づけたニュースレターを掲示した。

最近のこうしたコミュニケーションでは、ストーリーテリングの手法が盛んに使われている。たとえば、ディズニーが社内向けに制作した動画を紹介しよう。少女がなくしたプリンセスの人形が本人のもとに戻ってくるのだが、ただ戻ってくるのではなく、他のプリンセスたちと楽しく過ごした日々の懐かしい写真が貼られたアルバムを持って、仲間のプリンセスたちと一緒に戻ってきたのだ。この動画の目的は、従業員の日々の取組みを称賛するだけでなく、遺失物

を返すという平凡な行動でも、顧客にとって素晴らしいCXになりうることを伝えている。

▼計画的なエモーショナルコネクション

顧客とのエモーショナルコネクションは、計画的に作り出すものである。コネクションを作り出すには2つの要素がある。1つはコネクションの機会を作ること。もう1つはコネクションを作り出す従業員をトレーニングして権限委譲することだ。場合によってはテクノロジーを使ってエモーショナルコネクションを作り出すこともできる。つまり、コネクションというのは、権限委譲された顧客中心主義の組織カルチャーの産物なのだ。

コネクションを作り出しながらDIRFTをマネジメントする最大のポイントは、コネクションを生む顧客対応を意図的に作り出すのか、もしくは普段の日常的な顧客対応の中でコネクションを作り出すのか、という問題だろう。

前者の例を挙げてみると、ある自動車保険の加入者から保険金請求の電話を受けたとき、まず最初に心配だという気持ちを伝え、「皆さまはご無事ですか」と顧客に尋ねるようなことを指している。後者の例は、レストランの接客係がオーダーを取る前に、「今日1日いかがでしたか」「今日のディナーは特別な機会なのですか」という会話を交わすことを指している。ここは重要なので、第9章で詳細に説明する。

▾ブランドをデリバリーできる従業員

組織は、ブランドイメージに合った心理的特性を備えた人材を採用しなければならない。必要なスキルはトレーニングで開発できるが、パーソナリティーを変えることはできない。リーバイ・ストラウスのカスタマーリレーション部門では、会社が掲げるコア・ブランドバリューに合った「自信に満ちた、社交的で誠実な人」を採用するための人材像を作成している。サウスウエスト航空では、「生き生きとして心温かく、楽しい人」を募集している。自然食品を販売するホールフーズ・マーケットでは、自然食品に対し情熱のある人材を採用するために、自社のコーヒーショップの顧客の中から募集する試みに取り組んでいる。同店の雰囲気を楽しんでいる人なら自分たちの職場で働くことも楽しんでくれるだろう、というわけだ。

▾セグメントに合わせてカスタマイズする

顧客中心主義の企業はグローバルな視野で戦略を立てる一方、地域性やマーケットセグメントのニーズに応える柔軟性を備えている。たとえば、バンク・オブ・アメリカでは、顧客の事前期待が、地区の違い（都市部か郊外か）や地域性の違い（ニューヨークか南部か、など）に基づいてサービスの仕様を変化させている。

小売りチェーンのターゲット社では、顧客の地域性や人種構成を考慮し、各店舗の商品構成に変化を持たせている。フロンティアコミュニケーションズでは顧客担当者が電話に応対する際に、自分の名前を名乗ってから地元コミュニティとの密接なコネクションを強調したいがために、あえてローカルオフィスのロケーションを伝えている。

ロシアのある大手銀行では、地方の田舎町にある支店ではコーヒー、紅茶、スナック菓子を顧客に提供している。地元客はスピードよりも社交を重視しており、列に並びながら地元の人たちと情報交換したいからだ。しかし、ロシアの都市部になると、効率性やスピードに関心が集まる。

3 柔軟性を持ってDIRFTを実行する

顧客との約束を確実に果たすには、個々の顧客ニーズに合わせる「柔軟さ」を発揮すべきだ。具体的には、価値提案、製品自体、デリバリー、ユーザー体験を個々のニーズに合わせてカスタマイズしていく必要がある。ここで重要なポイントになるのは、法規制、コンプライアンス、その他手続き上のルールなどを遵守しつつ、この柔軟さをいかに効果的に行うかだろう。

たとえば、大手金融サービス会社で、CX部門の責任者からこのように相談されたことがある。「得意客のためなら、スタッフの判断で多少ルールを破ってでも良いサービスを提供できないものだろうか」。

これに対して、私は次のように提案した。「コンプライアンスや法的制約というルールを破ることはできないが、具体的な個々の案件レベルでの柔軟性を持たせたルールを開発すれば、顧客担当者たちはルールを破らずにルールを破ることができる」。この概念を「柔軟で開かれた領域[3]」と名づけたい。

解決策としては、まず顧客の要求の多様性をあらかじめ予測したうえで、CXプロセスをデザインする。ある一定の制約条件の範囲を守りながら、顧客に届ける製品やデリバリーの仕様を一部変更できるようにし、たとえば現場の顧客担当者にその変更権限を持たせる。そして、さまざまに異なる顧客ニーズに応えていく、というアプローチになる。

計画された柔軟性を考える場合、製品や顧客への提案内容に関しては、前もって柔軟性を予測し、計画に組み込むことが可能だろう。しかし、その後のデリバリーや顧客による製品使用の段階になると、顧客の予想外の要求や外的な変化をある程度把握したうえで、顧客対応のプロセス、テクノロジー、人材がそれぞれ柔軟性を発揮できるような仕組みになっていなければならない。顧客が製品を購入して使い始めた時点から、顧客ニーズや製品に対する知覚が変化する可能性もある。

ここで留意すべき点は、通常、柔軟性は顧客の価値によって変わる場合が多いことだ。たとえば、優良顧客が突然フライトをキャンセルされた場合、航空会社の従業員としては、たとえ競合会社の便であっても、手配して時間どおりに目的地へ着けるように努めるかもしれないが、特別ではない一般乗客であれば、次に搭乗できるフライトを案内するだけにとどまるだろう。

▼顧客への提案に柔軟性を持たせる

顧客への提案内容に柔軟性を持たせるにはどうするか。まず顧客の一般的な好みを考慮する。製品の属性要素（たとえば、色、デジタルの記憶容量など）、支払い方法、契約期間などにおいて選択肢を持たせる。また、自社のブランドや製品カテゴリーに対する顧客の熟知度（どれくらいの知識を持っているか）に合わせて柔軟性を考慮するのも効果的だ。

たとえば、コンピュータやワイヤレス通信機器を扱う店舗のスマートなスタッフであれば、製品の特長を顧客に説明する前に、まず顧客の技術的な知識レベル、購入を検討している製品の用途を聞き出す。顧客のニーズに合った製品を選び、特長を説明する。顧客が理解でき、関心のある機能を中心に説明することで、顧客の不安もなくなるだろう。

（3）フレキシブル・オープンスペース。顧客サービスのオペレーターが柔軟な顧客応対をできるようになるには、自己裁量と権限の幅を広げる必要がある。詳細は、「訳者解説」で触れる。

最近、私は妻と南イタリアに旅行したのだが、驚いたことに、多くのレストランにはメニューが置かれていない。ウエイターは用意できる料理を口頭で説明するだけで、値段さえ言ってくれないことが多いのだ。それがこのあたりの慣習なのだが、慣れない私たちにとっては、料理の値段が最後までわからないのは、いつも不安だった。

しかし、ラヴェッロにある小さなレストランのウエイトレスは、私たちの注文を取った後に、だいたいの料金をそっと教えてくれた。いわば言葉だけのメニューなのだが、実際のメニューがなくても、私たちはそれで十分満足することができた。ウエイトレスが「学習」によって、私たちの不安を取り除いてくれたのだといえる。

▼製品購入やデリバリーに柔軟性を持たせる

製品の購入やデリバリーにおける柔軟性を考えた場合、主に顧客へのコミュニケーションやデリバリーチャネルの種類や、デリバリースピードへの取組みになるだろう。

- ネット上で顧客が入力する際に、1つの識別子から入力画面のできるだけ多くが自動入力される。最初に戻らなくても変更できるようにする。顧客が何かを変更した場合でも、他のすべての項目を再入力しなくて済むようにする。

- 追加サービスに対して「いいえ」と言いやすくする。「いいえ」ボックスがわかりにくい場所にあり、探さなければ見つからないというのは、顧客に嫌われる。
- 顧客が何の制約条件や負担もなく、製品を試せるようにする。通信会社なら1カ月無料の試用期間を設ける。自動車販売会社なら新車に乗って帰り、週末にしっかりと試乗できるように手配する。
- すでに一部のカタログ通販でスタートしているが、顧客そっくりのマネキンを使って着せ替えができる、コンピュータ上でのバーチャルな試着ソフトを活用している。

▼使用中にも柔軟性を持たせる

製品の使用段階で顧客が、まず製品の操作について教育的なコンテンツを見るチャネルの選択を柔軟にできるようにすることだ。

先に例として挙げたアウディの販売員は、顧客に次のような選択を与えていた。「ご説明が必要でしたら私が詳しくいたしますが、本日これからにしましょうか？　それとも、しばらく運転された2週間後にスケジュールを組みましょうか？　ダッシュボード機能の操作についてでしたら、DVDかオンラインチュートリアルをご覧いただくことも可能です」。

この例は素晴らしい。顧客には4つのオプションが与えられている。

次に、製品やサービスの操作、メンテナンス、継続的な教育、サポート、支払い請求オプションなどにおいて複数の選択肢を与える。ベストプラクティスは、製品をさらに使いこなせるように、企業側から能動的に働きかける教育がある。たとえば、アップルでは1年間99ドルで新製品の操作についての教育プログラムを受講できる仕組みを用意している。アップルから顧客にこのプログラムを受けるようにと促すことはないが、顧客のアップグレード、追加購入、追加サービスにつながるだろう。

4 DIRFTの正しい指標を作る

完璧なＤＩＲＦＴを実現するには、ＣＸの起点から完了までの各フェーズにおける指標が必要となる。特に、顧客が製品を購入し、最初に使い始める段階における指標が重要だ。自動車業界では、特に新車の購入体験におけるネガティブな影響をできるだけ排除しようと相当な取組みをしてきた経緯があるが、それ以外の業界ではほとんど取り組まれていない。

ＣＸ強化のために導入する指標は、特に顧客の事前期待がどの程度、問題なく実現されたか、エモーショナルコネクションや付加価値を顧客にデリバリーできたか否かを測定するべきだ。

ＤＩＲＦＴの成果を評価する指標としては、次の4つのデータソースを使いたい。

- 顧客のコメント（不快な体験に対する顧客の苦情、素晴らしい体験に対する顧客の褒め言葉）
- アンケート
- 業務上のデータ
- 従業員によるフィードバック

以下では、それぞれの指標を使って、さらに効果的なＤＩＲＦＴの取組みについて概要を述べ、詳細については第７章で説明したい。

▼DIRFTの各段階における問題点を明らかにする指標

品質管理で求められる指標の多くは、ありふれたものだと思うが、段階によっては独創性が求められるものもある。次の４つの指標は、いずれもＣＸの各フェーズにおけるトラブルに注目している。

- 顧客のコメント……ＣＸにおいて顧客が体験するネガティブな出来事（トラブル）を

把握するには最もわかりやすいものだ。しかし、製品を購入するまでのフェーズ（マーケティングから営業まで）では、アンケートやヒアリングなどでコメントを求められない限り、顧客は何か嫌なことがあっても、めったに苦情を申し立てることはない。

- アンケート……アンケートに関しては体系的に収集する必要がある。まず、満足度を測る1つの質問をし、その評価の理由を記述してもらうのが理想的だ。さらに、顧客体験の起点から完了までを対象にした包括的な年次調査を実施することで、顧客ロイヤルティのキードライバー、クチコミに与える影響、顧客が遭遇したトラブルの相対的な影響度の優先順位を理解する必要がある。
- 業務上のデータ……業務上発生する瑕疵や不具合のデータは、CXにどの程度の影響を与えているかを知るうえで最も確実な情報だといえる。しかし、CXに影響を与えているトラブルのすべてが業務上記録されているわけではないし、追跡することが難しいものもある。そこで現実的なアプローチとしては、配送遅延、製品の返品、顧客が予期しなかった不快な追加料金など、最も一般的でCXにネガティブな影響を与えているトラブル箇所と業務上の瑕疵や不具合とを紐づける。徐々にその取組み範囲を広げていくのがよいだろう。
- 従業員によるフィードバック……顧客接点の業務に就く従業員は、CX上の成功例や失敗例を把握するための情報源であり、彼らのフィードバックを活用すべきだ。顧客を不快にさせている企業活動やその原因を探るために、現場のスタッフが意見を出し合える会議を毎週開催する。

▼エモーショナルコネクションや付加価値の効果を測る指標

ＣＸにおける付加価値やエモーショナルコネクションを測る基準は、人によって異なるため、顧客のフィードバックが最も有効な指標となる。コネクションと付加価値を測定する指標としては、アンケート、従業員によるフィードバック、顧客の褒め言葉の3つがある。

- アンケート……満足している顧客の場合、トラブルに遭ったときと比べてアンケートの設問にすべて回答してくれる可能性は低い。そこで、非常にシンプルな設問1つだけに絞ったアンケートが、特にオンラインでは効果的である。点数を記入してもらえたら、その理由についても手短にコメントを書いてくれる確率は高い。その応対や取引が顧客にとって経済的もしくは情緒的に重要な場合、より詳しいコメントを書いてくれるものだ。
- 従業員によるフィードバック……従業員は自分の取った行動を顧客が褒めてくれたり満足してくれた場合、喜んでその行動を共有してくれるだろう。

- 顧客の褒め言葉……それが頼まれたものか自発的なものかに関係なく、顧客の褒め言葉は非常に参考になる。ただ「弊社のスタッフを評価してください」というメッセージカードを顧客に配るのはほとんど効き目がないが、ウェブサイトの中でも顧客が最も頻繁に利用するページ（口座管理や予約など）に「弊社の従業員に関するフィードバック」というリンクを張れば、数多くのフィードバックを収集できるだろう。

企業の情報システムやテクノロジーの内部では、顧客対応や取引上のデータが絶え間なく記録され蓄積されている。ウェブサイト、ＩＶＲのツリー構造、ＣＲＭシステム、通話分析などはいずれも大量のデータを扱うが、ＣＸ担当者はどんなデータが欲しいかを自らシステムマネジャーに対して伝えない限り、そういった豊富なデータが役立つわけではない。

顧客接点の主要プロセスについての事例を参考ガイドとして本章の冒頭で紹介したが、ＣＸで起こりうるさまざまな問題点をカバーしたつもりだ。これらが読者のガイドとなって役立つことを願っている。

他社の事例、自社で実施するアンケート調査、顧客の苦情を総合的に分析すれば、企業として取り組むべき深刻な問題点として、５つほどに絞り込めるだろう。それらの仮説を裏づけるデータを社内の他部門の協力を借りて集めてみよう。問題の発生頻度や原因が見えてくるはずだ。そこから改善策を立てて取り組んでいく。多くのデータを要求する前に、まずは小さな問題でもよいので取り組んで成果を重ねていくことが大切だ。

すぐに始めてみよう GETTING STARTED

自社のDIRFTプロセスを見直してみよう

1 製品やサービスの広告、販売、デリバリーの各プロセスについて顧客にしっかりとした説明があるだろうか。どこかに不快な出来事を作り出していないだろうか。

2 ブランドプロミスの実現を支える顧客中心の組織文化があるか。

3 顧客応対やサービスプロセスの中に、柔軟性とエモーショナルコネクションが仕組まれているか。

4 現状のプロセスの中に、顧客にとって不快な出来事が起きていることを把握しているか。

5 CXの起点から完了までの各活動において、DIRFTの状態を測定しているか。

本章のまとめ
KEY TAKEAWAYS

- DIRFTは顧客による製品やサービスの認知に始まり、マーケティング活動、製品の利用、メンテナンスに至るまでの全活動を網羅しなければならない。
- 人、プロセス、テクノロジーを組み合わせ、ブランドプロミスからコミュニケーション、雇用に至るまで、顧客中心の組織文化を作り出す。
- CXのプロセスマップの「あるべき姿」を作成し、DIRFTを実現するには、ほぼすべての活動やプロセスにおいて柔軟性を持たせるテクノロジーを導入する。深刻なクレームであっても、現場のスタッフが柔軟な解決策を講じれるような権限と裁量を付与する必要がある。
- エモーショナルコネクションは、いつも必要ではないが、CXのどこかには意図的に組み込むべきである。
- CXに影響を及ぼす活動のすべてにおいてDIRFTの指標を設ける必要がある。指標の多くは、テクノロジーが活用されているプロセスにも適用される。

第5章 ▸▸▸ Keep Every Door Open: Assuring Multichannel Access

マルチチャネルからのアクセスを実現する

私の同僚のコンサルタントの一人が、人材サービスの大手B to B企業の顧客サービス部門を担当する幹部社員を集めて開催したセミナーでの経験を話してくれた。同社は業務工程管理で受賞するほどの企業なのだが、顧客の事前期待においてリスクと思える問題のきざしが見えつつあった。社内セミナーでは、ソーシャルチャネルを通じて、どの程度までの顧客サービスを提供すべきか、というテーマについて話し合った。

コンサルタントの彼が、同社のフェイスブックを開き、プロジェクターでスクリーンに投影したのだが、そのとたんに参加者全員の落胆の声が聞こえてきたという。

フェイスブックに掲載された同社のマーケティングメッセージのすぐ左横に、パスワードのリセットで苦労した顧客の批判的な投稿が並んでいたのだ。内容は、会社に問い合わせても問題が一向に解決できないいら立ちを詳細に綴った苦情で、フェイスブックのリンク先のページに48時間以上掲載されていた。

参加者からは矢継ぎ早に質問が飛び交った。「何があったんだ」「なぜこの顧客は会社とコンタクトが取れないのか」「問合せ先は正しいのか」「なぜマーケティング部門は、このような投稿をチェックしていないのか」「こうした顧客のメッセージにどう対応すればいいのか」などなど。

顧客が企業に問合せをすることにおいて、私たちは新たな時代に突入しつつある。つまり顧客は、自分には扱えないトラブルだと悟ると、もはや解決する努力を考えようとしない。企業の対応に満足いかなければ、問題点をすぐに公開して冷笑的な態度を取る。加えて、顧客と企業をつなぐコミュニケーションの種類が増えてきている。

企業は、問題解決のチャンスを与えてくれる顧客の割合を最大化するためには、顧客が問題を公表する前に自社のサービスを使って問題解決をするように説得する。それだけではなく、新しくて手軽なアクセスのチャネルを設け、すべてのコンタクトチャネルにおいて一貫した効果的なレスポンスをしなければならない。

本章では、次のポイントを解説したい。

① コンタクトすることに対する顧客の先入観や壁を壊し、企業に対する疑問や苦情を顧客が申し出ることに価値があることを顧客に促していく方法

② サービスの作業量を左右する、企業にコンタクトを取る顧客の割合とそのコンタクトの要因

③ 効果的な顧客アクセス戦略の要素とテクノロジーを使ってアクセスを増やす方法

④ アクセスのしやすさを改善可能なプロセスとして「見える化」するための指標

本章の3節では、効果的なアクセス戦略を構成する要素について解説するが、ブラッド・クリーブランドの著書『コールセンターマネジメント――戦略的顧客応対［理論と実践］』の第3部に大きく基づいている[☆1]。この本は非常にお薦めだ。同書では、主に電話や電子的な応対にテーマが絞られているが、B to Bの世界ではサービスの実態はいまだ対面であり、現場の販売員に頼っている。そこで私は、この領域における示唆を追加した。

1 価値をもたらす問合せを促す

顧客からの問合せが価値をもたらす。それは、適切に応対した場合、顧客のロイヤルティに

影響し、収益増とクチコミにつながる。顧客にとってポジティブな体験を作り出すことは、トラブルが減り、収益に影響を与え、直接的もしくは間接的に価値をもたらすことへとつながる。

第4章では、不満のある顧客から何も言われないよりは、サポートを求める顧客の問合せに対応することが経済的な利益につながるということを示したが、このアプローチは、「最善のサービスとは、サービスを提供する必要性が一切なくなること」を提案する本とは異なる。サービスを提供しなくてもよければ、目下の経費は確かに減少するが、顧客教育の機会がなければ回避できないトラブルの発生は続き、記憶に残るようなコネクションができなければ、ロイヤルティの低下につながりかねない。

顧客からの問合せを価値あるものとして促すには、第1章で述べたように、次の4つの先入観を取り除くことだ。

- 苦情を言っても望みがないし、意味がないというあきらめ
- 苦情を申し立てるわずらわしさ
- 対立や報復への恐れ
- 使いやすいコミュニケーションチャネルがないこと

消費者の先入観を取り除く方法論は、顧客がトラブルに遭遇するタイミングによって異なっ

てくる。顧客が自宅でコンピュータを操作しているときならば、ウェブサイト上のメール機能から、苦情や質問を促すメッセージを送るのが効果的だ。自動車の販売店やレストランにいる場合は、看板やスタッフの接客を通じて、苦情や要望をスタッフもしくはマネジャーに申し付けるように促すことができる。

中にはメールや対面よりもチャットやフリーダイヤルなど、対立的にならないチャネルを選ぶ顧客もいれば、責任者へのメッセージを録音して送るのが楽だと思う顧客や、取引や応対の最中にチャネルを切り替えて伝えたいと感じる顧客がいるかもしれない。

たとえば、ネットで荷物の配送状況を確認したところ、予定時刻どおりに配達されないとわかったときなど、顧客は担当者と話したいと感じるだろう。問い合わせてみようと考えたとき、それさえも難しい壁にぶち当たれば、顧客はサービスの利用すらあきらめて、不満が解消されないままに終わってしまうかもしれない。

次に、顧客が苦情や要望を申し出る際の障壁を挙げるが、まず自社すべてのマーケティングメッセージとサービス接点を見直し、このような障壁を作り出していないかを確認してほしい。2013年の「全米消費者の不満実態調査」の結果から、代表的な障壁の発生頻度順に取り上げる[☆2]。

▼「苦情を言っても意味がない」

2013年の「全米消費者の不満実態調査」は、私たちが過去に実施したほぼすべての調査から得た知見を改めて再確認するものとなった。苦情を申し立てない理由として最も一般的だったのは、消費者が苦情を申し立てても意味がないと思い込んでいることだ。

企業はトラブルについて耳を傾け、解決したいと望んでいることを顧客に理解してもらう必要がある。「会社はトラブルについて知りたがっている」というメッセージをまず顧客に伝えなければならない。理想的には、顧客が遭遇する（または口に出して言ってくれない）可能性の高い苦情の例を掲げ、顧客に知ってもらうことでメッセージを強化することができる。

たとえば、あるホテルチェーンでは「ルームサービスのお届けが時間どおりでなければ、代金はいただきません」と、ルームサービスに時間の保証を付けた。予想時間内にデリバリーできなかったというのはルームサービスにつきものの問題だが、遅れてしまったものはどうしようもないので、顧客はあえて苦情を口にしないことが多い。このホテルはそれを理解したうえで、ホテル側は苦情を聞きたくないものだという消費者の思い込みを打ち消そうと、サービスの時間厳守を強調するメッセージを出した。

障壁を壊す基本的なルールは、顧客がトラブルに直面したときに顧客の前にメッセージを出すことだ。ボーズ社ではヘッドホンの箱にメッセージカードを入れている。「私たちがお手伝いします。初期設定やトラブルシューティングのサポートが必要なときは、ぜひご連絡ください」。

さらに、苦情を促すメッセージを顧客の取引明細書や請求書に載せたい場合は、一番下や裏面ではなく、最初のページに目立つように記載する。ウェブページの場合、「サポートが必要な場合はぜひご連絡ください」というメッセージはページの一番下に隠すように記載するのではなく、一番上に大きなフォントで載せるべきだ。

▼「苦情を申し立てるのは、あまりにもわずらわしい」

消費者が企業にコンタクトしない理由として2番目に多いのが、「サポートを受けるまでの手間がわずらわしい」というものだ。製品のちょっとした操作方法について質問したい、取引明細書に記載された少額の請求項目だが覚えがないので確認したい、といった場合は特にそうだ。忙しい生活を送っている顧客は、電話やサービスデスクで待たされる、製品購入を証明する書類を用意しなければならない、などと勝手な想像をしてしまいやすい。そして、「時間をかける価値はない」「後で時間があるときにやろう」と自分に言い聞かせ、結果的には企業にコンタクトしないままとなってしまう。

苦情を申し立てやすくするための最善の方法は、サービスを受け付けるうえでの待ち時間をなくすこと、そして、必要な事前情報や手間を最低限にすることだ。この2つは、苦情を促すメッセージに明記するとよいだろう。

簡単に苦情を伝えるチャネルの一例として、携帯端末アプリの45sec.comがある。顧客は自分の携帯端末に最大45秒間の苦情を録音し、送信ボタンを押すだけだ。アプリが苦情の適切な受信者（たとえば、本社と最寄り店舗のマネジャー）を特定し、90秒以内に企業へ送信する。

別の事例を挙げよう。アウトドア通販のL・L・ビーンは「製品満足保証100％」のポリシーで有名だ。同社はホームページで製品返品に期限条件がなければ、購入証明などの承認手続きも必要ないことを強調している。「例外規定も制限もありません」という方針だ。同社の財務担当役員の中には、苦情を奨励すればそれを悪用して詐欺行為も増えると考える意見を持った者もいるが、サービス担当役員の間では「98％の顧客は正直である」という点で合意がなされているようだ。

▼「仕返しがこわい」

苦情を申し立てることで、企業側の従業員と口論になったり、従業員への個人的な批判と誤解され、仕返しされるのではないかと顧客は恐れている。たとえば、レストランで食事をしているとき、店のスタッフから少し断定的な口調で「美味しいですか」と聞かれたとしたら、顧客心理として「まあまあですね」とスタッフに対してあえて反論はしないだろう。特にスタッフが顧客の健康に危害を及ぼすことができる立場なら、報復を恐れる顧客心理が働くかもしれない。料理の品質を管理する接客係、医師との診断予約を管理するアシスタントを思い浮かべてほしい。

対面サービスの場合、担当スタッフは「特に問題ありませんか」「料理はお口に合いましたか」と尋ねる際に相手の目を見ることで、顧客の心理的な壁を壊すことができる。奨励メッセージやスタッフの立ち居振舞いに気をつければ、企業は顧客の不満に関心を持っている、ということを伝えることができるだろう。

B to Bの場合も、たとえば営業担当者やサービス担当の技術者へ苦情を申し立てようとしない。近いうちに彼らとまた一緒に仕事をするとわかっているからだ。そこで、担当者とは別に、本社や上司など代替となる問合せ先を用意しておく必要がある。あるIT企業では、各従業員はメールの署名欄に「私の仕事ぶりはどうですか。何かあれば、ぜひ上司にお伝えください」というメッセージとともに、上司のメールアドレスが記載されている。こうしたテクニックによって、顧客の苦情を促すだけでなく、称賛をする機会も作り出せる。顧客からの賞賛の言葉が企業に届かないのは、誰にメッセージを送ればよいのかがわかっていないからだ。

▼「使えるコミュニケーションチャネルがない」

顧客が苦情の申立てやサポートを求めて企業にコンタクトする気になったとしても、手軽に利用できるチャネルがないためにやめてしまう場合も多い。私の知人が、子ども向けシリアルの箱に小さくて硬い黒い粒を見つけた。彼女は最初、メーカーに問合せのメールを送ったが、24時間待っても返事がない。そこで同社のフリーダイヤルへ電話をしたのだが、19時では受付時間外だとわかり、そのままメーカーのフェイスブックに黒い粒の写真を投稿し、ネズミの糞ではないかというコメントを添えたのだ。

メーカーへのメールを送っても無回答。顧客サービスセンターに電話をしてもつながらない。揚げ句の果てに彼女は苦情をソーシャルメディアに投稿した。

企業としてこのような事態を望まないのであれば、顧客が使いやすいと考えるチャネルを用意し、自社製品が最も使われていそうな時間帯には顧客対応できるようにしておくべきだろう。少なくとも、私の知人の問合せには24時間以内にメールを返信すべきだった。今では、顧客の大半はもっと短い時間内に返信が来ることを期待している。

顧客にとって便利なチャネルを提供するとなると、基本的にはすべてのチャネルを用意する必要があるだろう。自社のウェブサイトやパンフレットには、メールアドレスの他にチャットやフリーダイヤルのコンタクト先を記載しておくべきだ。

チャネルから別のチャネルへと円滑に移れるようにもしておかなければならない。たとえば、ネットで荷物の配送状況を確認するだけなら、ウェブページ上のセルフサービス機能に顧客は何の不満も持たないが、荷物が予定どおりの時刻に配達されないことに気づいたら、直接担当者に問い合わせたいだろう。

配送上のトラブルに気がついたウェブページ上に「コールミー」ボタンを目立つように配置しておくべきだ。テクノロジーをより効果的に使いたいのであれば、「コールミー」の機能と連動して、配送品の追跡番号と顧客ＩＤを自動的に電話対応サービス担当者に送ることも可能になる。

2 顧客の問合せの量を決める要因

図表５－１に示すように、顧客からの問合せの量として件数やその中身は４つの要因によって決定される。まず、顧客サービスの需要を決定する基本要因は、情報やサービスを必要とする顧客ニーズの量によって決まる。ニーズの量は、顧客体験において発生するトラブルや困惑の量に起因し、顧客が何らかのヘルプを必要とした量によって決定される。製品・サービスが不快な体験や困惑をあまり作り出さなければ、サービスに対する需要量のレベルは低くなる。

図表5-1▶問合せの需要を決める要素

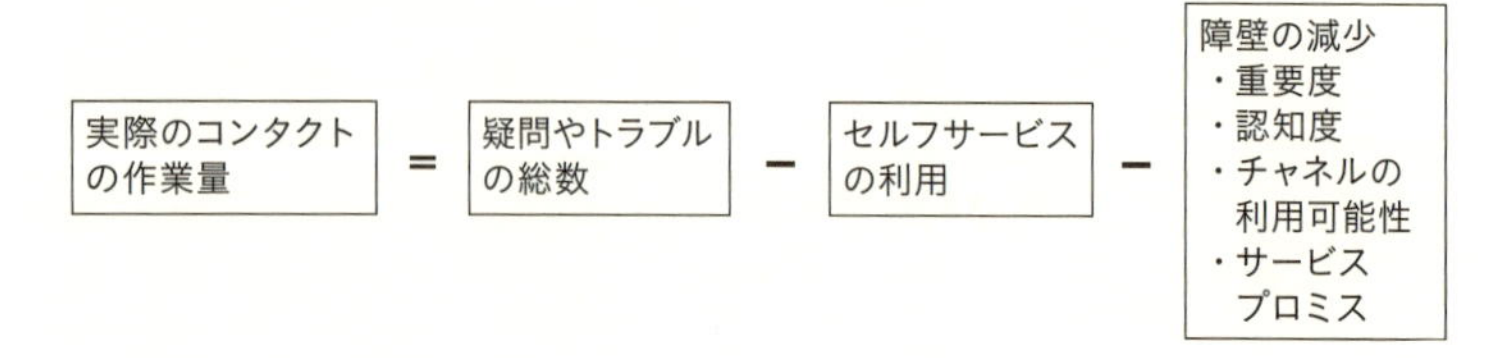

顧客が体験したトラブルや疑問の発生量に対して、実際にそれだけが顧客対応としてサービスする件数になるかは、次の4つの障壁要因の影響を受けて決まる。重要度(深刻度)、認知度、チャネルの利用可能性、サービスプロミスの4つだが、これらは、顧客が企業に問合せをするコミュニケーションの量を多かれ少なかれ、減少させてしまう障壁要因として作用している。

たとえば、顧客の利用したいコミュニケーションチャネルが電話だとした場合、コールセンターが営業していない週末に発生したトラブルに対してヘルプを求める問合せは、企業には入ってこない。

▼情報やサービスを必要とする顧客ニーズの量

顧客が企業に問合せをするのは、情報や助けを必要とするからで、それは製品の購入前でも購入後でも存在する。また、トラブルやニーズの発生量は製品の複雑さによって異なる。大抵の場合、顧客は企業を訪問する、電話をかける、メールを送る前に、ウェブで大まかに検索したり、その企業のウェブサイトを確認するだろう。製品や操作説明が複雑になればなるほど、疑問やトラブルの数も増える。

▼疑問やトラブルの重要性

顧客が体験したトラブルが些細で深刻な問題でなければ、ウェブサイトを検索したり、企業に問合せをする人の割合は、疑問やトラブルを体験した顧客のうち、5%以下にとどまるだろう。しかし問題の程度が深刻であり、多額の損害に結びつきそうな場合、50〜70%の顧客が解決案を求めようとする。

もし顧客が検索機能や企業のウェブサイトで解決案を見つけることができれば、顧客サービスなどの部門には問い合わせてくることはない。たとえば、スマートフォンの新しいOSをダウンロードした際に、すでに保存されていた連絡先やカレンダーを消去してしまったなど、非常に深刻なトラブルの場合、顧客は友人や第三者に助けを求めることもある。企業のサポートラインに問い合わせても、電話だと長く待たされると考えるからだ。スマートフォンの場合、テクノロジーに精通した顧客の多くは企業のサポート担当者に電話やチャットをする前に、オンラインコミュニティや企業のウェブサイトを確認している。

▼顧客の望むチャネルの認知度

企業への問合せを促すメッセージや、さまざまなコミュニケーションチャネルの認知度は、サービス部門に入ってくる問合せの件数や中身に重要な影響を与える。

最近、私は南アメリカで販売されている清涼飲料水の缶に問合せ先の情報がどのように記載されているかを調べる機会があった。缶に小さなフォントで印字された情報を注意深く読んでいくと、原材料、製造場所などの情報に一部、ようやく8行目に「満足保証。問合せ先はXXX—XXXXXXXX」という記載を見つけることができた。せっかく問合せ先を載せていても、長文の中に隠すように挿入したり、パッケージの底や請求書の裏面に記載しているのでは、問合せ先を記載しないのと同じことだ。

次の2つの事例は、サービスへのアクセスを容易にするクリエイティブなアプローチを紹介するものだ。メリーランド州のある病院では、緊急治療室（ER）での待ち時間を短くしているとラジオで宣伝しているが、実際の待ち時間は携帯端末のアプリからチェックすることを消費者に奨励している。簡単なアクセスを使って有益な情報を得たいという顧客ニーズを能動的に予知し対応しようとするものだ。ERの受診件数が増えて収益に与える影響を考えれば、このコミュニケーションアプリを導入したことは有効な投資だと評価できる。

もう1つの例は、フィラデルフィア市の顧客サービス責任者であるロゼッタ・ルーが実行していることだ。同市では1000人以上の市民をボランティアとして研修し、彼らを通じて住民のためのサービス改善要求を市が設置した専用サイトに直接入力することで、トラブルを積極的に行政側に報告するように奨励している。

私たちはこれまでにさまざまな企業に協力し、パッケージやウェブサイトに記載するメッセージのフォントの大きさや、配置を変える実験を数多く行ってきた。メッセージの配置を変えることによって、顧客の問合せ件数が少なくとも10倍、時には50倍も増えることがわかった。もし自社の製品が複雑な機能や操作性を持つにもかかわらず、苦情やサポートを求める電話があまりかかってこないのであれば、顧客が効果的に問合せ先に気づけるようになっているのか、コミュニケーションチャネルの認知度を検証するべきだ。

▼チャネルの利用のしやすさ

チャネルには、利用時間を年中無休に設定しているものもあれば、決められた時間帯に特定のサービスしか使えないように設定しているものなど、その利用可能度はさまざまだ。ただ、トラブルが起こったときにチャネルを利用できなければ、顧客はチャネルが利用可能になるまでわざわざ待ってくれないだろう。

この良い事例が、週末や夜間にカスタマーセンターを開けていなかったある飲料メーカーだ。

このメーカーでは雑菌混入が大事件に発展するまで気づかなかったのだ。その一因は、週末や夜(同社のドリンクが最も消費される時間帯)におかしな味がすると感じた消費者のほとんどが、カスタマーセンターが金曜の17時以降は営業していないと知るなり、連絡が取れるのを待たずに、ただ捨ててしまったからだ。

もしも、製品の大半が消費される時間帯にカスタマーセンターを利用可能にしていれば、消費者からの問合せ件数が少なくとも4倍以上はメーカーに届いており、企業としてはもっと早い段階で事件を認識していただろうと、メーカーの品質担当責任者は後になって報告している。

電話のシステム上や実際の待ち行列による待ち時間の長さも、障壁の1つになる。長い行列や電話の待ち時間に直面してあきらめてしまう顧客は多い。ただし、バーチャルキュー技術(1)を使えば、行列での待ち時間からあきらめて放棄する顧客を減らすことができる。これはかけてきた顧客の電話番号を自動登録し、その番号が行列の先頭に来た時点で顧客に自動的にコールバックする仕組みだ。この間、顧客は受話器を持って待っている必要がない。ほとんどの企業はバーチャルキューを導入したおかげで放棄呼が劇的に減り、顧客満足度の向上に貢献したと報告している。

対面におけるサービス利用も物理的な要因によって影響を受けやすい。たとえば、デパートでサービス担当者を待つ行列ができていたら、青い枕カバーを扱っているかどうか聞くことさえあきらめてしまい、購入に至らないかもしれない。ファストフード店のカウンタースタッフが顧客と目を合わさなければ、顧客から気軽に質問や苦情が伝わる可能性が低くなる。チケット販売の受付窓口は、顧客の反対側にいる販売員の顔が見えにくく、声も聞き取りにくいため、コミュニケーションの可能性を低下させてしまう。サービスを重視する店舗やホテルでは、スタッフがデスクから立ち上がって顧客と目を合わせて応対するように指導したり、カウンターデスクの廃止を試みる企業もある。

顧客を助けようとしている姿勢、でなければ無関心さが、サービス担当者の仕草ひとつで顧客に伝わってしまう。次に不適切な仕草を3つ挙げる。

- 胸の前で腕組みをする。これは抵抗を示す。
- 顧客が近づいてきてもデスクに座ったまま、あるいは、顧客が座っても自分は座らない。同じ目の高さでないと、コミュニケーションは取りにくい。
- 疲れた、無関心な口調は、言葉や言葉によらないズレと呼ばれるものを生み出し、助けることに興味がないという姿勢が顧客に伝わる。

---

(1) コールセンターのオペレーターにつながるまでの「待ち行列」による不満を解消する目的で、顧客の電話番号を自動的に取得し、企業側から自動的にコールバックするオプションを提供する技術。

店舗内では、スタッフは目に付きやすく、声を掛けやすい存在でなければならない。「声を掛けやすい」というのは、待ち行列がない、同僚とおしゃべりをしていない、棚に商品を並べる作業や事務処理をしていないことである。忙しそうにして目を合わせなかったり、顧客に気づいていることを表さないスタッフは、顧客対応ができませんと言っているようなものだ。さらに、顧客がいるのに忙しそうにしていたら、「今行っている作業のほうが、あなたよりも重要だ」と顧客に言っているも同然である。スタッフは、顧客の姿が目に入ったら、たとえ他の顧客に対応している途中でも、少なくともうなずいたり笑顔になったりして気づいていることを示すべきだ。小売りサービスの環境では、「私たちがお手伝いします」というポスターを使って宣伝するよりも、こうした仕草がはるかに効果的だ。

▼サービスプロミス

サービスプロミスでは、顧客からの問合せを促すときに使ったメッセージを約束しなければならない。「質問もしくはコメントを求めています」という表現よりは、「あなたの満足を保証します」という表現が顧客の胸に刺さるだろう。しかし、「初期設定やトラブルシューティングを手伝いますので、ぜひご連絡ください」のほうがより効果的だ。つまり、メッセージの具体性が高くなればなるほど、顧客からの問合せが増えるだろう。特に、メッセージで示された問題（この場合は、初期設定やトラブルシューティング）に関する問合せの量が増える。

▼問合せの量を計算するための要素

消費者からの問合せの総量を概算するには、まずヘルプや情報を求める顧客がどれくらいになるかの概数を計算し、そのうちの何割が障壁要因である重要度（深刻度）、認知度、チャネルの利用可能性、サービスプロミスを切り抜けるのかを推測する。

最も効果的な計算方法は、すでに販売されている同等の商品に対し、各チャネルを通して顧客からのコンタクトがどれくらいあるのかを確認することだ。そこに、新製品の持つ複雑さ、問合せの必要性、表示、潜在的なトラブルの発生などの違いを考慮したうえで、新製品に関しての問合せの量がどれくらいになりそうかを概算する。

実際に新製品の発売前に問合せの件数を概算するのは、科学というよりも職人芸に近いが、既存商品からの推測を論理的に組み立てていけば、誤差を20～30％以内に抑えられるだろう。

また、過去の失敗から多くを学ぶこともある。あるキャットフードのメーカーは、製品に誤って別のラベルを貼ってしまい、それに気づいたのが出荷後だった。出荷した製品数と、そのトラブルからどれくらいの問合せが入ったかがわかったので、それが特定の種類の問題に対して発生するであろうコンタクト量を推測する経験上の根拠になった。

3 顧客アクセスの計画を立てる

ほとんどの企業は、アクセスとはかかってきた電話に素早く対応し、対応可能なスタッフを揃えておくことだと考えている。実際には、担当するスタッフにはサービスのプロセスやテクノロジーを教え、アクセス時点で新たな顧客のフラストレーションを生み出さないようにしなければならない。第4章で述べたように、アクセスはCX計画の全体的なコンテクストの中に位置づけられるべきである。

クリーブランドが『コールセンターマネジメント』で述べているように、顧客アクセス戦略は10の重要な構成要素から成り立っている。図表5－2で構成要素の一覧を挙げるが[☆3]、各構成要素について、一般的に犯しやすい過ちを交えて解説したい（コールセンターにおいて各要素を実践する際に必要な詳細は、同書を参考にされるとよいだろう）。対面サービスにおける実践論については、各要素の必要条件と、よくある過ちをここで追加したい。

セグメント

顧客のマーケットをセグメントするには、似通ったニーズや特徴を持った顧客クラスターを

図表5-2 ▶顧客アクセス戦略を構成する要素

❶セグメント	❻ルーティング方式
❷作業量	❼必要なリソース
❸コミュニケーションチャネル	❽必要な情報
❹営業時間	❾分析と改善
❺サービスレベル	❿新しいサービス導入のための戦略

作るが、これによって対象を明確にしたマーケティングメッセージや、的の絞られたサービスが提供できるようになる。

セグメントによって、サービスを提供する際に顧客のタイプを特定して、異なったサービスレベルの提供が可能になる。顧客を受け付けた時点でフラグを出し、顧客のタイプ別に担当グループへと振り分けることによって、効率的な顧客対応が実現できる。

セグメント情報によって、異なる顧客セグメントのそれぞれに必要なスキルや専門性を持って対応できるようになるが、最初にインプットする情報がきわめて重要になってくる。

サービス提供におけるセグメントの数だが、顧客応対スタッフが識別しやすいように3つか4つに抑えるのがよいだろう。たとえば、航空会社を例に取れば、一般の観光客、エリートクラスの常連客、ビジネスクラスの乗客、そしてスーパーエリートクラスの乗客、という具合だ。セグメント化する理由だが、フライトの予約変更、座席選択といった顧客のリクエストを処理する際に、セグメントごとにどこまでの柔軟さが認められるかをスタッフに伝えることができる。

ここで重要になるのは、スタッフが顧客のセグメントを簡単に識別できるようにしておくことだ。電話番号、マイレージ会員番号、チケットなど、あるいは簡単に識別できるものであれば何でも構わない。

セグメント化する際に気をつけたいのは、基本的な顧客対応のあり方をセグメントによって変えるべきではないということだ。顧客対応はセグメントに関係なく丁重にすべきものだ。しかし、顧客のリクエストへの対応はセグメントによって判断すべきだろう。たとえば、最高クラスのプラチナ会員は、所得の大半を自社のカードを使って消費しているが、シルバー会員はライバル企業のゴールド会員かもしれない。となると、最高級のサービスと専門性を見せつければシルバー会員を奪取して自社の収益増に貢献できる戦略が成り立つかもしれない。

小売店で最も犯しやすい過ちは、顧客のセグメントを外見に基づいて憶測してしまうことだろう。少なくとも「何かお探しですか」という質問に対する回答を聞くまでは、すべての顧客をゴールド会員として接するべきだろう。

競合ブランドで買い物をする顧客を獲得することに注力する価値もあるだろう。事実、このセグメントの顧客を十分に感動させることができたら、次は自社をひいきにしてくれる可能性があるのだ。

効果的な顧客セグメント例としては、大きくてハイテクなレンタカーが好みか、またはシンプルなコンパクトカーが好みなのか、といった製品選好によるものがある。あるいは、初心者か技術オタクかといった技術的な知識レベルに応じたセグメント化をすれば、サポート担当者は最適化されたサポートを顧客に提供することができる。

多くの企業に共通する最大の過ちは、セグメントの数が多すぎたり、複数のセグメント戦略を導入したことで、顧客がどのセグメントに当てはまるのかをスタッフが判断している間に顧客応対の処理スピードが落ちてしまうことだ。顧客の分類を間違えて応対する可能性も高くなり、その結果、顧客を嫌な気持ちにさせてしまうリスクもある。最善の戦略は、セグメントをシンプルにすることだ。

▼作業量

構成要素の1つである作業量は、各コミュニケーションチャネルに寄せられる顧客からのコンタクトの件数と種類を指す。まずコミュニケーションチャネル別とスタッフ時間別に作業量を予測し、その作業量に対応できる十分な数のスタッフを確保しなければならない。

次に、作業量の中身(製品の購入、簡単なサポート、複雑なサポート)を予測し、顧客を満足させるために必要なスキルを備えた人材を確保する。顧客サービスで起こる多くのトラブルは、予測がしっかり管理できていないことに起因する場合が多い。クリーブランドの『コールセンターマネジメント』では、作業量をいかに予測するかについてわかりやすい解説がなされている[☆4]。

多くの企業で見受ける最大の過ちは、月や年単位でしか作業量を予測していないことだ。もちろん、月や年単位で何らかの変動要因があり(曜日や月単位での季節的な変動要因など)、顧客勧誘のための特別な値引きやセールが実施される。さらに新製品の発表とか品質管理の問題が発生すると、顧客からの問合せ件数は急増する。しかし、優れた企業では、少なくとも毎日、コミュニケーションチャネルごとの作業量を予測しており、さらに優れた事例は、予測アルゴリズムを使って時間ごとに作業量を予測し直し、作業量や必要なリソースに影響を与える社内外の可能性を考慮に入れている。

▾コミュニケーションチャネル

コミュニケーションチャネルは、顧客がサービスを受けるうえで利用するさまざまな通信方法のことだ。通常、チャネルには、ウェブのセルフサービス、携帯端末のアプリ、メール、チャット、フリーダイヤルなどがある。小売りやサービス業の場合は、対面サービス、セルフサービス型の情報サービス端末やATMなども含まれる。

本書では、携帯端末のアプリとウェブのセルフサービスを区別しているが、これらの融合は急速に進みながら、サービスチャネルの一端を担いつつある。

今のところソーシャルメディアは、サービスチャネルになりきっていないと考えるが、今後の可能性は考慮すべきだろう。

B to Bの場合、まず顧客企業はフィールドレップ（担当営業員）とコミュニケーションを取る場合がほとんどだが、それがゆえに通常の営業時間外にどう顧客対応すべきなのかを十分に考えてこなかった。中小企業の経営者が意思決定をしたり、取引先の企業に質問したいと思うのは夜や週末になることが多い。顧客担当者が不在の時間帯は、誰が顧客の電話やメールに対応できるのだろうか。

よく見受けられる過ちは、コミュニケーションチャネル同士の連携（あるチャネルから代替チャネルへと簡単にアクセスできるようにする仕組み）がわかりやすく構築されておらず、サービスのレベルや営業時間もすべてのチャネルでバラバラになっている。

2つ目の典型的な過ちは、通常は店舗を利用する顧客、また電話、メール、ソーシャルメディアなどを利用する顧客に対して、店舗やコールセンターの営業時間外にどのようなサービスを提供すべきかをきちんと想定して対応できていないことだ。

▼営業時間

電話やインターネットを使ったサービスの営業時間は、従来型の対面サービスの営業時間とは大きく異なる。まずサービスは、顧客が必要としたときに利用できるようにしておかなければならない。いつサービスが必要とされるのか。顧客はいつ製品を使っているのか。この問いに答えていく必要がある。

製品が使われている時間帯にサービスを利用可能にしていなければ、顧客の声が企業に届くことはなく、企業が顧客のトラブルを知る由もない。さらに製品の販売にもつながらないだろう。また、ソーシャルメディアは24時間体制で監視し、時限爆弾のようなリスクがないかを絶えず分析評価していなければならない。

よく見受けられる過ちは、顧客が製品を使う時間帯、サポートを必要とする時間帯が企業の営業時間と一致していても構わないと思い込んでしまっていることだ。

▼サービスレベル

サービスレベルとはサービスへのアクセスの速さを指すが、電話と小売店舗の両方の環境において当てはまるものだ。店舗では待ち行列であり、電話の場合はつながるまでにどれくらい待たされるかを推定して管理する。店舗の場合は、行列が動く状態が顧客にも見えているのに対して、電話は、つながるまでにどれくらいかかるかが顧客には見えないとクリーブランドは強調している[☆5]。彼は、電話と店舗の環境にぴったりと当てはまる以下の7つの耐性因子を指摘している。

- 意欲のレベル
- 代替手段の利用しやすさ
- 競合他社のサービスレベル
- 事前期待
- 時間的余裕
- サービスの原価
- 天気や時事ニュースなどの外部要因

すでに紹介したが、バーチャルキューという新しいテクノロジーによって、もはや顧客は電話の応答までの時間をただじっと待つ必要がなくなり、待ち時間に革命がもたらされた。顧客には「待ち時間は6分です」というメッセージが流れ、6分後に折り返しの電話が欲しい場合は「1」を押すよう求められる。電話での待ち時間に対してこの手法を活用すれば、顧客満足度は非常に高くなる（もちろん、約束の時間に実際に電話をかけ直した場合に限られる）。

コールセンターにおける最大の過ちは、コスト分析をする際に、顧客サービス担当者の勤務中の労働に対しては分単位での労働コストを評価する反面、放棄呼がもたらす収益への影響を見ていないことだ。同様に、レジにできた行列が長かったために何も買わずに店を出た顧客がもたらす収益損失に与える影響には配慮していない。これによって費用対効果の分析は、常に「コスト削減か、CX強化か」という短絡的な見方に陥ってしまう。

ルーティング方式

ここでは、各セグメントの顧客からの問合せがアクセスを通じてサービスへ振り分けられ、問題を抱えた顧客に対応するまでのフローを定義する。これがルーティングと呼ばれるプロセスだが、電話をしかるべき担当者や部署に転送してつなぐACD（着信呼自動分配システム）、プッシュ式もしくは音声認識によるIVRシステムなどの自動システムの活用が含まれる。

顧客のセグメント（たとえばゴールド、シルバー、ブロンズ）は、顧客からの電話を受けた時点において、ACDの発信者番号通知機能によって認識できる。

メールやチャットの場合は、テンプレートに組み込まれた顧客や案件の分類コードに基づいて適切な担当者や担当チームのキュー（待ち行列）に振り分けられる。

あらかじめ設計された顧客アクセスのプランに基づいて、どの顧客をどのグループのサービス担当者に振り分けるか、または、どのセルフサービス・プロセスに転送するかを指定する。最近では、CRMシステムの多くは高性能になり、電話とメール機能を簡単に組み合わせることができる。スタッフが電話で2度対応した後に、メールで対応できるようになった。また、自社のコールセンターの待ち時間が3分を超えている場合はバーチャルキューを検討すべきだろう。

よくある過ちは、ルーティングエラーを引き起こす可能性の高いルーティングプランを立てることだ。電話のルーティングを誤る原因として、顧客が混乱して間違った選択肢を選ばせてしまう複雑なIVRメニュー、顧客の要求を聞き間違う音声認識、顧客が登録された電話番号とは別の番号からかけてくるためにエラーになるケースなどがある。

ルーティング上のエラーは顧客満足に大きなダメージを与え、サービスにかかるコストも増える。私がいくつかの企業で行った調査では、顧客のルーティングを誤った場合、適切な担当者へとつなげるまでに転送回数が少なくとも2回増え、改めて待たされたり、ひどい場合は電話が切れてしまうこともあった。

ルーティングの仕組みはシンプルにすべきであり、顧客がどの選択肢を選べばよいのかがわかるように、フリーダイヤル番号を記載している場所には、必ずIVRのメニューを併記するなどして、ルーティングのエラーを最小限に抑える取組みが必要になる。

▼必要なリソース

リソースには、サービス業務に就くスタッフとテクノロジーが含まれ、作業量として予測したさまざまな種類と量のトラブルに対処できなければならない。

必要な人材の要件を決定する場合、まず予測した作業量とリソースのコスト（予算）の2つの要因によって決定される。さらに人材要件は複雑になり、顧客から提示されるトラブルの多様性や複雑性、顧客対応をサポートするテクノロジーの高度化に伴い複雑化する。また、人材要件は大きくゼネラリストとスペシャリストに分類されることが多い。そして、さらに複雑な作業量予測に基づいて人材配置のスケジュール要件が決定されていく。

テクノロジーの要件としては、CRMとKMS（ナレッジマネジメント・システム）が含まれる。いずれも、セルフサービス機能、ウェブ機能、サービスの要求に応えるスタッフをサポートすることが求められる。

さらに、これらのITインフラを新しいサービス（たとえば、公共事業におけるスマートメーターによる請求システム）や携帯用アプリなどの新世代チャネルをサポートするデータベースとリンクさせなければならない。顧客対応にかかわる活動全般にわたって、こうしたIT連携は同一の顧客IDに基づく必要がある。さらに、通話分析または要員計画システムなども揃える必要があるだろう。

作業量を正確に予測できなかったり、ＫＭＳの情報内容を最新にアップデートできていなければ、２つの大きな問題へと発展する。まず予測の失敗によって作業量とリソース（配置要員数）に食い違いが生じる。また、要員不足によりプレッシャーの高い状況下では、スタッフは不完全な回答を提供したり、エモーショナルコネクションを築けなかったり、用件が済むやいなや、電話を切るよう顧客を急かしてしまう傾向が出やすくなるだろう。こうした顧客体験へのダメージが明らかであるにもかかわらず、１日に複数回ではなく、週や月に１度しか作業量の予測を行っていない企業が多い。

さらに顧客対応やセルフサービスのウェブ機能をサポートするＫＭＳの情報データベースが最新の状態でなかったら、応対能力は崩壊し始め、担当者から電話をかけ直す回数も増えるだろう。

リソースマネジメントの分野では、次の5種類のテクノロジーがパフォーマンス向上を支えてきた。

① 要員数の予測およびスケジュール管理をするソフトウェアは、変動しやすい問合せ件数に応じて作業量を予測し、適切な要員を配置するためのものだが、マネジャーが日常的に使いこなし、データ入力を正確にしなければ効果を発揮することはない。作業量の履歴を週に1度程度しか入力せず、予測を月に1度しか立てないようであれば、要員の

管理には失敗するだろう。

②バーチャルキューのテクノロジーによって顧客からの電話対応を5〜15分ずらすことで、忙しい時間のピークをなくすことができる。約束どおりに顧客にコールバックできれば顧客満足に及ぼす悪影響が出ることもなく、効率性にはプラスの効果をもたらすことも多いだろう。

③クラウドベースの業務管理システムは、在宅のサービス担当者とCRMやKMSをつなぐ機能を果たす。予想外の作業量が発生した場合、控えの在宅サービス担当者はこのシステムを通じて稼働可能であることをマネジャーに示すと、会社側は数分以内に追加要員を確保できる。担当者はクラウドベースのCRMやKMSにログインし、コールセンターに常駐しているサービス担当者とまったく同じ環境下で業務に就くことができる。

④進化したKMSは、これまで以上に包括的になり、データベースのメンテナンスもやりやすくなってきたことで、情報の管理を効果的にサポートしてくれるだろう。

⑤最後はAI（人工知能システム）だが、高性能になってきたことで現在ではKMSを利用してメールやチャットからの質問の20〜60%に対して効果的に回答できる。通話内容がある程度予測可能な応対業務では、十分に利用可能だろう。たとえば、私は災害救済機関への寄付を受け付ける業務におけるAI活用に実際に立ち会ったが、音声認識や音声応答が非常に効果的であり、事後アンケートに応じた消費者のほとんどは、人が対応

していると思ったと回答している。

▼必要な情報

顧客のアクセスを計画するうえで、3つのタイプの情報を明確にしておく必要がある。

- トラブルにかかわっている実際の顧客は誰か、トラブルの本質や複雑さについての情報が必要になる。そのうえで、この顧客要求に最もうまく対応できる担当者を決める。顧客からの案件を受け付けた時点で顧客サービス担当者がすぐに対応できるよう、必要な情報をすべて取得する必要がある。
- 顧客応対中に必要な情報を取得する。
- プライバシー保護に必要な確認事項やその後の報告要件を満たすうえで必要な情報を取得する。

必要な情報を取得するうえでよくある3つの過ちとして、①集める情報が少なすぎて適切なルーティングができない、②集める情報が多すぎて顧客にはわずらわしく、その後サービスを利用することを阻んでしまう、③取得したデータをしっかりと次の回答者に引き継いでいない、というポイントが挙げられる。

たとえば、航空会社の顧客サービス担当者が、自社のフライトを頻繁に利用する顧客であるにもかかわらず、名前と会員番号を改めて聞き直すようなことである。

ベストプラクティスを挙げると、データ収集は1度だけにとどめるようにしている。たとえば、ある健康保険会社では、年老いた母親の代わりに電話をしてきた女性に対して、その後も母親の保険について通話できる権限を与えることができるよう、音声認識システムを使って確認できる記録を作成している。この保険会社では娘と話すたびに母親の許可を得る必要がなくなり、医療情報に関連するプライバシー法規制も遵守することができる。

▼分析と改善

分析と改善では、アクセス自体の継続的な改善に焦点を合わせる。この構成要素に含まれるものとしては、検索、セルフサービス、ＩＶＲの利用、ＡＣＤから得られるデータ収集や管理指標などがある。

ほとんどの企業で見られる過ちは、どれくらい迅速に電話に出られるか、小売店舗での待ち行列がどれくらい長いか、という以外の情報を集めていないことだ。待ち時間の指標でさえ、平均応答速度しか測定していない場合が多い。

本章の冒頭で、サービスを求めるように顧客に促し、顧客が望むチャネルを必要に応じて提供する、そしてどのチャネルでも簡単に利用できるようにしなければならないと強調した。ほとんどの企業は、この各段階における評価（成功あるいは失敗）の情報を収集していない。そこで次に、具体的な指標について解説したい。

▼新しいサービス導入のための戦略

アクセス戦略では、新製品や新しいマーケティングキャンペーンの導入によって急増するサービスリクエストを見越しておく必要がある。第1章で示したとおり、顧客サービスに寄せられる問合せの最大60％は、マーケティング、製品、企業の方針などに関するものである。これらの多くは回避したり防いだりすることが可能だが、新しいマーケティングプログラムや新製品の導入時は、どうしても情報やサービスを求める問合せが急増する。

ほとんどの企業では、新しい問合せの波が来れば、アクセスとサービスの両機能を持っていやがおうでも対処せざるをえない。

最善の方法は、問合せの件数や内容など新製品やキャンペーンの影響については事前にできるだけ予測したうえで緻密な戦略を持つことだ。新しい問合せに対してその発生要因を特定し、対策が打てるプロセスを備えたアクセス戦略があれば、内部的要因による不必要な問合せを回避することで、その場しのぎの対応を減らすことができる。こうした取組みには、マーケティング部門および製品開発部門の積極的関与が欠かせない。

ある大手製薬会社では、マーケティングおよび製品関連のマネジャーが新しく就任すると、フリーダイヤルの操作方法以外に、社内調整の不足によって引き起こされる損失に関する社内説明会に必ず出席することを義務づけている。

4 アクセスのしやすさを管理する指標

多くの企業がアクセスをマネジメントするうえで採用している主な指標は、「待ち時間」と「放棄されたサービス応対」である。これらは電話やIVRでの応対以外に、小売店舗でも使われている。

残念ながら、これらの指標は非常に粗い。平均待ち時間の実績が2分の場合、待ち時間が90秒以下しか体験していない80%の顧客と8分以上待っている5%の顧客がそこに含まれているかもしれない。同様に、30秒以内に電話を切ってしまう顧客もいれば、電話を切るまでに3分以上待つ顧客がほとんどかもしれない。そのため、放棄呼の割合を、満足できない経験をした顧客の割合、という観点から考える必要があるのだ。

アクセスのしやすさの指標として測定するものに、サービスが必要とされた時点から適切な応対担当者へ振り分けるまでに、少なくとも、次の4つの指標を含めたい。

① コンタクトをしない割合……少なくとも年に1度、無作為抽出した顧客を対象に調査を実施し、深刻なトラブルや疑問があったものの企業には問合せをしなかった、もしくは問合せを試みたが途中であきらめた人の割合を確認するべきだろう。この調査方法については、第7章で後述する。

② 非常に待たされた割合……「非常に」というのは人によって異なるが、ほとんどの顧客は、2分以上の待ち時間を腹立たしく感じるようだ。電話で2分以上、小売店の待ち行列で4分以上待たされた顧客の割合を出す必要がある。

③ IVRのルーティングからオプトアウトした割合……ここでのオプトアウトの定義には、IVRの操作で「0」を押してオペレーターを呼び出した顧客の割合、IVR操作に失敗して途中で電話を切った場合の両方を含める。

④ コンタクトの途中で放棄した割合……IVR、ウェブサイトのFAQ、ACDなどの使用中に中断した(放棄した)割合を測定する。中断した件数、さらにどの箇所で顧客が不満を感じたり、不具合に遭遇したのかを把握することも必要な指標となる。

サービスやCXを担当するマネジャーからIT部門やITベンダーに要求すれば、システムからはさまざまなデータが入手できる。CRM、ウェブサイトのホスティングシステム、IVR、音声認識システムには必ずといってよいほど、顧客が操作を試みた件数、操作に失敗した件数、さらに取引操作やサービスプロセスのどこで失敗や不具合が起こったのかを示すデータが存在する。こうしたデータを取得して指標として使用することは簡単ではないが、もしデータを入手できれば、CX上の不満ポイントは完璧にマッピングできるだろう。

すぐに始めてみよう GETTING STARTED

自社のサービスへのアクセスのしやすさを見直してみよう

1 顧客が製品やサービスについて問合せをしたいと考えたり、ユーザとして使用している時と場所のすべてにおいてコンタクトできることを促しているか。

2 サービスが常に利用可能の状態になっているか。そうでない場合、いつまでに返答が届く、という事前期待のレベルを設定しているか。

3 すべてのコミュニケーションチャネルにおけるサービスの需要と、顧客がアクセスできなかったポイントや件数の全体像をつかんでいるか。

4 問合せに対応する、または対応できる担当者にエスカレーションするために、十分に訓練された人材を確保できているか。

5 製品、マーケティング、さらに外的な事象変化に対応して、受け付ける問合せ件数や体制を修正するためのプロセスが存在しているか。

本章のまとめ KEY TAKEAWAYS

- 顧客が必要と感じたときにはサービスやサポートを積極的に使う、ということを顧客に促すべきである。ほとんどの顧客は「コンタクトを取っても意味がない」「コンタクトを取るのは面倒」「担当者と対立したくない」「自分が使いたいコンタクトチャネルがない」と感じているからだ。
- 顧客のコンタクト件数は、顧客が抱えるトラブルや疑問の数、アクセスの見つけやすさや使いやすさ、各チャネルで約束しているサービスの範囲、そして利用しやすさがあり、つながりやすいか、フレンドリーか、などの要素が影響する。
- アクセスを整備するための計画を、顧客のセグメントごとに正確に予測した需要に基づいて立案すること。予測の需要に対して、必要な要員数、コンタクトを処理するためのルーティング、そしていつ、誰が、どんな知識とスキルを備えて対応するか、新製品の導入においても同様の計画プロセスが求められる。

- アクセスへのつながりやすさ（コールセンターにおける平均応答速度、放棄呼率）などの指標以外にも、アクセスできなかった不成立の件数、つながりやすさを示す「待ち時間」の中で最も待たされた顧客のアクセス件数（待ち時間分布におけるテールエンドの5%）、チャネルごとの不成立の件数などとその原因を明らかにすることがCX上の取組みにつながる。

第6章 ▸▸▸ Always Satisfy Customers, and Sometimes Dazzle Them

常に顧客を満足させ、時には驚かせる

私が一緒に仕事をさせていただいたある企業の財務担当役員が、「顧客には良いサービスを提供したいが、大盤振る舞いはしたくない」と言った。私は、なぜ大盤振る舞いをしなければならないと考えるのですか、と尋ねると、彼は、ノードストロームが自社が販売していないタイヤでさえも返品として受け取り、返金支払いに応じたという話をしてくれた。最高のサービスとは顧客に大盤振る舞いをすることではない。むしろ、それでは効果が出ない場合が多い。最高のサービスとは、良いサービスを一貫して提供できる能力を備えることであり、お金をかけずにできる顧客とのエモーショナルコネクションが時々できればよいのだ。

良いサービスから最高のサービスへの転換には、ほとんどお金がかからない。ある化学薬品会社では、自社製品を顧客へ届けるために独立自営オーナーが運転するタンクローリーを使っていたが、交通渋滞のせいで約束の時間に遅れることがしばしばあった。約束の時間に遅れれば、運転手はテキサスの炎天下で列に並んで待たなければならない。さらに化学薬品をタンクに注入している10分間ほど、化学薬品会社の社員と運転手は会話も交わさずにじっと待っているだけだった。

両者に会話がないことを私が指摘すると、「彼らは別に顧客でもない。ただ顧客に品物を運んでいるだけだ」とマネジャーは言う。私がさらに面談をしてみると、運転手は顧客先で化学薬品を降ろす際に、よく会社の悪口を言っていることがわかってきた。運転手は顧客ではないが、ネガティブなクチコミをばらまく張本人だったのだ。

議論を重ねた結果、会社はまずエアコンの効いたオフィス内に待合室を作り、次にタンクローリーに化学薬品を積むスタッフを教育して、運転手と会話するようにさせた。涼しい部屋と少しの会話という非常にわずかな経費で顧客満足を向上させることができた。

顧客が求めているのは、すべてにおける扱いやすさ(ETDBW[1]：Easy To Do Business With)である。ETDBWは、すべての顧客接点におけるサービスデリバリーの設計、評価、改良などを含み、取引や顧客対応を広義に捉えている。サービスやセールスの役割や責任の固定観念に縛られず、古びて使い物にならないスローガンを考え直す必要があるのかもしれない(たとえば「顧客はいつも正しい」というものだ)。

また、自社にとっては価値が低いと思っていた顧客（たとえば一般会員）が、実は競合他社の優良顧客（ゴールド会員など）という可能性もある。丁重に対応すれば、自社の優良顧客にできるかもしれない。

本章では、次の4点について述べる。

① すべてのサービスに共通する5つの目標とETDBWの実現
② 5つの目標を効果的に達成するためにサービスに備わっているべき6つの機能
③ 顧客が求める充実したサービスになるようテクノロジーを駆使したサービスのカスタマイズ
④ 5つの目標すべての達成を確実にする重要指標

---

(1)「すべてにおける扱いやすさ」と訳したが、本書における重要な概念である。顧客に負担をかけない手順や操作性など、広範囲に適用できる。

1 すべてのサービスに共通する5つの目標

サービスの第一目標は、第一次解決である。すべての顧客のリクエスト、疑問、トラブルを、即座にあるいは適切なタイミングで解決することにある。他の4つの目標である、エモーショナルコネクションの創出、将来的なトラブル発生の防止、クロスセルとアップセル、VOCシステムへの入力がCX全体に与える影響も、同様かそれ以上に大きいものがある。では、5つの目標のそれぞれについて説明していこう。

第一次解決▼第一次解決(FCR：First-Contact Resolution)は、あらゆるサービスで重要視されてきた以前からの目標だ。1970年代にさかのぼるが、コカ・コーラ社がフリーダイヤルを導入したときに、私たちは同社のために2度の市場調査を実施した。この調査では、2度目の問合せの場合、満足度は少なくとも10%は低くなるという結果が出ている。

エモーショナルコネクションの創出▼エモーショナルコネクションは、顧客との挨拶から始まる。まずラポール(2)を作り出すことだ。もし、小売店のスタッフが対応中の顧客がいるときに、新しい顧客が入ってきた場合、会釈したり声を掛ける簡単な挨拶から始める。その顧客との応対が始まったら、エモーショナルコネクションを築き始めるのだが、その具体的手法に関しては、第9章で詳しく説明する。

将来的なトラブル発生の防止▼将来的なトラブル発生の防止と問合せを回避することは、すべてのサービスにおいて3つ目の目標となる。サービス担当者だけでなく回答プロセスにおいて、手元の事実情報から今後想定される顧客の質問やトラブルをできる限り多く特定し、積極的にアドバイスや警告を与えることで問題を回避する。

クロスセルとアップセル▼サービス担当者がクロスセルやアップセルを試みることができるのは、顧客が問い合わせてきた問題の基本的な事由が解決し、顧客が十分満足した場合のみに限られる。唯一の例外は、クロスセルでオファーする別の製品が、顧客の問題を解決したり、今後の問題発生が回避できるときだけだ。この場合は、クロスセルがカスタマーデライトへとつながる。

(2) 元来、臨床心理学の用語としてセラピストとクライアントの間に、相互を信頼し合い、安心して自由にふるまったり感情の交流を行える関係を表す。顧客応対のスキル研修で多用される概念でもあり、担当者が顧客との間に「共感と信頼の関係」を作り出す重要性を説くうえでラポールの概念が使われる。

クロスセルとアップセルのいずれをオファーするか。また何をオファーするのが効果的か。こういった判断は、あくまでも過去のデータ分析をもとにすべきだ。また、実施する場合に何を提供するのかについてはデータに基づいて決める必要がある。本章の3節では、テクノロジーを駆使することによってクロスセルやアップセルをさらに促していく具体論に入る。

エモーショナルコネクションや問題発生の防止に取り組むよりもクロスセルの優先度を高くし、2番目に重要な目標に掲げている組織が多いが、コネクションや問題発生防止の教育もなく、クロスセルを実施しても成功は望めないだろう。

VOCシステムへの入力▾私がこれまでに訪問した企業のうち、VOCシステムに情報を入力するようサービス担当者に明確な指示を出していたのは3分の1に満たない。私の分析では、経営者が短時間で済む入力作業を独立した業務として識別する必要はないと考えているか、最悪だがVOCの入力すら考えたこともないかのいずれかだろう。

問題は、VOCへの入力が正式な業務として定義されていなければ、サービス担当者は入力の必要性を考えないし、スーパーバイザーもVOC入力の作業を評価しなくてもよいと考えるだろう。結果的に、多くの企業でほとんど入力が行われず、行われたとしても、その場しのぎのものになっている。

▼すべてにおける扱いやすさの実現

ＥＴＤＢＷは、ほとんどの企業にとっての主要な目標となる。しかし、その解釈は曖昧だ。私が行った調査によると、ＥＴＤＢＷには5つの構成要素がある。その多くはサービスの他の目標と論理的には重複しているが、それ以上のものでもある[☆1]。ＥＴＤＢＷのドライバーは、次のとおりである。

① 情報やヘルプの見つけやすさ……多くの顧客はサービスを求める前に企業のウェブサイトやパンフレットを確認する。しかし、これらが適切なサービス情報を提供していることは少なく、顧客の不満の主な原因となっている。カスタマーエフォート・スコア（顧客努力指標）などにおけるネガティブな評点に共通するのは、サービスや情報を見つけることができないことによるフラストレーションから来ていることが多い[☆2]。評点が悪くなるのは、他部門（管轄外）の責任のはずなのに、サービス部門が責められることになるのは皮肉な話だ。

② サービスへのアクセスのしやすさ……これに関しては第5章で説明したが、「ＥＴＤＢＷでない状態がはっきりとわかりやすい」指標だろう。たとえば、イライラするＩＶＲのツリー構造、営業時間の短縮、電話や行列での長い待ち時間などが挙げら

れる。

③　煩雑な手続きの最小化……これは非常に厄介で、改善へのハードルが高い。消費者に入力などが求められる情報の量を減らしたり、判断を下すまでの手順や承認の数を最小限に抑える必要がある。この2つの要件を実行することは、リスク回避型の組織やそのコンプライアンスおよび法務部門は嫌がる内容だ。これについては後の「回答」についての項で詳しく説明しよう。

④　徹底的なFCR……エモーショナルコネクションと問題発生防止のための教育が伴っていることが、まさに理想だ。

⑤　最後までのフォローアップ……約束どおりに実行すること。

ETDBWのドライバーとなる5つの項目を挙げたが、いずれもCXフレームワークにおいて表される要素である。情報の入手しやすさとサービスの利用しやすさに関しては、いずれもアクセスの一部であり、残りの3つに関しては、サービスの一部である。これに関しては次節で解説する。

2 5つの目標すべてを確実に達成するための6つの機能

サービスマネジャーや顧客接点にかかわるテクノロジーを設計、構築する担当者たちの多くは、どうしても目前の戦術的な問題にフォーカスしてしまう。つまり、顧客からの問合せを受け、対応し、返すという活動の部分だ。狭い視点では、確かにそのとおりなのだが、戦略的な視点では「安物買いの銭失い」的だと言える。トラブルへの緊急対応から、トラブルの予測と予防へ転換するためのフレームワークを図表6－1に示す。

6つの重要な機能は、前著*Strategic Customer Service*（『グッドマンの法則に見る苦情をCSに変える「戦略的カスタマーサービス」』）で紹介した「サービスデリバリー・フレームワーク」を構成する19の機能をシンプルにまとめたものである[☆3]。

6つの機能は、発生の順序に沿って論理的に並べた。理想的には、まずサービスの発生を予測し、能動的にサービスをデリバリーする。最初に来る戦略的な機能が「予測」なのだが、この必要性を考えたことがないマネジャーも多い。

2つ目の機能は、途切れなく問合せを受ける能力である。この機能には、重要な戦略的意味がある。なぜなら、企業はこの時点から「なぜ顧客が問合せをしてきたか」についての情報を集め始めるからだ。問合せ理由を尋ねることが、将来的にトラブルの防止や予測につながる。

図表6-1 ▶ 顧客サービスの重要な機能

❶サービスニーズの予測
❷サービス要求の受入れ
❸回答
❹フォローアップ
❺履歴
❻評価

戦略的意味を持つ3つ目の機能は回答である。一般的には回答を「問合せに対応して解決する」と定義している組織が多い。ここでエモーショナルコネクションを築き、教育を通じて将来的なトラブルの発生や問合せを防止することができる。

ここまでの3つが戦略的視点で実行する活動であるのに対し、その後に続く、フォローアップ、履歴、評価は戦術的なものである。

▸サービスニーズの予測

予測の基本的な活動は、CRMに蓄積される既存の情報をベースに、顧客の将来的なニーズを、顧客が実際に要求する前に予測してデリバリーする。こうした情報はCRMに限らず、業務上で蓄積されるデータベースの中に存在するケースもあるだろう。

たとえば通信会社のデータベース上で、ある顧客の自宅住所から使っていたワイヤレス通話が急に減少したとわかった場合、顧客がまだ苦情を申し立てていなくても、新しいルーターもしくはネットワーク機能拡張装置を提供できる可能性が生まれる。このように先を見越した行動は、顧客のいら立ちをポジティブな体験に変えることができる可能性がある。

ローンの返済が期日の前日までに行われていなかった場合、送金済みかどうかの確認をメールで促すことも可能だ。未送金であれば、延滞料金が発生しないようにネット上での電子決済や電話での決済を提案できる。企業が延滞料金の収益よりも顧客の信用維持を重視しているという点で、顧客から見ても嬉しいサービスになる。

▼サービス要求の受入れ

サービス要求の受入れには4つのステップがある。挨拶、顧客の本人確認（個人情報保護や不正防止が目的）、トラブルの記録、そしてトラブルの分類だ。間違った解決策を立てないようにするには、顧客から必要な情報をすべて引き出さないといけないが、情報収集が行き過ぎて顧客の負担にならないように、理想的にはそのためのバランスを取る必要がある。

① 「挨拶」は、顧客が問い合わせた先が適切な会社であったことの確認と、そこから始

まる顧客と企業のやり取りの基本的なトーンを決定づける。さらに、挨拶には顧客とのエモーショナルコネクションを築く働きもある。たとえば、フロンティア・コミュニケーションズのサービス担当者は次のように挨拶をしている。「フロンティア・コミュニケーションズです。私はダラスのジョン・ドウと申します。どのようなご用件ですか」。ここでは、挨拶に自分のフルネームと地元の地名を加えることで、挨拶はパーソナルなものに変わり、エモーショナルコネクションを築きやすくなる。

② 「本人確認」は通常、挨拶の後に続くが、顧客が単純な質問をしたいだけで、顧客のアカウント情報の確認とは無関係な場合、顧客に不要ないら立ちをもたらしやすい。ウェブサイトやコールセンターでは、セキュリティファイアウォールの外側になるべく多くの情報を用意して、顧客が本人確認を受けなくても回答を得られるようにすべきだ。

③ 「記録」するものは、顧客の個人情報と問合せ案件の要点を漏れなく把握して残すことだが、必要となる情報の多くは、発信者番号通知と業務システムとの連携によって自動的に取得することが可能だ。たとえば、サービス担当者がわざわざ尋ねなくても顧客が所有している製品の型名などは、過去の購買履歴から判別できるだろう。

④ 「分類」は、問合せ案件の調査を迅速にし(時に自動化し)、それによって回答に要する納期を早めることができるが、それ以外にも複数の目的がある。分類のステップで収集された情報は、顧客履歴の検索、作業量の測定、そして将来的な問題発生を予防する

分析に利用できる。作業量や予防分析に活用できるようにするには、分類をする際に問合せ案件の具体的な理由（「製品が機能しない」といった明らかなトラブル）や大まかな根本原因（欠陥部品による不具合、操作や使用方法の周知不足など）なども含めておく必要がある。

▼回答

「回答」は最も複雑な機能である。わかりやすい説明、相手の気持ちになって考える共感性（必要に応じて）、エモーショナルコネクションを伴いながら、顧客から要求されたことについて十分に応える必要がある。回答に含まれる活動としては、調査、回答の作成、コネクション、問題発生の予防、そして送信で構成される。

調査は、情報を集めるという点では最も労働集約的になりやすい活動だ。保険やIT業界では、顧客との取引内容の詳細が複数のデータベースにわたって蓄積されていることが多い。たとえば、契約内容、保険請求の内容などだ。ITの場合では、顧客側のITシステムの構成管理まで把握しておく必要性もある。

顧客サービスの場合、顧客の問合せ内容やそれに関連する情報については、ほとんどを顧客から直接取得するだろう。煩雑なやり取りを避け、社内データベースからは得られないもの、本当に必要な情報のみに限って顧客から取得するべきだ。スマートフォンから写真を送ってもらうことで、長々しい情報の取得や商品の返品の手間を避けるかもしれない。

サービス担当者が、手元の情報だけで顧客と解決策の交渉ができるように、担当者の権限や判断基準にはできるだけ柔軟性を持たせるべきだ。回答は1回限りで一方的なもの、たとえば「ハンバーグが、お客様の注文どおりのレアではなくて申し訳ございません。直ちにお取り換えします」となる場合もあれば、顧客との交渉に発展する場合もある。顧客に提示した解決策が納得してもらえない、顧客の要望に沿ったものでない場合、改めて論理的な説明や根拠を示す必要がある。

それでも問題が残る場合は、落ち度が認められなくても再び謝罪をすることが望ましい。回答の中で顧客への共感性を示すことが、良い関係作りにつながるからだ。

回答の作成とは、調査の結果や企業側の判断を顧客に伝えるステップを指す。顧客からの質問に対しては回答であるし、トラブルが生じた場合には解決策となる。CCMCによる2013年の「全米消費者の不満実態調査」によると、回答の中に、返金や製品交換といった具体的な賠償とともに謝罪などエモーショナルな要素が含まれていれば、高い満足度がもたらされる確率は2倍になる。

回答をする際にエモーショナルコネクションを築いたり、今後の問題発生を予防する目的で顧客教育を試みることもできるが、顧客応対の時間的余裕、状況の深刻さ、顧客の態度などをよく考慮したうえで判断すべきだろう。

回答を伝えるには、大抵の場合、顧客に口頭でコミュニケーションを取るが、最近ではデジタルで送られる回答も急増している。いずれの場合にも、顧客に伝えた内容は、社内の関係者と共有しておく必要がある。回答内容の写しやサマリーを作成し、CRMシステム内に履歴として保存することで関係部署と共有できると同時に、この情報はVOCシステムで活用するデータともなる。

・フォローアップ

フォローアップとは、回答時に顧客に約束した実行策を管理して最後までデリバリーする活動を指す。たとえば、金銭的な取引の精算、修理用部品の発送、修理訪問の実施など企業内の他部門との連携で実行する活動も含まれる。また、回答を無作為にサンプリングし、回答後に実施すべき実行策や活動がすべて記録され、最後まで完全にフォローアップされたかを検証する継続的な品質監査も必要だ。

フォローアップでは、最初のコンタクトに対応したサービス担当者や部署の活動については常時追跡し、最初のコンタクトで問合せ案件が完結したか、あるいは顧客に約束したコールバックをしっかりと実行したかを確認する。さらに社内の他部門（たとえば、顧客の自宅に出向いて修理などを行うフィールディングサービス・スタッフなど）や、製品やサービスの配送を担当する外部の委託先企業に対してもフォローアップの追跡を行う。

フォローアップの納期を設定するうえでの新しい手法は、「いつまでに必要ですか」という質問に対する顧客の回答をもとにするやり方がある。ほとんどの顧客は妥当な納期を設定する。この手法を使うことによって、顧客が理不尽なほど急いでいる場合には、事前期待をリセットする（納期を再設定する）きっかけになるし、顧客が最終回答を急いでいない場合は作業量のバランスを取りながら納期を決めることができる。

▼履歴

顧客との交信記録は、その後に続く2つの活動を円滑に遂行するためにすべて記録しておかなければならない。まず、顧客にどのような対応をしてどんな約束をしたのか、十分な情報を残すことによって他の担当者でもわかるようにする。さらに、アナリストが問合せ案件の根本原因を理解したりVOC分析を実施できるように、履歴には十分な詳細情報を残す。

簡単な問合せ案件の履歴は残さない、としている企業が多い。その理由は、問合せの処理にかかる時間よりも、記録に費やす時間のほうが長いからだという。実際には、CRMシステムが使いやすくシンプルであれば、問合せ案件の記録に要する時間はきわめて少ないか、ほとんど皆無に等しい。問合せを記録しないと将来的に発生するであろう類似のトラブルを予測したり予防したりすることが難しくなる。

さらに、顧客が簡単な質問をしてきたときは、コネクションを築き、問題発生を予防できる機会でもある。

最後に、問合せが簡単なものであっても記録されていなければ、顧客の履歴は不完全なものとなり、将来的に深刻な問題になりそうでも見えなくなるかもしれない。たとえば、顧客が午前中に2度もサービスセンターに問合せをしており、正午頃には技術者が現地に到着するだろうと聞かされていたが、実際には到着が遅れてしまった。この流れがすべて履歴に残されていれば、サービス担当者は顧客の怒りをよく理解できるだろう。しかし、到着時間を確認するだけの短い問合せは一切記録されない場合が多い。

▼評価

評価は、回答プロセス全体の迅速さや有効性を測定することである。その方法には3つある。

1つ目は、サービスの内容や迅速さに関して顧客にアンケート調査を実施する。サービスの内容に関してはアンケート調査によって顧客満足度を簡単に測定できるが、迅速性に関してはアンケート調査では難しく、不正確な結果をもたらす可能性に留意する必要がある。顧客は、どれくらい待たされたか、最終回答までにかかった期間などに関して間違った印象を持つことがしばしばある。

サービス担当者に電話を保留されたときの1分間がどれほど長く感じるか考えてほしい。保留にされている1分間は、実際よりも長く感じる。あるクライアントが行った実験では、顧客が感じた保留時間は実際より2〜3倍長いということがわかった。また、通話の直後にＩＶＲの調査ツールを使って調査を行っても、顧客はフォローアップに関してはコメントできない。その時点では、最後までフォローアップされていないからである。

2つ目の方法は、実際のコンタクトの記録や録音を再生して評価することである。品質担当者は電話をモニタリングする、メールを読み返す、記録や履歴の入力内容を確認して評価することができる。

3つ目の方法は、通話・テキスト分析技術を使って、問合せの対応を分析する。この方法では、会話の流れからキーワードやキーフレーズを検索したり、声のトーンや大きさから感情を特定したりできる。

どの方法を用いたとしても、分析の結果は、サービス担当者と回答プロセスの両方の評価に利用すべきだ。顧客が満足していない場合、サービス担当者は回答手順に従って回答していても顧客満足に至らなかったということは十分にありうる。つまり、改善すべき対象は手順であり、サービス担当者に対してむやみにペナルティーを科すべきでない。

3 テクノロジーを活用する6つの機能

次に、それぞれの機能を次のレベルに高度化するために用いるべき主要なテクノロジーについて紹介する。

予測

予測には2つのタイプがある。1つ目は、顧客のニーズや感性を十分に予測するために必要なすべての重要な情報（過去のコンタクト履歴、アンケート調査結果、好み、関心事など）を提供し、サービス担当者が効果的に顧客に対応できるようにする。

2つ目は、企業がCXの情報をうまく利用して、顧客から問合せが入る前に企業側から顧客に接触する。いずれの予測も非常に大きな効果がある。

CRMシステムには顧客の履歴、好み、顧客満足度調査の結果、さらに従業員のコメントなどを蓄積できる。行動モデル分析ツールは、人口統計学的や心理学的データを用いて消費者の行動や好みを予測する。この分析ツールは、ソーシャルメディアのデータをかき集め、顧客アンケート調査の結果と組み合わせることによって行動モデルを作り出し、顧客にある種の行動を促す関心事を予測することができる。

たとえば、行動モデルを作り出すことによって、顧客の購買決定や選挙投票の結果を予測できる。顧客サービスの現場において担当者がこのツールを使うことによって、顧客対応を成功させる助けになるだろう。より強いコネクションや製品の知覚価値を高めることができる。たとえば、環境保護を推進しているグリーン・イニシアチブを強く支持している顧客なら、燃費の良い車の購入や省燃料に強い関心があることがわかり、新しいビジネス機会を作り出すことができるだろう。

現在、行動モデルを分析するツールはすでにいくつも市場に出回っており、デジタルマーケティング・プログラムを構築するリゾネイト社などがある。

能動的なサービスの提供は、いわば急進派的アプローチといえるだろう。実際に企業の中には、業務上のデータを活用してCXにおける不快な出来事を見つけ出し、顧客が企業に問い合わせてくる前に顧客に接触しているところがある。

このアプローチを実践するテクノロジーとして、製品機能のパフォーマンスをリアルタイムで企業側に送信できるセンサーが組み込まれた製品はすでに広く普及している。航空機、コピー機、コンピュータ、ホームセキュリティ・システムなどが代表的なものだ。ワイヤレスとモバイルテクノロジーを連動させ、製品の故障を特定できる(オフィスのコピー機のどれがオーバーヒートしているかを特定するなど)だけでなく、製品機能をフルに使い切っていない顧客のデータが企業側に送られると、企業側では顧客に効果的な教育を実施できるようになった。

たとえば、新車の最新型のナビやエンターテインメント機能を十分に使いこなせていない顧客を特定し、適切な情報提供や教育を施すことが可能になる。製品の機能性をより多く使いこなせるようになれば、顧客の知覚価値は強化されるだろう。

実際の教育だが、顧客のスケジュールに合わせて電話やチャット、または45秒程度の短い動画が効果的だ。人間の集中力の持続時間を考えると、4分間の動画よりも、45秒の動画を5本にしたほうが視聴してもらえる確率が高くなる。テスラモーターズでは、新車を納車する日に、顧客にウェルカムコールをかけ、さらに1〜3分間程度の長さの動画を16本使って合計28分間のプログラムを見せている。顧客には、テスラモータズの納車スタイルや教育プロセスのクオリティが素晴らしいと非常に評判が良いようだ。

社内の業務データをもとに顧客の行動を予測するサービスを展開することは、まだ多くの企業にとっては至難の業だ。通常、業務システムのデータが、CXに影響する出来事と特定の顧客を紐づける設計になっていない。

顧客にとって最もありふれた不快な出来事、または顧客に対する教育の機会となりそうなデータを集めたうえで、顧客のトラブルを予測してみてはどうだろう。テスト施策を行い、どれくらいの成果(見返り)につながるかを検証してみるべきだ。

第2章で触れたが、アメリカ西海岸にある南カリフォルニア・エジソンでは、毎月の請求額が高くなる顧客には個別に通知を出すことになっている。スマートメーターによって消費量の増加を確認し、予想外に請求額が高くなりそうな顧客に対しては通知できるシステムを構築した。顧客にとって、予想以上に高額の請求書は、停電の次に嫌なことの1つだ。

▼サービス要求の受入れ

第5章で解説したとおり、ACD(着信呼自動分配システム)やIVRは、顧客からの電話を受け入れる初期段階となる。多くの場合、顧客の特定は発信者番号通知(ANI:Automated Number Identification)によって可能になるが、声紋認証テクノロジーを使えば、もっと簡単に本人確認ができる。生体認証は民間企業で活用され始めたばかりの技術だが、これから期待できるだろう。

商品の返品をしたい顧客に対して、レシートとの交換を義務づけている小売店舗は多い。多くの顧客はそうしたときのためにレシートを保管しているが、この要求は「返品」というトラブルを顧客が申し立てる妨げともなりかねない。顧客からの苦情を受け入れるうえでの障害をなくすことと不誠実な顧客が仕組みを悪用する詐欺から生じる損失コスト。この2つはトレードオフの関係にあり、バランスが求められる。

ウェブサイトとCRMシステムとの連携ができれば（音声・テキスト分析のサポートを組み合わせることも可能）、問合せの理由の記録、履歴、問題の分類といった「受入れ」の大部分を担うことが可能になる。ただし詳細情報を集め、不必要で煩雑な手続きなしに問合せ案件の分類を正確に行うのには、どうしても時間を要してしまう。技術的には2つの解決策がある。

1つ目は、コード分類のステップがシステム上で簡略化されてきたことだ。もし顧客からの問合せが「請求」に関するものであれば、担当者は「請求」と入力するだけで、その下に来る9つのサブカテゴリーが自動的に開く。サブカテゴリーを探す手間が省略されるのだ。階層的な分類入力手法を活用すれば、非常に効率的で詳細なコードの分類と入力が可能になる。

2つ目の解決策は、音声・テキスト分析技術を活用してコード分類を行う。通話分析を使えば電話における3つの主要な属性、つまり主題、感情、結果の特定とコード分類ができる。「主題」には、顧客が所有している商品、質問、トラブルが含まれる。「感情」では、いら立ち、怒り、満足のいずれかを特定する。「結果」は顧客の回答全体に対する相対的な満足度となる。

しかし、通話分析には2つの欠点がある。まず、正確性を担保するためにはソフトウェアの調整を慎重にしなければならないこと、そして、問合せをしてきた顧客が抱える問題点の原因を通話分析だけで特定するのは、やはり難しいということだ。

多くの顧客は、ネット上で必要事項を書き込むことを嫌がるので、人を使ってそのプロセスを手助けしている組織もある。前に紹介したフィラデルフィア市のサービスセンターでは、ボランティアが地元の会合に出席し、近隣の住民に市当局が始めたサービス内容を伝えたり、住民のクレームやサービス要求をウェブサイトに入力する代行を申し出たりしてサービスを広めている。さらに、市当局の指導を受けたボランティアたちは、道路にできた穴を修復した市当局の措置について事後説明を行い、住民の事前期待を正しく設定するように努めている。

受入れのプロセスでは、回答に必要な納期を決める(いつまでに回答が欲しいか、または欲しいと思っているかは、顧客に直接尋ねて決めるのが望ましい)。また、回答のために調査を開始するうえで必要となる事実情報、たとえば、クレームナンバーや製品コードなどはこの時点で取得する。

携帯端末からの受入れによって複雑な事情が生じてくる。一般的なノートブックやデスクトップPCのウェブ画面が簡単にスマートフォンの画面に切り替わるわけではない。また、携帯の入力が押しボタン式からタッチパネルに移行することで、入力の正確性が落ちるようになった。反面、スマートフォンの利点もある。カメラから送られた画像をもとに保険会社は事故の損害の予備審査を正確に行えるようになり、その時点で修理を許可したり、査定の正しさに比較的確信を持てるようになった。

▼回答

回答における5つの活動はすべてCRM、ナレッジマネジメント・システム（KMS）、業務運用の3つのデータベースに大きく依存する。中でも回答作成の前段階で実施する「問題の調査」の依存度が最も大きい。顧客の持っている製品や履歴を特定するには、CRMが必要となる。また、柔軟な解決の裁量範囲や全体の回答ルールは、KMSをもとに決定し、実行する。運用データベースをCRMと連動させることによって、顧客の取引実績を引き出すことが可能になり、通話中の煩雑なやり取りを大幅に簡略化させることが可能になる。

回答システムをサポートするうえでほとんどの企業が直面する最も大きな課題は、KMSを常に最新の状態に保つことだ。どんな小さなサービス組織でも、製品、マーケティング情報、サービスポリシーの変更管理を組織的に行うKMSの管理者が必要になる。ありがたいことに、最近の優れたKMSプログラムは、回答ルールやナレッジの更新処理を自動的に行うようになった。

これとはまったく異なるアプローチで回答をサポートする方法として、ネット上のピア・ツー・ピア[3]のコミュニティやフォーラムがある。企業自体が運営する場合もあるが、アップルのMacユーザー、チックフィルAの顧客、中古車のオートトレーダーの顧客など、同じ製

(3) パソコン端末同士でつながる通信モデルを指している。テクニカルサポートを効率的に進めるうえで、サポート担当者がユーザーのパソコンに入り込んで画面を共有しながらトラブルシューティングを行うことでサポートの効率化を図ることができる。

品・サービスを共有するユーザーグループによって運営されるものもある。

コミュニティ内では、ベテランユーザーが専門知識を共有して手助けを行うが、特に企業側から報酬を得ているわけではない。パワーユーザーになったり、サポート実績を積めば、特別なアクセス権や評価を得ることもある。

こうしたインセンティブは、ゲーミフィケーション戦略[4]と呼ばれている。イントゥイットではこの戦略を取り入れて、自社のソフトウェアを利用する会計士に対して他のユーザーの質問に回答することを促している。トラブルのほとんどはコミュニティ内で解決し、イントゥイット側のサポートチームの作業量は軽減する。

別の事例として、スタック・オーバーフロー(プログラマーのためのQ&Aサイト)を挙げる。難しい技術的課題に対処できるよう技術者が互いに助け合う場である。このサイトでは、コミュニティメンバーが技術的な問題点を投稿すると他のメンバーが回答する。回答したメンバーには、他のメンバーや質問者からの評価ポイントが与えられる。こういったコミュニティサイトでは、企業のフェイスブックページと同様に、不適切な行為がないか監視が必要になるが、一般的に費用対効率は非常に高い。コミュニティの運用課題については、第8章で述べる。

ここまでをまとめると、テクノロジーによって回答はさらなるカスタマイズ化が進み、効率性が良くなる。回答の作成の基本的アプローチは、CRMに蓄積された顧客の履歴データに最近の顧客要求(受入れの段階で取得した内容)を組み合わせる。さらにKMSのルールや条件をもとに顧客対応の判断を下す。

回答の作成では、音声・テキスト分析やオンラインコミュニティを利用して調査を行い、顧客のためにカスタマイズした回答の作成を行うことも可能だ。

音声・テキスト分析をリアルタイムで実施することによって、問合せ案件の理由や根本的原因からコミュニケーションを分類し、回答に対する顧客の満足度を確かめることができる。この手法はリアルタイム分析の1つとして活用されている。具体的には、たとえば、不満で怒っている顧客を見つけ出し、スーパーバイザーやコーチに知らせて、その通話をモニタリングしてもらい、彼らが顧客との間に介入すべきかどうかを決める。

回答の作成には、エモーショナルコネクションを築くことと、問題発生を防ぐための顧客教育や適切な情報を提供するという側面もある。ザッポスでは、顧客とのパーソナルなエモーショナルコネクションを積極的に築くような指導が行われている。サービス担当者は、通販の取引とは関係のない情報にも耳を傾け、そこから話題を掘り下げながら、顧客との会話の幅を広げていく。

(4)「ゲーム化」を意味するこの言葉は、日常の問題解決や顧客エンゲージメントを高めるプロセスをゲーム感覚で促進することを指す。顧客のロイヤルティ強化にゲーム要素を持ち込んだ具体的な例としては、リピート顧客の購買額や頻度に応じて、ポイント付与、ランキング決め、レベルごとのゴール設定などがある。

▼フォローアップ

フォローアップでは、回答を速やかにデリバリーをして案件を完結する。第一次解決率が高いサービス組織では、フォローアップにも時間をかけず迅速に処理する。第一次解決ができなかった場合、サービス担当者はCRMシステムを通じて業務システムにリクエスト(たとえば、部品の発送、商品交換、返金をするなど)を出す。業務を担当するバックオフィス系の部門がリクエストの受理、アクションの実行を電子的に確認することで、サービス担当者は「業務完了!」と確信できる。

部品の発送やシステムのインストールなど人手による作業を要する場合、フォローアップは、より複雑なプロセスになる。他部署が担当するものになれば、決められた納期内に作業を実行することを約束する部署間のサービスレベル契約(SLA)を結ぶことによって、フォローアップ全体の納期を守る必要がある。

サービスレベルの実績など、各部署の信頼度をCRM経由でサービス担当者が把握できるようにすべきだ。それによってサービス担当者は、自信を持って顧客に正確な情報を伝えることができる。こうした自信が顧客に伝わるだけで、取引が本当に実行されたかどうかを確認する顧客の電話が90%以上減少したケースがある。

履歴

履歴は、すべてCRMシステム内に保存すべきだ。そのためには業務システムを含むすべてのシステムに、各取引に紐づく顧客IDを持たせる必要がある。サービス担当者が顧客からの問合せを受けて、その顧客のアカウント情報を画面上に出したとき、優れたCRMシステムなら過去の3つの取引実績がすぐに把握できる。

評価

アンケート調査などの顧客評価を実施するために必要な情報については、CRMシステムに持たせる。顧客とコンタクトを取る際に顧客が希望するチャネル、最近の取引や顧客評価の実績(満足、不満足)など。

また、Eメールでの即時調査など、複数のチャネルから実施する調査のためのツールもCRMに組み込まれているとよいだろう。顧客に約束したことがまだ実行されていないうちから即時アンケート調査を送りつけるべきではない。フォローアップを待っている顧客に対して、評価を聞く調査を実施しても意味がない。

多くのサービス組織では、スタッフの評価に活用するため、顧客応対直後の即時調査を実施している。まだフォローアップが終わっていないにもかかわらず、この即時調査方法を取ることに私は反対だ。なぜなら、取引の最も重要な側面は、最終的な解決であり、その段階まで実行されてもいないうちから顧客に評価を聞くのは間違っている。調査方法（実施のタイミング）は取引の結果に応じて変えるべきだろう。

顧客応対の品質管理で使われているモニタリングツールは、通話内容を録音し、音声とCRMに入力した内容を管理することができる。さらに録音内容を分析するだけで、通話中のキーワード、キーフレーズ、全体的な満足や情緒レベルを測るテクノロジーもあるが、まだ不完全だ。

しかし、すでに多くの企業では、新しいテクノロジーの活用は効果があると考えており、応対品質評価に就くスタッフの数を減らしている。何千件もの通話記録をソフトウェアが仕分けし、非常に良い電話と悪い電話を特定する。評価者がレビューを行ったうえでサンプルを選び、サービス担当者の個別指導のために活用している。あと数年も経てば、応対品質管理のスタッフの半分は通話分析ツールに取って代わるだろう。

もう1つの評価ツールにACDがある。通話時間と後処理時間（ラップアップ時間とも呼ばれている）を取得し、特定のサービス担当者に紐づける。優れた事例としては、この両方をCRMシステムの通話記録に連動させることにより、通話のタイプ別に通話時間の長さの比較分析や模範となる事例を特定することが可能になる。

が必要となる。

4 サービスを測定するための指標

第一次解決、エモーショナルコネクションの創出、トラブル発生の防止、クロスセルとアップセル、そしてVOCへの入力といった5つのゴールにおける生産性と有効性を評価する指標が必要となる。

5つの目標をサポートする指標

そこで本節では、成功のための主な指標と、一般的に使われている指標のよくある過ちに関して述べる。

第一次解決（FCR）、顧客満足度、そして他人に薦める気持ち ▼第一次解決に関しては、サービス担当者、スーパーバイザー、顧客の三者に同じ質問をする。

「問題は最初のコンタクトで完全に解決されましたか」

次に、「お客様は満足されましたか」という質問だが、この設問の目盛りは、アンケート調査で採用しているものと同じもの、もしくは同じ構造の設問にする。ただし、お客様は満足されましたかという設問をサービス担当者にしても意味はない。

最後に、「お客様が弊社をお知り合いに薦める可能性はどれくらいですか」。多くの企業では、第一次解決と他人への推奨が使われているようだ。

コンタクトリーズンごとの第一次解決と満足度▼第一次解決や顧客満足の設問は、コンタクトリーズン(問合せの理由別分類)ごと、さらに(適切であれば)、製品のタイプごとに分析する。この分析によって、高いレベルの解決度や満足度が一貫して達成できないトラブルまたは製品が浮き彫りになり、回答ルールや解決範囲の見直しが必要になるだろう。原因はサービス担当者にあると考えるのではなく、回答の作成、回答のガイドライン、またはKMSの内容などの改善点を明らかにする。

フォローアップ▼フォローアップの指標は、基本的な回答プロセスや第一次解決ができたかを確認する。フォローアップを測定する指標は2つある。1つ目は、標準設定された回答納期内に処理されたコンタクトの割合(たとえば、「90%のEメールに4時間以内に返信する」)。2つ目は、標準的な納期および品質の範囲内では処理できず、他の回答部署もしくはパートナー(販売店や地元のフランチャイズ加盟店など)に振り分けられた取引の割合である。2つ目の指標は重要になる。なぜなら、約束したサービスレベルを達成できない案件が増えると、他の回答部署に対する自信が損なわれる。その自信の欠如が顧客応対の言葉に表れると、顧客は、約束どおりにフォローアップが実行されたのかを確認するために電話をかけ直し、不必要なコールバック件数が増えるのである。

コネクションとトラブル防止▼この指標は、サービス担当者がエモーショナルコネクションを築くことができたか、あるいは、今後のトラブルの発生を避ける方法を顧客に教育したかを確認して測定する。多くの場合、教育は感動をもたらすだけでなく、将来の作業量の発生を防いでくれる。この指標は、すべての問合せの中で、サービス担当者が応対の基本的な要件に応える以外に問題の再発を防ぐために顧客の教育や適切な情報の提供を意図的にしたり、顧客の地元やペットについてを話題にしたことで、エモーショナルコネクションを築いた割合として収集される。こういった対応の案件が見つかったときは、満足度を測るアンケート調査のサンプルに盛り込んでみれば、顧客応対の影響力を簡単に検証できるだろう。

クロスセルとアップセル▼クロスセルとアップセルは、サービス担当者が実際にクロスセルなどを実行できた機会の割合と、実際にどれだけの収益増につながったかを測定する。一般的には、サービス担当者がクロスセルやアップセルを試みた件数と、それらが成功した件数を測定している企業が多いが、「試みた」の件数を自己申告ベースで行っていると、数字がごまかされる可能性がある。重要な指標として測定するのであれば、実際の収益に結びつけるべきだ。

VOCシステムへの入力▼この指標は、トラブルの発生を防止できる機会を特定し、CX強化やプロセス改善に努め、その実績をVOCシステムに入力するという一連の活動やその成果を記録する。理想的には、コールセンターの中で根本原因を分析する担当者らが、各サービス担当者が提出した有用なVOCの件数を記録する。また、四半期ごとに最小入力件数を定め、業績表彰などの機会に、最も役立ったVOCを提供してくれたサービス担当者を選んで表彰しよう。顧客対応やサービスに就く担当者全員には、彼らのVOC入力に基づいて企業が取った改善策を紹介するメールを毎月送り、入力が実際に生かされていることを示すとよい。

▼慎重に使うべき指標

次の4つの指標は有益ではあるが、コールセンターやサービスのマネジメントを単純化しようと強調しすぎたり、誤用されることも多い。いずれの指標も見かけ以上に大変複雑なデータの平均値や要約であり、適切な決定を下すためには、そのことを理解しておかなくてはならない。

① 平均応答速度……問い合わされた案件が効果的に応対されて解決するのなら、平均応答速度（ASA）が60～90秒まで延びたとしても、ダメージはあまりないか、ほとんどない。

② 平均処理時間……平均処理時間の測定において、難しい案件の対応にあたったサービス担当者を低く評価してしまう可能性が生まれる。さらに、顧客に素晴らしい印象を残せる通話でも、早々と電話を切ってしまうようになる。

③ ネットプロモーター・スコア（NPS）……この指標は、10段階の中で7もしくは8のスコア（NPSプロセスでは受動的な立場と呼ばれる）をつけた顧客を無視してしまう。すべての顧客の30～40％がこの中に含まれることもある。

④ カスタマーエフォート・スコア……この指標は、顧客にとって困難な体験を対象にするが、ウェブサイトで答えを見つけるのが難しい、誰に電話をしてよいのかわからない、なども含んでコールセンターやサービス担当者の評価につながってしまう。一般的にウェブサイトが問題であり、サービス担当者に責任はない。

すぐに始めてみよう GETTING STARTED

自社のサービスを見直してみよう

1 サービス上の目標にトラブルの防止やエモーショナルコネクションを掲げているか。
2 現場のスタッフにサービスを成功させる効果的なツールを用意しているか。
3 サービスの成否に関して、トラブルの種類別に測定しているか。
4 自社のウェブサイトが、顧客の問合せに的確に答える、トラブルを回避する情報を得ることができる「最初の場所」になっているか。
5 顧客満足を推進する真のキードライバーを特定し、測定しているか。

本章のまとめ KEY TAKEAWAYS

- 顧客対応のサービスにおいて、顧客からの苦情や問合せは最初のコンタクト時点で解決する、エモーショナルコネクションを作る、トラブルの予防に取り組む、クロスセルを実行する、そして顧客の声をVOCシステムに入力する、という5つのゴールが不可欠である。

- サービスの5つの目標を効率的に達成する6つの機能として、予測、受入れ、回答、フォローアップ、履歴、評価がある。
- 顧客が使いやすいチャネルを通じてサービスを提供したいが、顧客が使うチャネル自体が変化するので、テクノロジーを活用して効果的なサービス環境を構築すべきだ。
- サービスシステムが5つの目標のすべてを達成できていることを確認するための指標を設定して活用すべきだ。

第7章 ▸▸▸ Listening Passionately to Your Customers' Unified Voice

統合されたVOCを傾聴する

ある大手通信企業では、顧客評価のためのアンケート調査とその分析だけで年間1500万ドルの予算を費やしており、「動くものは何でも測定する」という冗談が出るほどだった。しかし、担当副社長のコメントが印象的だった。「残念ながら多額の予算を費やしても、結局は四半期ごとに結果が良くなったか悪くなったかを確認するだけに終わってしまう」。副社長曰く、顧客評価をレビューするための会議には参加者も少ないし、実際に半分ほどの会議はキャンセルされたそうだ。

この会社と対照的なのが、同社の競合企業の一社であり、VOCにかける年間予算が100万ドルにも満たない。同社では、通話分析技術を活用して顧客との会話をリアルタイムで分析・報告している。さらに、VOCマネジメントとしては、通信障害やフィールディングサービスの訪問時のミスといった業務上で発生したトラブルの報告、顧客アンケート調査の結果など複数のデータソースを使っている。さらに、テクノロジーを駆使してデータをまとめ、解析し、全部門がCX強化のためにアクションが取れるレベルの報告書を作成する。

また、同社には従業員からのフィードバックプロセスがあり、顧客に納得してもらいにくい手続き、製品、プロセス、方針などの改善機会の提案などを一元化されたVOCシステムに入力している。VOCシステムに費やす経費は他の多くの企業ほど多くはないが、アンケート結果、顧客応対の記録、顧客の好み、業務上のデータ、さらに個々の問合せや取引の処理実績のデータを結合することで、CXの全体像を浮き上がらせることに成功している。

本章では、効果的なVOCプログラムの構築、あるいは既存のVOCプログラムの改善について詳細に解説する。具体的には、次のトピックを扱う。

① VOCの目標
② 効果的なVOCシステムの主要な構成要素
③ VOCデータの情報源は、必ずしも顧客からではない
④ VOCを構築する4つの課題
⑤ VOCシステムの効果を高めるための実用的なヒント

1 VOCの目標

ＶＯＣ活動では、各部門の責任者がそれぞれ異なる目標を持って取り組んでいくことになるだろう。

製品設計に携わるエンジニア、品質保証の担当者は、顧客に満足してもらえる理想的な製品づくりをしたい。マーケティング担当者は、新しい顧客に訴求して収益を伸ばしたい。彼らにとってアンケート調査や市場分析の結果は重要な情報源となる。顧客サービス担当責任者は、顧客のフィードバックを理解してサービスの改善につなげたい。

ＣＸ全体の強化の責任を負う経営者にとっては、ＣＸ全体、顧客プロセスの起点から完了までが含まれるだろう。品質、マーケティング、顧客サービスなど個別の改善を指しているものではない。

ＶＯＣ活動を推進することで、企業の次の側面が強化できる。

- 新たな問題点を見つける。
- ＣＸを改善する機会を明らかにし、それに優先順位をつける。
- これまでに指摘され、現在も続いている問題点に取り組み、その進捗を追跡できる。

- CX強化の施策を取ることに対する組織全体の経済的必然性を示すことができる。
- CX強化のプロジェクト責任者を決める。
- CX強化の財務効果を信頼度の高い方法で定量化する。

また、VOCデータは、迅速かつ詳細な形式でいつでも利用可能な状態にしておく必要がある。そのメリットとしては、以下が挙げられる。

- トラブルの原因が何であれ(従業員、製品のデザイン、マーケティング、配達、顧客の操作方法の間違いなど)、それを理解することで再発を防止できる。
- トラブルが起こっているときに介入して、(それが適切であれば)回避することができる。
- 中期および長期にわたり、製品や業務プロセスを改善することができる。

1つ注意すべき点だが、VOCは現在の顧客体験を表すために収集された体系的な情報として捉えるべきだろう。現状の顧客とは異なる層を対象にした市場調査は、主に新規市場の開拓を目的として実施される。

しかし、消費者を対象にアンケートを行う市場調査をVOCの一部と見なしているマネジャーや専門家も多く、中にはVOCは市場調査だと思い込んでいる者もいる。これがまったくの誤解である理由を3つ挙げたい。

①　市場調査の多くは、新規顧客の獲得を目的としている。そのため、市場調査とVOCを組み合わせると、既存顧客の調査と非顧客市場の調査（通常、こちらの領域が大きいが）が混同される結果になる。

②　購入や顧客体験の数日後、数週間後、数カ月後に実施されるアンケートは遅行指標である。ある電子機器メーカーでは、すでに再設計された製品モデルの開発に取りかかっていたため、直近の顧客アンケートの結果は無視するという判断を出したことがある。

③　発売予定あるいは仮説上の製品やサービスに関するアンケート調査の結果はまったく信頼できない場合が多い。この典型例が、1970年代後半のある歴史上の事例だ。圧倒的多数の消費者が、「機械に自分のお金は預けない」「人とやり取りがしたい」と言ってATM（現金自動預払機）の導入に反対だった。しかし、いつでもキャッシュにアクセスできるようになると、たちまちATMを支持するようになった。オンラインでの搭乗手続きについても、同様の経緯があった。

アンケートやフォーカスグループ[1]からはCXに関する重要な情報を得ることができるが、

CX上の問題を生み出している内的要因や業務上の詳細な情報は、ほとんど取得できない。重要なことは、数多くのソースから得られたデータからCXの全体像を作ることにある。

2 効果的なVOCシステムの主要な構成要素

図表7－1は、効果的なVOCシステムに求められる焦点とデータソースを示しているが、これらはCXのすべてのフェーズから取得できるインプットを含める必要がある。顧客のコンタクトマネジメント（一般的には顧客サービスと呼ばれる）から得られるフィードバックと比較して、はるかに多くの情報を取り扱う。

このVOCシステムに含まれるものとしては、顧客が製品を実際に使用したり操作してわかった機能性などの問題、マーケティング、販売、製品のデリバリーまでの問題（DIRFT）、企業のアクセス戦略がもたらすチャネル上の問題、顧客の苦情や問合せに応じるサービスの問

(1) ある特定の製品やサービスが対象とする顧客のグループインタビューを行い、顧客自身に自由に語り合ってもらうことで意見を集める調査手法。個別インタビューやアンケートでは得られない本音を聞き出すことができる。コンセプト、パッケージ、アイディアなどのテーマについて顧客の声を聞き出すのには役立つが、CX全体を評価する手法としては適さない。

図表7-1 ▸ VOCシステムの主要な構成要素

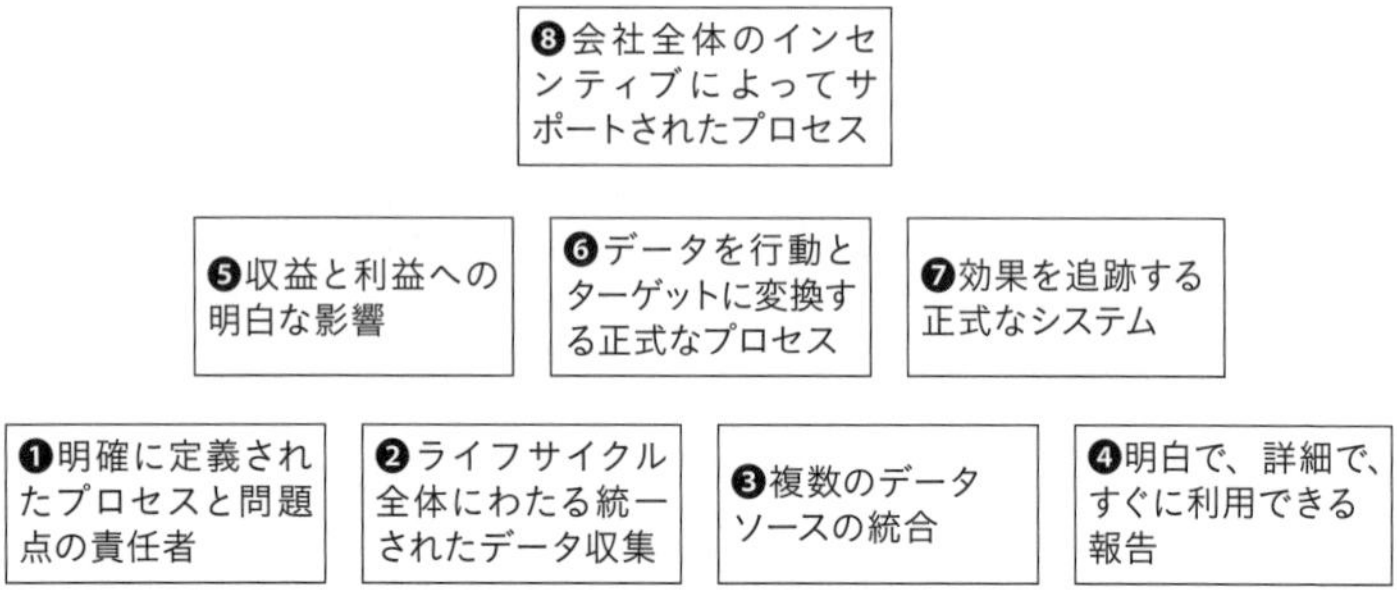

❽会社全体のインセンティブによってサポートされたプロセス

❺収益と利益への明白な影響

❻データを行動とターゲットに変換する正式なプロセス

❼効果を追跡する正式なシステム

❶明確に定義されたプロセスと問題点の責任者

❷ライフサイクル全体にわたる統一されたデータ収集

❸複数のデータソースの統合

❹明白で、詳細で、すぐに利用できる報告

題など、各段階から得られる問題点の情報がある。

VOCシステムには顧客からは直接的に取得できないCX上のデータも含める。具体的には、顧客に悪影響を及ぼす業務上の不備などがある。たとえば不在配達、手数料が発生する小切手の不渡り、給水設備の漏水の可能性を示す普段より多くの水道使用量などがある。

第3章で述べたとおり、効果的なVOC活動で成功している企業は非常に少ない。最近私たちが実施した調査によると、顧客のフィードバックをもとに問題解決に取り組んで結果を出している企業は、全体の3分の1程度しかないことがわかった[☆1]。効果的なVOCシステムに共通する特徴として、次の4点を挙げる。

① VOCシステムの対象として、顧客の事前期待の設定から最終的な製品の使用に至るまでを範囲にしている。顧客体験の起点から完了までの全体プロセスからデータを収集し、CXの各フェーズにおける

実態を調査している。

②　ＶＯＣシステムが複数のソースから得られるデータを統合し、データ、調査結果、改善提案の信頼性と影響力を高めている。データソースとしては、アンケート、顧客からの苦情、顧客対応の記録（サービスだけでなく営業の応対記録も含める）、ソーシャルメディア、会社が顧客のために実施したこと（たとえば保証の請求、予約のキャンセル、送り状の変更、延滞料、配送遅延など）を示す管理指標、そして、従業員からのフィードバックが含まれている。

③　統一されたＶＯＣの全体像は、複数のデータソースに基づいて顧客ライフサイクルのすべてのフェーズをなぞるように描き、１つの合意された現実を示すことである。

④　財務部門や財務担当責任者（ＣＦＯ）がＶＯＣ分析や成果の妥当性を支持し、合意していることが、ＶＯＣ活動が効果を発揮して問題点の多くを解決に導くうえで非常に重要なポイントになる。

また、私たちの調査に回答した約１６０人の経営者のうち、ＶＯＣ活動で特定された問題点の中で、解決できた案件の割合を数値化している企業が20％しかないと判明した。ＶＯＣで発見された問題点の中で解決に至ったものの割合を測定していなければ、効果的なＶＯＣシステムを構築することは難しい。効果的なＶＯＣシステムにするには、起点から完了までの、統一されたＣＸの全体像と、ＣＦＯも合意できる経済的な影響を提示しなければならない。

残念ながら、ＶＯＣシステムに入力されたデータが一元化されているケースはあまり見当たらない。特別なガイドラインを設けない限り、各部門は独自にデータを集め、その部門にとって最も使いやすく便利なフォーマットを使うことになる。ある企業では、それぞれに異なるデータソースを所有する7人がＶＯＣシステムに各自のデータを入力するだけで、データ収集や分析において断片的で矛盾が生じやすい。

これは厄介な組織的問題だが、次の8つの成功要因を受け入れて、実施することで克服できる。以下の項目はいずれも論理的であり、経営陣に受け入れられ支持されるだろう。

▼1人の経営幹部を担当者として任命する

経営幹部の1人を選出し、ＶＯＣ全体の担当に任命する。あるいは少なくとも調整役として任命することで、データの収集を一元化するために各担当部門がどのようにデータを集めるかの指示を出せる。結果としてＶＯＣデータの互換性が確保できる。このリーダーポジションには、一時的なＶＯＣの調整役という役割もあれば、ＣＸ担当リーダーという上級管理職的なものまで多様である。第10章では、そのような管理職の役割について解説したい。

もし、こうしたポジションや役割が存在しないのであれば、品質もしくはサービスの責任者、

ＣＯＯ（業務執行担当責任者）、ＣＭＯ（マーケティング担当責任者）が候補に挙げられる。

統一されたデータ収集計画

すべてのＶＯＣデータを１つの部門や部署が集めようとするべきではない。そもそも組織が大きくなれば、そんなことは不可能だ。データ収集を行うには、縦割り組織の全体を通して統一された、あるいは最低でも調整された分類手法に基づいて、データを統合する計画を立案し、それに沿って実施する。ＶＯＣの責任者はこの方法論を作り、計画実施の責任を負う。

統一されたデータ収集の計画を作ると、問題点を有効に数値化して理解できるようにするため、すべての部署を通じて顧客の問題を同一のやり方で説明できるようにする。

ある自動車メーカーでは、工場の技術者、セールスおよびマーケティング担当者、顧客サービス担当者、そして販売店のサービス技術者が同じ顧客のトラブルに対して別々の用語で表現していた。エンジニアは「組立部品の不具合、顧客のメンテナンス不備」といった表現を使う一方で、サービスライター[2]やサービス技術者は「ブレーキ振動、エンジン停止」など症状を指す表現を使う。

何年も前のことになるが、フォード・モーターはトラブルや症状の一貫した説明ができる取組みを始めた。車が修理のため販売店へ運ばれてくるとき、顧客によるトラブルの説明がサービスライターにとって重要だということがわかってきた。同社では「ガタガタという音ですか？　それともカチカチという音ですか？」という風変わりなタイトルの小さなパンフレットを作成し、顧客がトラブルの症状を説明できるようにしたのである。これによって顧客が適切な用語を使うことになり、正しい診断と修理ができるようになった。

データ収集の計画には、ソーシャルメディアなどの新しいデータソースも使えるようにしたい。もともとVOCシステムへのデータ入力はすべて、サービスライター、サービス担当者、サービス技術者らによってトラブル分類コードや技術的な記載事項で構成されていた。現在では、ネット上のレビュー、ソーシャルメディアといった新たなデータソースはトラブル、製品挙動、使用体験を説明する大量の情報であふれ返っている。

こうしたデータはテキストが中心で、従来はデータとして見なされないものだった。しかし、コンピュータ処理されたデータを読みやすい形式に変換するスクリーンスクレイピング技術やテキスト・通話分析によって、こうした自由形式で書き込まれた顧客のコメントや独立したレビュアーからのインプットを同一の分類方法を用いて、分析しやすいデータに変換できるようになっている。

CXの統一された全体像に組み込まれたデータ

すべてのソースやチャネルから収集したデータを組み合わせると、CXの起点から完了までの流れの中で顧客の事前期待が満たされなかった箇所、失望の原因とその影響について統一された全体像が浮かび上がってくる。次に課題を挙げる。

- 顧客の事前期待、トラブル、原因、ロイヤルティへの影響をカテゴリー別に分類するため、アンケート、苦情、ソーシャルメディア、業務上で取得されたデータの間に互換性が必要になる。
- アンケート調査など市場全体を表すデータと比較するため、顧客の問合せ記録や業務上のデータを市場全体に対応する形で推定する。

課題としては、VOCデータを社内の各部署において複数の目的のために活用できるような体系を構築することにある。共通する目的としては、新たに発生する問題点の特定、顧客満足を回復するためその場での介入、現在の問題点を防ぐか緩和するための改善策の実行、そして過去の問題点の改善後の追跡などが含まれる。さらに、顧客に対する実際のダメージや潜在的なダメージを把握することによって、最も優先度の高い問題点を浮き彫りにする。

---

(2) 自動車の修理やメンテナンスの受付から完了までのプロセス全体を管理する人。

効果的に物事を進めるうえで大事なことは、適時に適切な情報が揃っていることだ。従業員の作業量や組織体のペースを考慮すると、能動的にデータを配信するだけでなく、問題点やチャンスを認識したら迅速に行動しなければならない現場の管理者のために、点と点をつないだ改善活動を促せる分析も必要になるだろう。社内に点在する関係者が、必要なデータにアクセスでき、また能動的に情報を配信する。また、特に改善策を実行する人の手元には、点在するデータや情報が1つにまとまっている必要がある。

どの企業でも起こりうる、気が滅入るような事例だが、すでに他部署が持っていた情報を共有できていれば防げたトラブルだった、と後で気づかされることがある。データは、それを必要とするすべての人と共有することであり、ここはテクノロジーの活用で解決できる大きな好機になるだろう。将来、ビジネスや産業におけるテクノロジーの役割がきわめて重要になる。

▼対処できる問題点

しかし、すべてのデータを全員に与えることは有益ではないし必要でもない。過剰なデータは問題を解決するより、問題を引き起こしやすくするだろう。

VOC活動を担当する者は、誰がどんな情報を必要としているのかを把握し、顧客の目的やニーズに合わせて情報をフィルターにかけて調整し、主旨を能動的に周知する必要がある（この際に、文書と直接対面で伝える、もしくは動画にして伝えるといったように、少なくとも2つの手段を使うのが理想的だ)。

問題点の説明は詳細に行い、すぐに対策が取れるようにすべきだ。たとえば、「請求書の問題点」という情報は詳細ではない。「プレミアムアカウントの延滞手数料の誤請求」であれば十分に詳細だ。重要な問題点については、改善策も打たずに放置したままによって発生する毎月の損失額と推奨される対処法を一緒に、1ページか2ページの報告書にまとめるのが最も効果的だ。

日用品を扱うコルゲート・パーモリーブの消費者問題を扱うグローバルリーダーのチップ・ホーナーは、必ず対面のミーティングでVOC報告書のフォローアップを行うようにしている。情報が担当者にしっかりと理解され、合意されたうえで、すべての質問に対する回答が得られたことを確認している。各部門に合わせた報告書を作成し、ミーティングで再確認することはそれなりに労を要するが、その努力は大きな成果につながっているという。

▼アクションを取ることの経済的必然性を示す

満たされない顧客の期待やお粗末なサービス体験は、収益、クチコミ、リスク、利益に影響を及ぼす。これらの問題点が毎月の収益にどれくらい影響するのか(現状のまま放置していると、毎月どれくらいの損失が出るのか）を数値化することで、ただのデータを改善に結びつける情報に変化させ、経済的必然性を明らかにする。

改善策を取ることの経済的必然性がVOC報告書の冒頭部分で強調されなければ、VOCは単なる自己満足に終わってしまう。改善策を取らないで現状維持による収益上の損失額を明確にすれば、アクションを誘起できるのだ。

VOCの経済的分析を示すうえで注意してほしいのは、ほとんどの分析が製品保証にかかわるサービス費、もしくは目下の収益減など顧客とのトラブルから生じる企業側が負担する経費のみに関して簡単に触れるにとどまっていることだ。このやり方では「クレーム件数を減らせれば経費も減り、収益は向上する」という見方をほのめかしているようなものだ。実際には、経費負担を削減しようとするよりも、収益に与える損失額がおそらく10～20倍大きいだろう。

トラブルから発生する実質的な経費を2つの事例で考えてみたい。財務マネジャーは小売店の在庫切れに関するクレームを検討するとき、それによって増やせなかった営業収益は、在庫維持費の節約で相殺されると考える。しかし、顧客がお目当ての商品を買えなかった場合、他の商品を購入したり、将来何かを購入するために再来店する可能性は低くなってしまう。同様に、交換部品がすぐに入手できなかった場合、その顧客が同じブランドの品物を再購入する可能性は低くなる。在庫が少ないと将来の収益に対して非常に大きな悪影響を及ぼす。

もう1つの事例だが、進歩的な考え方をするCFOは、品質向上およびクレーム処理への投資は、規制措置の防止策につながると考える。前述のある医療機器メーカーではFDA(米国食品医薬品局)の警告書の対応に1億ドルもの経費を費やしていた。現在、同社の幹部たちは、品質向上や患者との関係を強化させるために年間500万ドルを余分に投資しているが、それを「ブランドにダメージを与える警告書を受け取らないための保険料」と考えている。

▼改善するターゲットを定め、行動計画を提案する

問題点が具体的に特定され、改善策を取らないことによって発生する損失額が計算できる。しかし、顧客とのトラブルを解決するうえで妨げとなる障害が2つある。

1つ目は、問題を担当するマネジャーが通常業務もこなしつつ、ゼロからアクションを起こさなくてはいけないために、問題解決が二の次になってしまうことだ。

2つ目は、問題解決における「成功したときの成果」とはどんなものなのか、マネジャーたちにほとんど知らされていない(大抵の場合、完全な解決は不可能である)。

そこで推奨できる改善策と達成可能な目標をVOCシステムの一部として組み込んでおく必要がある。VOC分析者の中には各部署のマネジャーの権限を侵すと考えてしまう者がいるようだが、スタート地点、アクションプラン、そして達成可能なターゲットを示されると、ほとんどのマネジャーは感謝してくれる。

ターゲット設定において、私が今までに見てきた取組みの中で最も無意味なものが「新年度に向けての満足度向上計画」だ。たとえば、ロイヤルティレベルが76%の会社では、翌年は80%をめざそうとする。なぜ80%なのか。大抵は「80は76よりも高い」という根拠だが、目標値設定としては論理的でない。代替案は、顧客リスク分析(第3章参照)と顧客満足の因子分析を使い、ROIを明示し、実行責任者を決定し、ロイヤルティや満足度の予想しうる上昇率を提示する。こういった分析に基づいて、経営陣は満足度の目標を達成する実行可能な計画を手に入れることができる。

▾結果を追跡する

CXと財務的パフォーマンスの両方を改善できる実行策が決まれば、特定されたトラブルの問題解決に着手しなくてはならない。アクションプランを立案した時点で問題が決着したと考えてしまう組織も多い。つまり、実行後の改善策が目立った変化をもたらしたか、をきちんと検証する者が非常に少ない。

効果的な組織ではプロセスの追跡を義務づけており、VOCで提起された問題のうち、実際に取組みに発展した案件の割合を測定している。重要な質問は、「問題は本当に解決したのか」「もし問題が現在も続いている場合、提案されたアクションプランの進捗状況は」「改善活動は進んでいるのか」などといった問いかけが求められる。

ＶＯＣ活動のパフォーマンスを評価するための主要指標は、「ＶＯＣにおいて特定され、適時に解決された問題の割合」である。この情報はＣＦＯや他の上級役員に報告しなければならない。さもなければ、ＶＯＣシステムはほとんど影響力のない、もしくはまったく影響力のないものになってしまう。第10章では、これらのプロセスを導入して上級役員の支持を継続して得る手法を解説する。

・インセンティブを確立する

ＶＯＣが顧客のニーズに能動的に対応し、ロイヤルティを強化できるのであれば、ＶＯＣ活動は戦略かつ日々の意思決定とリンクさせなければならない。具体的に、上級幹部がＶＯＣの戦略的重要性を認め、提案されたアクションにインセンティブをつけ、インセンティブ予算を確保することでこのリンクが実現できる。

また、ＶＯＣ活動をリードする責任者は社内の意思決定の場に同席し、各部門を通じて支持を取り付ける能力や意欲を有していなければならない。ＶＯＣが効果をもたらすためには（つまり、経営陣が特定された問題に取り組むことを意味する）、ＶＯＣ活動に対してアクションを取ることが経営陣のパフォーマンス評価につながっていなければならない。

3 VOCデータの情報源は、必ずしも顧客からではない

片方の目を閉じて物を見ると、遠近感を失ってしまう。なぜならインプットされる情報源が1つしかないからだ。同様に、1種類の顧客データしか見ていなければ、視野は危険なほど偏ってしまう。次に挙げる7つの情報源は、多くの企業では軽視され利用されていないが、CXをより正確に理解することを助けてくれる。

社内業務や例外処理の指標

社内業務や例外処理の指標によって、顧客に何が起こっているのかを把握できる。多くの場合、顧客が気づく前にわかるものであり、それゆえに先行指標として使用できる。この指標は、企業のアクションと顧客の反応の因果関係を示す。

具体的には、郵便物の返送(企業側で管理している住所が間違っているか、更新されていないために生じる)、ウェブサイトの中断、通話中の切断、クレジットカード取引の失敗、不在配達などがあり、すべてにおいて顧客のネガティブな反応を前もって予測できる。他にも、商品の返品、保証請求、送り状の変更通知などがあり、それぞれに何らかのトラブルを暗示して

いる。

業務マネジャーは、アンケートや顧客の苦情データよりも、自らのシステムから取得された業務データを信用する。自らの業務部門が報告書を作成しているため、業務マネジャー自身は報告されたデータに異議を唱えるのが難しいと感じるだろう。

ところが、配送遅延や受注ミスなどの例外やエラーの報告から作られた社内指標を、顧客にネガティブな影響を与える出来事の兆候だと見なされることはない（実際にネガティブな影響を与えていたとしてもだ）。

たとえば、「小売店向けの商品の在庫切れ」という指標を考えてほしい。店舗への配達が予定されていた鶏もも肉が配送エラーによって2日間にわたって配達されなかったというデータが報告された。セール商品として購入すると見込んでいた顧客の1日平均人数が予測されていたのなら（300人と仮定しよう）、2日間にわたって鶏もも肉が在庫切れになった場合、何人の顧客ががっかりするかが推測できる。

「600人の顧客ががっかりした」と言ったほうが、「鶏もも肉が2日間在庫切れだった」と言うよりもはるかに問題が大きく聞こえる。社内指標のデータを顧客に与える影響と組み合わせれば、そういった「些細な」配送エラーが原因となって生じる収益損失額を推測できる。

▼通話品質の指標

社内の品質管理指標には、製品やサービスの検査、サービスアクセスおよびサービスデリバリーに対する評価が含まれる。

製品の品質検査の場合、傷がないか、適切に組み立てられているかといった物理的な製品の品質を検査するだけにとどまる。製品の品質検査には、設計上の問題点、紛らわしいマーケティングメッセージのせいで裏切られた事前期待は測定されないし、検討に上ることもない。サービス品質の指標には、顧客が通話中の保留で待たされた時間、通話内容の評価、サービス担当者と応対がどのように行われたか、などが含まれる。

サービスデリバリーとして通話内容を評価するモニタリングには大きな改善のチャンスがある。評価者が通話モニタリングをする場合のほとんどは、「サービス担当者が手順に従ったか」「担当者が礼儀正しく顧客に接したか」などを判断するため、そして、「より良い問題の対処方法があったのか」を問うためだ。しかし、評価者が問合せの根本的な理由を理解しようとすることはめったにない。「この電話は避けられたのか」と問うことに大きなチャンスがあるのだ。

▼クレームデータ、顧客からの問合せ

一般的な企業では、顧客からのコンタクトすべてを苦情と問合せに仕分けている。通常、苦情はコード分類が別に管理され、問合せよりも重みがつけられる。しかし、大抵の場合、苦情と問合せの内容はほぼ同じだ。なぜ、そんなことが起こるのか。苦情のほうが少しだけ顧客が強硬に伝えただけなのだ。

また、顧客からの質問が苦情と認識されることもほとんどない。たとえば、顧客からサービス料についての質問があった場合、これは、問合せだろうか、苦情だろうか。「製品を探しているが、どこの小売店に在庫があるのか」と尋ねられたら、これは「どこで買えるのか」という質問か「製品を見つけられない」というクレームのどちらだろうか。

さらに、コンタクトの一部にはエスカレートした苦情がある。苦情の中でも、上司と話をさせてほしいと主張したり、社長室に直接電話がかかってきたりするものがそれだ。

顧客のコンタクトデータは、顧客対応からリアルタイムで作り出されるものがほとんどだ（主に電話、IVRシステム、Eメールがある）。このデータは、アンケートよりもタイムリーだという利点があり、大抵は顧客の感情が明白に表れている。経営陣あるいは製造工場の作業員に対して統計データを報告する際に、顧客の苦情を録音したものを聞かせれば、数字だけのプレゼンよりもはるかに効果的だ。

録音やサービス担当者の案件記録などの構造化されていないデータは、コード分類された記述データに変換することが可能だ。従来は手作業で行っていたが、最近では通話・テキスト分析技術を活用して、自動的に変換できるようになった。

コンタクトデータからCXの傾向を解釈するのは難しい。なぜなら、コールセンターを利用する顧客は全体のほんの一部だからだ。ほとんどの質問は、尋ねられないままに終わっている。顧客の問合せには(それが質問と見なされているか、トラブルと見なされているかに関係なく)、それほど重要でないものもあれば(たとえば、延滞料が発生しそうだ、など)、「クリスマスのおもちゃの部品が足りない」といったトラブルほどでもなく、電話の問合せにさえ発展しないケースも多い。

第2章でも触れたが、応対記録の乗数は4倍まで低くなることもあれば(この場合は、コンタクト率が25%。つまりトラブルを体験した消費者の25%がコンタクトしてくることを意味する)、乗数は100倍もしくは2000倍にまで高くなることもある。

トラブルや質問について問合せをする顧客はごくわずかなので、アンケート調査や業務データと結びつけるようにするには、顧客からの受電件数を使って顧客ベース全体(企業にとっての市場)へと類推する必要がある。

エスカレートした苦情のデータを見ると、本来の問題が何だったのかということだけでなく、なぜエスカレートしてしまったのかの理由も見つけ出すことができるだろう。エスカレートした原因を見れば、顧客対応のどこに矛盾や不備があったのかがわかる。

コールセンター、インターネット、テクニカルサポートなど、あらゆるソースから集められた顧客対応の記録は、CXに理解するうえでタイムリーで有益な情報源となる。

さらにコンタクトデータを見ると、顧客の事前期待やアクションなど、問題の原因を理解する貴重な手がかりを得ることでき、問題の再発防止に役立つ。

たとえば、ある加工食品会社では、マーケティングや健康上の理由から防腐剤の使用をやめたのだが、それからほどなくして、スパゲティソースにカビが生えているという苦情を受けた。顧客とのやり取りの内容を分析すると、顧客が開封済みのスパゲティソースの瓶を2週間以上冷蔵庫に放置していると、同様の苦情につながりやすくクレーム件数も増えることが判明した。そこで同社は、ラベルに「開封後は冷蔵庫に保存し、7日以内にお召し上がりください」という注意書きを追記したところ、苦情の件数が劇的に減った。

最後に、顧客からの感謝の言葉などポジティブなコメントは、従業員のモチベーションを大きく高めることができる。新しいスマートフォンアプリの45sec.comなら、ワンタッチでスタッフの素晴らしい仕事ぶり(または苦情)のフィードバックを最大45秒まで音声メッセージで経営陣に伝えることができる。

これはロケーションベースのアプリで、2分以内にグーグルマップやバックグラウンドのツールが経営者のメールアドレスを発見し、消費者のメッセージを届けてくれる。毎日の簡単なミーティングでポジティブなフィードバックをすぐに従業員へ伝え、社内で公表することは、大きなモチベーションにつながるだろう。

▼携帯端末によるコンタクトとやり取り

私の知り合いのマネジャーは皆、携帯端末によるコミュニケーションの急増を懸念している（率直に言うと、何人かはパニック状態だ）。しかし、携帯端末も単に伝達手段の1つでしかない。クラウドアプリケーション・プラットフォーム企業のヘロクでCMOを務めるマット・トリフィロが述べたように[3]、「ツイッターへの投稿は新たなフリーダイヤル」[☆2]なのだ。

確かに、携帯端末による作業量を処理する能力は必要になるが、それ自体は電話、メール、ウェブでのやり取りと何も変わらない。携帯端末も既存の作業量の一部だが、即座に反応や回答を求める消費者の事前期待が他よりも高いだけである。

▼アンケートデータ

VOCを理解するためのアンケートにはいくつかある。複雑なリレーションシップ調査、コンタクト後のフォローアップの質問、ウェブサイト上で書き込んでもらうアンケートなどがある。アンケートは、ロイヤルティやクチコミの影響に関するデータソースとしては最も信頼度が高い。また、アンケートによって顧客視点でCXの起点から完了までを把握することができる。

統計的に妥当なサンプルに基づいていれば、苦情や顧客対応の記録の分析よりもアンケートのほうが顧客ベース全体のCXをより忠実に反映するといってよいだろう。

アンケートデータにはいくつか欠点もある。次に、その主なものを挙げよう。

- アンケートの構造やサンプリングの方法によって、バイアスがかかる可能性がある。たとえば固定電話への電話調査では、携帯端末しか持たない多くの20代が対象から漏れる。
- 対面もしくは電話で行った場合、アンケート1件当たりのコストが高くなる。
- ほとんどのアンケートでは、データを照合し、処理するのに時間と手間がかかる。それに対してCRMシステムに連携するアンケートは、ほぼリアルタイムで結果をもたら

(3) クラウド環境でカスタムアプリケーションを開発、導入、運用するためのPaaS(Platform-as-a Service:サービスとしてのプラットフォーム)を開発した。2010年にセールスフォース・ドットコムに買収された。

してくれる。

- なぜそれが会社のプロセスの中で起こったのかについては、アンケートからでは特定できない。
- アンケートは仮説に対する質問の測定にはあまり効果的ではない。

すべてを考慮すると、アンケートはＶＯＣの重要な構成要素である。しかし、アンケートだけではＶＯＣを理解することはできない。

▼ソーシャルメディアやカスタマーレビューなどのデータ

ソーシャルメディアから得られるＶＯＣとしては、ソーシャルメディア上にある書込み、オンラインコミュニティでのやり取り、オンラインレビューへの投稿や普段のメールまで多岐にわたる。それらの情報に実際に目を通すというやり方もあるだろうが、現実的ではないのでテキスト・通話分析ソフトウェアを使う。

ソーシャルの情報からは、さまざまな問題に関する貴重な洞察を得ることができる。たとえば、トラブル発生の頻度や原因、特定の言葉の使用頻度、顧客の事前期待や感情レベル、自社で出した回答の有効性、ロイヤルティへのダメージなどだ。

また、ソーシャルメディアへの書込みは、通話録音と同様、データに人間味を加えるのにきわめて効果的である。たとえば、「85人の顧客がトラブルを体験した」と報告書に記載する際に、消費者の感情あふれる生の書込みを引用として加えることで、伝えたい内容のインパクトは劇的に高まる。

ニューヨークのある公益企業では「郵便物の気持ち(The Mood of the Mail)」と題した、消費者の罵倒や皮肉が満載の顧客コメントを含む報告書を作成したが、同社で最も広く読まれた報告書の1つになったそうだ。

第3章で述べたとおり、一般的な認識に反して、多くの顧客は、苦情を申し立てるのに最初からソーシャルメディアに書き込むことはしない。概して、米国人の消費者はこっそりとクレームを言いたいと考えている。こういう場合には、45sec.comのようなモバイルアプリが役に立つ。

2011年にインテリレスポンス社が行った研究では、ソーシャルメディアを通じた顧客と企業のやり取りのうち、クレームはわずか1%未満であった[☆3]。この数字はCCMCによる同年の「全米消費者の不満実態調査」の結果と完璧に一致している[☆4]。2013年の同調査では、顧客にとってその1年間で最も深刻だった問題に関しても、この数字は4%までしか上昇していないことが判明した。

つまり、ソーシャルメディアは2013年においても、クレームの主なチャネルにはなっていないということだ[☆5]。一方、アルゼンチンに本社を置くプロアクシオンが2012年に行った調査では、アルゼンチン人の25％が最初にソーシャルメディアを通じてクレームを言うことがわかった[☆6]。急速に進化する世界では、一貫したルールを適用することは難しいとだけ言っておこう。

オンラインコミュニティ、特にビジネスユーザーが集まったコミュニティには、顧客の考え方やトラブルに関する情報が豊富に存在する。人気の財務会計ソフトウェアプログラムを開発しているイントゥイットは、何千人もの会計士など専門家が集まるオンラインコミュニティのスポンサーをしている。同社のソフトのユーザーはお互いに自らのトラブルを共有し、アドバイスを交換し合っている。

イントゥイットの顧客は、会社にクレームを申し立てるより、コミュニティ内の他人にトラブル体験を伝えるほうが楽だと感じるようだ。同社ではフォーラムを支援したり、コミュニティ内のやり取りを観察し、そこから多くを学んでいる。

多くの企業がソーシャルの情報をほとんどをフェイスブックから得ているのに対し、ゼネラルモーターズがフェイスブックから得られるソーシャル情報は、わずか7％にしか満たない。ソーシャル情報のほとんどは、自動車愛好家たちが主宰する独自のオンラインコミュニティからもたらされるのだ[☆7]。

同様に、レストランのオンライン予約のオープンテーブルや旅行予約のトリップアドバイザーなどのオンライン・レビューサイトも、CXを診断したい際に役立つ情報の宝庫である。たとえ偽のレビュー（偽レビューにはポジティブとネガティブの両方が存在する）が増加していても、だ。

ソーシャルメディアをVOCのための複数のソースの1つとして利用する理由がある。レビューがポジティブで具体的なら従業員のやる気を引き出すのに役立つ。

ソーシャルメディア、オンラインコミュニティ、そしてオンライン・レビューサイトにおける課題は、顧客の苦情や応対記録が持つ課題と同じである。つまり、そのデータが市場の全体像を示しているわけではないので、取得できたデータから全体を類推する方法を決めなくてはいけない。

▼従業員のインプット

CXに役立てる従業員のフィードバックには、主に2つのタイプがある。従業員に対するアンケートと、メールやインスタントメッセージ・システムを用いた従業員の投稿から得られる情報だ。

顧客がトラブルだと気づくとき、同様に従業員も気づいていることは多い。問題は、この洞察をどのようにVOCシステムに注入するかだ。従来の従業員に対するアンケートでは、給料、福祉手当、管理に対する従業員の満足度が重視されている。また、トレーニングや昇進も多少含まれることがある。

しかし、これらの項目はＣＸを理解するのにあまり役立たない。しかし、従業員にとっても不満と感じている特定のトラブルに関して、その原因や発生頻度、発生するたびにどれくらいの時間が無駄になっているのかを尋ねるようなアンケートなら、彼らから有益な情報をもらえるだろう。

トラブルを迅速に投稿する仕組みは、トラブルを見つけ出す有力な情報源となる可能性がある。なぜならアンケートや検査といった仕組みでは見つからないトラブルが浮き彫りになることが多いからだ。

たとえば、ある航空会社（合併前）のフィードバックシステムでは、フライト中に起こった顧客のトラブルの上位３つを客室乗務員リーダーが要約して、着陸後30分以内にメールで送るよう義務づけていた。フライトごとに３つのトラブル、１日のフライト数は２０００だったから、フライト中のトラブルに関するデータを毎日６０００件、ほぼリアルタイムで得ていたことになる。

▼データソースの強みと弱み

CXを表すそれぞれのデータソースには、一長一短がある。マイナス面があるとしても、7種類すべてのデータを収集して統合させることを私はお薦めする。なぜなら、それぞれにユニークな視点があるからだ。図表7－2にそれぞれの強みと弱みをまとめた。

顧客の声を集めたいのであれば、CXに影響を及ぼすプロセスに携わる従業員から意見を聞き、彼らの情報に耳を傾ける必要がある。

CXの包括的な分析は、ロイヤルティの予測因子として唯一最善のものであるだろう。「顧客がトラブルを体験したか」、そして「トラブルがどのように扱われたか」の情報が得られるからだ。したがって、トラブルに直接的にかかわりのある顧客サービス部門から得られるデータは、必ずVOCプログラムに含まれなければならない。

顧客満足やロイヤルティを生み出す、あるいは損なう要素は複雑だからこそ、1つの方法で捕まえることが難しい。さらに、それぞれのデータソースには強みと弱みがある。したがって、顧客満足やロイヤルティの創出と維持をめざす企業には、複数の情報源を利用する効果的なVOCシステムが必要なのだ。

図表7-2 ▸ データソースの強みと弱み

データソース	強み	弱み
社内業務の指標 顧客のために会社が何をして何をしなかったのかに関する取引およびシステムの記録	業務データなので経営陣にとって信ぴょう性があり、(顧客によって重要な要素が示されている限り)問題解決に役立つ	経営陣が測定する業務の側面のみに基づいた、限られたCXしか見えない(請求書の間違いや配送遅延など)
社内品質の指標 ・不備に関する検査データ ・通話モニタリング・データ ・サービスアクセス・データ	・最初のコンタクト/問題の原因を特定できる ・サービスアクセスおよびプロセスの有効性に関するデータをもたらす	・人間による検査は大きな労力を要する ・手順に従ったか、広範な問題があるか、ということに焦点が当てられることが多い ・通話分析はコストがかかる
顧客とのコンタクトとクレーム 事前期待や製品使用など、顧客の視点からCXが説明される	・非常にタイムリーで実際のCXを生き生きと描写する ・根本的な原因や感情的な効果をもたらす ・従業員に対するポジティブなフィードバックが豊富にある	データが断片的で、典型的ではなく、顧客基盤から推測しなければいけない
携帯端末によるやり取りのデータ 急増しているが、他のチャネルを通じてのコンタクト、アンケート、そしてクレームのデータと基本的には同じである	・応対記録のように非常にタイムリーである ・量が急増している	インプットが限られているため、曖昧で不完全であることが多い
顧客アンケート 関係や特定の取引への具体的な質問に基づいた、CXに関するさまざまな情報	・(サンプリングが適切であれば)データは顧客基盤や市場を反映しており、継続的な同様の測定が可能 ・ロイヤルティを促進させるための分析として最良である	社内の指標や顧客との応対記録と比べるとコストがかかり、少しタイムリーでないことが多い
ソーシャルメディア、レビュー、コミュニティ ・顧客基盤全体の小さなセグメントからの一般の投稿 ・コミュニティの情報には、一流ユーザーの思慮深い意見が含まれている場合がある	・非常にタイムリーなフィードバックである ・会社の提案に対してコミュニティのメンバーは思慮深い意見や反応をもたらす	・情報が不完全で、顧客からさらに細かい情報を得るのが難しい ・データの質を変えることができる
従業員のインプット メールや諮問委員会、大規模なアンケートによってリアルタイムで情報を得ることができる	・プロセスや顧客に基づく原因を特定できる ・問題のせいで無駄になった努力の量を数値化できる	アンケートがサービスを対象としていないことが多い。フィードバック機構へのインプットの結果が従業員に知らされない

4 VOCを構築する4つの課題

複数のソースから生じたデータの統合に基づくVOCシステムの実施には、次の4つの課題がある。

① データが一元化されるように集め、分類する。
② 統一された全体像を描く。
③ 影響を数値化する。
④ 全従業員が報告書を読み、それに従って行動するように促す。

1つの場所にデータを集めて分類する

VOCマネジャーは、統一されたVOCの必要要件について、率先してIT部門やCRMベンダーに対する教育をしなければならない。そして、IT部門とCRMベンダーは、第4章で述べたCXのプロセスマップに記載されたすべての取引と顧客接点からデータを集めることを理解しなければならない。これによって業務全般、品質改善、コールセンターからの報告、そしてマーケティング部門といった断片的なソースからの情報を統合させることができる。
一番の解決策は、業務上やモバイル端末を通じた取引データのすべてをＣＲＭシステムに連携させるというのが、おそらくほとんどの場合に効果的だろう。こうしたテクノロジーのマネジメントに関しては、第8章でも説明する。

可能な限りでだが、問合せ案件をコード化して分類するには、個々の顧客体験ごとに、症状、トラブル、事前期待、原因、影響をまとめなければならない。さらに、関連製品、顧客のタイプ、顧客ＩＤ、さらに地理的な位置情報も含むべきだろう。長期間に及ぶ顧客への対応や調査が実施された場合、根本的な原因、取られたアクション、そして結果として生じるロイヤルティへの影響などもコード化することが可能だろう。

次のコード分類体系は、企業ごとのカスタマイズが必要だが、改善を実行するうえで必要となるカテゴリーの基本タイプを示している。

- コンタクトを取った理由・症状……顧客の視点から記述する。ただし、自社にとって便利なやり方で。
- 一般的な原因……顧客の誤解や事前期待、製品の欠陥、方針、プロセス、従業員のミスなど。
- 根本的な原因……些細なトラブルの原因調査は非効率だから、大きなトラブルに絞って原因分析をするため、中には原因不明のままに放置されてしまうことも少なくない。

- エスカレーションコード……なぜトラブルが現場スタッフによって解決されなかったのかを識別する。
- 製品や位置情報の識別子……場合によっては製品コードなども含める。
- 解決策として取られたアクション……よく「ディスポジション(最終的な処置)」と呼ばれるが、根本原因と同一のアクションではない(同一のディスポジションは複数の原因に適用できる)。
- 結果……フォローアップのアンケート、通話モニタリング、通話分析などによって評価された満足度やロイヤルティ。

各データの要素は数値でコード化し、データ処理ができるようにする。また、分析にも役立つようにしなくてはならない。たとえば、症状、原因、製品の識別子を組み合わせることでサービス担当者には、適切な回答を作成するうえで参考情報が得られる。そして、分析プロセスがあれば、適切な是正措置を検討するうえでも役立つだろう。

CXを説明するために用いるコードは、実用的でなくてはならない。次の点に留意したい。

- 包括的であること……CX全体にわたり、さまざまな問題点をカバーする。

- 詳細であること……大まかではなく(「味が悪い」)、具体的でなくてはならない(「塩辛すぎる」)。
- 相互排他的であること……カテゴリーが重複していると無駄なデータが生まれてしまう(ある公益事業会社では「サービスがお粗末」と「約束の不履行」を別々のカテゴリーとして利用していたが、後者は前者の一部分である)。
- 階層的であること……サブカテゴリーを10程度にして、短いドロップダウンメニューからコードを選択できるようにする(優れたCRMや通話分析システムにはコード化機能が備わっているが、ドロップダウンメニューの操作性がこうした基準を満たしているかは確認しておく必要がある)。

▼統一された全体像を描く

2つ目の大きな課題は、顧客対応件数やソーシャルメディアに届いたコンタクト数から顧客ベース全体を推測し、そのデータを他の業務データ(少なくとも多少は顧客ベース全体を反映している)、およびアンケート調査によるデータと照合する。それには、トラブルを体験した顧客のうち何パーセントが、特定のサービス接点あるいはソーシャルメディア・ツールを利用するのかを理解しなくてはならない。

図表7-3▸顧客がどこへクレームを言うのかを理解する

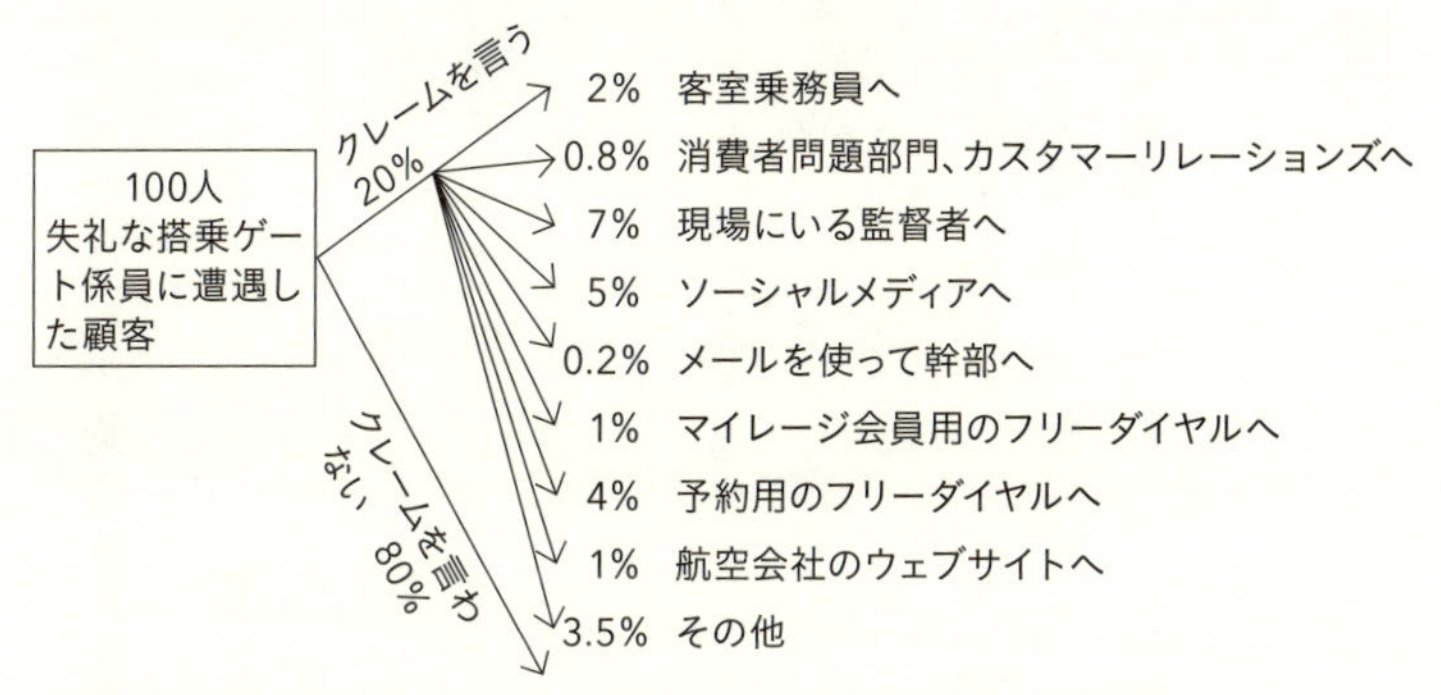

注：顧客は複数の接点にクレームを申し立てられるので、合計は20%以上になる。

第2章や本章の前半で述べたとおり、応対件数に何らかの乗数を掛けることによって顧客接点のデータ、アンケート、業務や検査データを統合していく。

主要なトラブルの乗数を数値化する方法としては、顧客ベース全体からの無作為サンプルに対して調査を実施する方法がある。これを利用して、顧客が経験するトラブルと自社の各顧客接点もしくはソーシャルメディア・ツールに報告されたトラブル件数の比率を測定する。

深刻なトラブルを経験した顧客にクレームを申し立てたかどうかを尋ねてみる。苦情を申し立てたのであれば、どこで(すなわち、どの接点で)申し立てたのかを尋ねる。図表7－3は、どこへ顧客がクレームを申し立てるのかを理解するためのサンプルとなる調査結果だ。

CXの収益への影響を数値化する

毎月のトラブルに遭遇する顧客の推定件数がわかれば、第3章で説明した顧客損失モデルを使って収益への影響を見積もることができる。

航空会社の例で考えてみよう。仮に、失礼な態度の従業員に遭遇すると、ロイヤルティが25%低下する。同社にとって顧客1人当たりの年間売上額は2000ドルだとする。同社では毎月555人の顧客が失礼な従業員に遭遇するというネガティブな体験が起こっており、会社にとって月間27万7500ドルの損失になり(555×0.25×2000ドル)、年間では330万ドルの損失が見込まれる。

企業のウェブサイトに書き込まれたクレーム6件、ソーシャルメディアでのクレーム20件、そして、予約受付窓口にかかってきた苦情電話が14件だったのだが、CXのダメージを経済効果に変換すると、何百万ドルもの損失につながり、経営陣の関心を引くことができる。

収益への影響を明らかにすることが、経営陣の行動を促すきっかけになる。加えて、クチコミやリスク影響も含めると、さらに大きなインパクトになるだろう。

市場におけるトラブルの推定件数を算出する方法

図表7‐3では、失礼な搭乗ゲート係員に遭遇した100人の乗客のうち、クレームを申し立てたのがわずか20％（20人）であった。うちソーシャルメディア・サイトを利用した乗客が5％、予約用のフリーダイヤルに電話したのが4％（25人に1人の割合）、マイレージ会員用のフリーダイヤルへ電話したのが1％（100人に1人の割合）となった。

経営幹部へ直接苦情のメールを送ったのが0・2％（500人に1人の割合）だが、この500：1の比率を「幹部へのクレーム」における乗数と呼んでいる。

予約用のフリーダイヤルへのクレームの場合に戻ると、乗数は25：1、つまり、予約用のフリーダイヤルに届いたクレームは1件だったが、顧客ベース全体で考えると、25件の「不快な出来事」が発生しているだろうと推定できる。

これらの乗数を利用することで、すべての顧客接点、ソーシャルメディア、アンケート調査、そして業務データに基づいて、市場（顧客ベース全体）で発生しているであろう「不快な出来事」の推定件数を算出できる。

推定件数を統合する方法は、図表7‐4で示されているように、単純平均を算出することだ。この分析では、各チャネルの乗数を当該チャネルに届いたクレーム件数に掛け、空港での失礼な態度に起因する「不快な出来事」の可能な限り正確な推定件数を割り出すことができる。

3列目のデータは、各チャネルから届いたコンタクト件数に基づいた、市場で発生している出来事の推定件数である。推定件数が一致しないことに注意してほしい。複数の接点を使

図表7-4 ▸ 各接点の推定件数を統合

ソース	問題報告	乗数	事例の推定総数	事例の最良推定件数
航空会社のウェブサイト	6	100	600	555
ソーシャルメディアと体系化されていないデータ	20	20	400	
予約用のフリーダイヤル	14	25	350	
幹部へのクレーム	2	500	1,000	
消費者問題部門	4	120	480	
アンケート	0.50%	100,000	500	

用した結果、過去1カ月の推定件数は350件から1000件まで変化する。市場で発生している、失礼な態度に起因する「不快な出来事」の6通りの推定件数の平均値(ここでは555)を最終的に使用することにした。

▸アクションを取る

現状の問題点の報告、それに対して何も改善策を打たないことによる収益損失、そしてアクションプランが提示されれば、幹部は迅速に決断を下すだろう。そのため、各トラブルの報告には「どのようにすれば、問題を回避できるか」「どうすれば、より良い対応ができるか」という提案を伴う必要がある。顧客対応を強化するという後者のアプローチには、黙ってトラブルに我慢するのではなく(ロイヤルティに対するダメージは、こちらのほうが大きい)、手助けを求めるように促すことも含まれるだろう。

5 VOCシステムの効果を高めるための実用的なヒント

素晴らしく洞察に富んだ分析報告を出しても、誰も読まなかったりそれに基づいて行動を起こさなければ何の意味もない。そのため見せ方やプレゼンテーションが非常に重要になる。次に、VOCレポートの効果を高めるシンプルで実用的でヒントを挙げる。

- 報告書で扱うトラブルは3つに絞り、解釈を要するようなたくさんのデータを使用しない。
- 部門や部署のニーズに合わせた報告書を作成し、さらに個別の会議を開く。
- 発言の引用や録音を使って、人間味のある情報を提供する。
- 低調なパフォーマンスを批判しない。むしろ、改善することで収益回復できる機会が残されていることを強調する。
- トラブルの解決策のパイロットテストを提案する。食料品スーパーマーケット・チェーンのウェグマンズでは、VOCの責任者がテストの設計と実行をサポートしている。
- 新製品やプロセス改善へのアイディアを提供する。マネジャーはアイディアや革新を常に求めている。ある企業はVOCレポートに「奇抜なアイディア欄」を設けている。

- 解決できたトラブルを報告書に盛り込み、担当マネジャーや部門全体を称賛する。VOCレポートの受け手側にポジティブな気持ちになってもらうためだ。
- 改善策には、改善活動の目標値とプロセス指標を盛り込むことで、トラブルが解決され、成果をもたらしたことを検証できるようにする。

すぐに始めてみよう GETTING STARTED

自社のVOCシステムを見直してみよう

1 CXの問題点を認識し効果的な対策を取るために、CRMシステムの顧客応対履歴と組み合わせて使える実用的なデータとして、市場調査や業務上の取引データにはどのようなものがあるか。

2 複数のデータを効果的に組み合わせ、関連づけることによって、CXの問題点が特定できるだけでなく、そのトラブルが影響する顧客総数が推測できているか。

3 現在実施している顧客満足度調査から、ロイヤルティに深刻なダメージを与える要因を特定し、月次の収益に及ぼす損失額を推定できているか。

4 トラブルへの対策としては3つの戦略があるが（トラブルを予防する、トラブルを

積極的に受け付けて問題を浮き彫りにする、顧客が申し出た苦情や問合せに効果的な対応をする）、それぞれのレベルを把握したうえで優先的な対策を取ることができるか。

以上の見直しを進めると、ＣＸの問題点を認識し取り組むための根拠を作る必要性が明らかになってくる。各質問に対する自社の現状を確認すると、データとその分類体型がいかに断片的であるかがわかるだろう。これを解消する取組みが急務であり、真に効果的で効率的なＶＯＣシステムを構築するうえでの基盤になるだろう。ここには労力を惜しまずに取り組むだけの十分な価値がある。

本章のまとめ
KEY TAKEAWAYS

- ＶＯＣシステムは、現在起こっているＣＸの、経営陣らも気づいていない重大で新しい問題点を特定し、その取組みの進捗を明らかにするものである。
- ＶＯＣシステムで扱うデータは、顧客アンケート、顧客のコンタクト履歴、ＣＸに影響する取引処理の結果などの業務データ、さらに従業員やソーシャルメディアからのインプットを含む。データを組み合わせることによって、それぞれのトラブル件数やそれらがロイヤルティやクチコミに与える影響を推定できるものでなくてはならない。

- CXに影響する種々のデータを統合し、統一されたCX全体像を作り出せることが重要である。各カスタマー・タッチポイントで集められたデータを用いて、過去1か月にあるトラブルを体験した顧客数の推定値を的確に割り出す必要がある。
- さらに、急速に普及する携帯端末、ソーシャルメディア、メール、加えてウェブサイトへの投稿などをVOCを総合的にマネジメントするには、CRMと通話分析ツールを効果的に活用する必要に迫られている。VOCマネージャーは社内やベンダーのテクノロジーを駆使して、どのチャネルから届いた顧客の声でも同じ顧客IDに基づいて統合的に管理することで、顧客体験の起点から完了までのCX像を作り出せるようになる。
- VOCの収集・分析、そして経済的影響を考慮してトラブルの改善策の優先順位を調整する。VOCの社内的影響力を維持するには、改善活動の推進役を必ず誰か1名を任命すべきだ。改善活動の効率性を考えれば、各現場に改善活動を任せる「分散型」が望ましいが、最も効果的なアプローチを取るには「集中型」が望ましい。推進役には、問題解決プロセスの成果検証までをやり抜いた経験のある上級アナリストが望ましいだろう。
- VOCの基本的アプローチは、些細なことでもマネージャーが解決すべき問題を特定し、トラブルやその解決策を立案する際にマネージャーの理解を助ける情報やデータを提供し、具体的なアクションを取る経済的ロジックと必然性を明らかにしなくてはならない。

第Ⅲ部

Key Issues of Implementation

CX導入のためにすべきこと

第8章 ▾▾▾ Taming Technology

テクノロジーを使いこなす

先日、インターネットへの接続ができなくなってプロバイダーに電話をかけた。6階層に及ぶIVRメニューに苦労しながら、電話番号を2回入力し、現在交わしている契約タイプを入力した(電話番号から判別できなかったのだろうか)。そこで、ようやく「どんなお問合せですか」と尋ねられた。

私はインターネット接続の問題だと答え、その後しばらく待たされたが、その間に流れた保留中のメッセージで「ほとんどのトラブル解決は、会社のウェブサイトを見ればスピーディーに解決できる」ということを知った。このインターネットプロバイダーでのテクノロジーの活用は顧客を激怒させることを目的としているように思えた。わざとそうしているのだろうか。

同じように、皆さんの会社もサービステクノロジーに何百万ドルも投資しているかもしれない。しかし肝心なのは、そうしたテクノロジーがどのように構成されているかということだ。特に、最近急激に進化している携帯端末やウェブの機能は、顧客がいつでも、どこにいても、サービスを享受できる。

しかし、テクノロジーはその運用や操作方法がまずければ、解決の手段になるどころか、それ自体が大きな問題を持ち込むきっかけとなってしまう。

テクノロジーを使いこなすとは、顧客にわかりやすく、顧客が求める製品や付加価値の高いサービスをスムーズに提供するためのものである。本章では次の内容について説明する。

① 理想的なCXと整合性の取れたテクノロジーの導入方法
② テクノロジーの進化による影響を滑らかにする方法
③ 一般的に普及しているテクノロジーの利点、落とし穴、成功事例
④ テクノロジーの効果を測定できる指標

なお、本章はITプロジェクトマネジメントに関するものではない。ITプロジェクトマネジメントについては、専門書が多く出ているので、そちらをあたってほしい。本章の目的は、テクノロジーの進化とCXを調和させるための方法や理解を提供することだ。

1 テクノロジーを理想的なCXに連携する

テクノロジーの応用にあたっては、現状のCXのプロセスマップを基本ガイドとする。まず、部門横断的なCXプロセス強化チームを結成し、現状のCXのプロセスマップの作成に着手する。プロセスマップを作成することによって、無駄な経費や顧客の不満の原因となっている多くのプロセス上の問題点や不必要な活動が必ず見つかり、改善機会のターゲットが明らかになってくる。

テクノロジーの導入に必ずといってよいほど見受けられる2つの大きな落とし穴は、プロセスマップを作成することで解決できるだろう。1つは、理想からは程遠く、無駄の多い既存のプロセスを自動化したくなることだ。次は、業務プロセスを変更してまでテクノロジーにすり寄ってしまう。これらは避けなくてはならない。

既存プロセスのためにCXのプロセスマップを作成する

現状のプロセスに基づくCXマップは、第2章で述べた4つの要素からなるCXフレームワークの主要活動（DIRFT、アクセス、サービス、そして顧客の声に耳を傾けて学習する）

図表8-1 ▶理想的なCXのプロセスマップに含めるべき主要な活動

製品設計	使用開始
マーケティング	現行の使用と請求書作成
情報検索	サービスへのアクセス提供
売込み	顧客サービス
購入	顧客の声に耳を傾けて学習する
提供	顧客の声に耳を傾けて学習することへのフィードバック

を参考にすれば作成することができる。

第4章で述べたDIRFTのより詳細な8つの活動を用いて、起点から完了までのCXにおける12の活動を整理した(図表8-1)。

12のボックスを並べたら、次のステップは現場スタッフやマネジャーと協力し合って各活動の詳細なプロセスをマッピングする。たとえば「購入」についてなら、自社の顧客の製品購入方法のすべての流れを説明する。顧客が購入を考え直したり、ミスをしたり、無効なクレジットカードを使用した場合はどうなるかという説明も含める。

現状のCXをマッピングするプロセスについては、アレックス・ローソンらが『ハーバード・ビジネス・レビュー』誌に書いた「全体最適でタッチポイントを見直せ」で説明されているカスタマージャーニーのマッピングと同一である[☆1]。

マッピングの結果、12の基本的な活動それぞれに多数の事細かな活動が記載された、とても長いフローチャートが出来上がる(かつて約12メートルもあるCXのチャートを見たことがある。最初から全体を作成しようとはせず、1つずつ活動エリアを取り上げて作成していけばよい)。

それぞれの活動には、事前と事後の活動がある。例として、図表8-2でCXのフレームワークの「サービス」に入るプロセスの主なものを書き込んで、そのフローを作成した。それぞれの活動における顧客接点のすべてに関して、より詳しいカスタマージャーニーを作ることが可能であり、またそういったものを作るべきだ。

この図を見れば、「認知してもらう(活動1)」と「能動的なコミュニケーション(活動16)」は実のところ、それぞれがCXのフレームワークの「サービスアクセス」とDIRFTの一部であることに気づくだろう。多くの場合、これらのコミュニケーションは、両方ともフレームワークの「サービス」における活動として始まる。

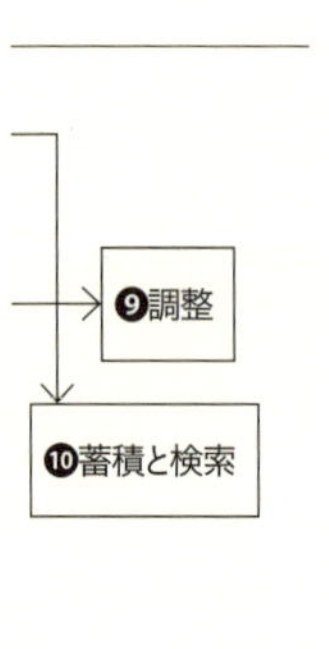

同様に、予防のための「統計生成(活動13)」と「方針の分析(活動14)」は、CXのフレームワークの「顧客の声に耳を傾けて学習する」の構成要素であり、これらのパフォーマンスは顧客サービス部門に

図表8-2 ▸ サービス活動の下位にある活動のフローチャート

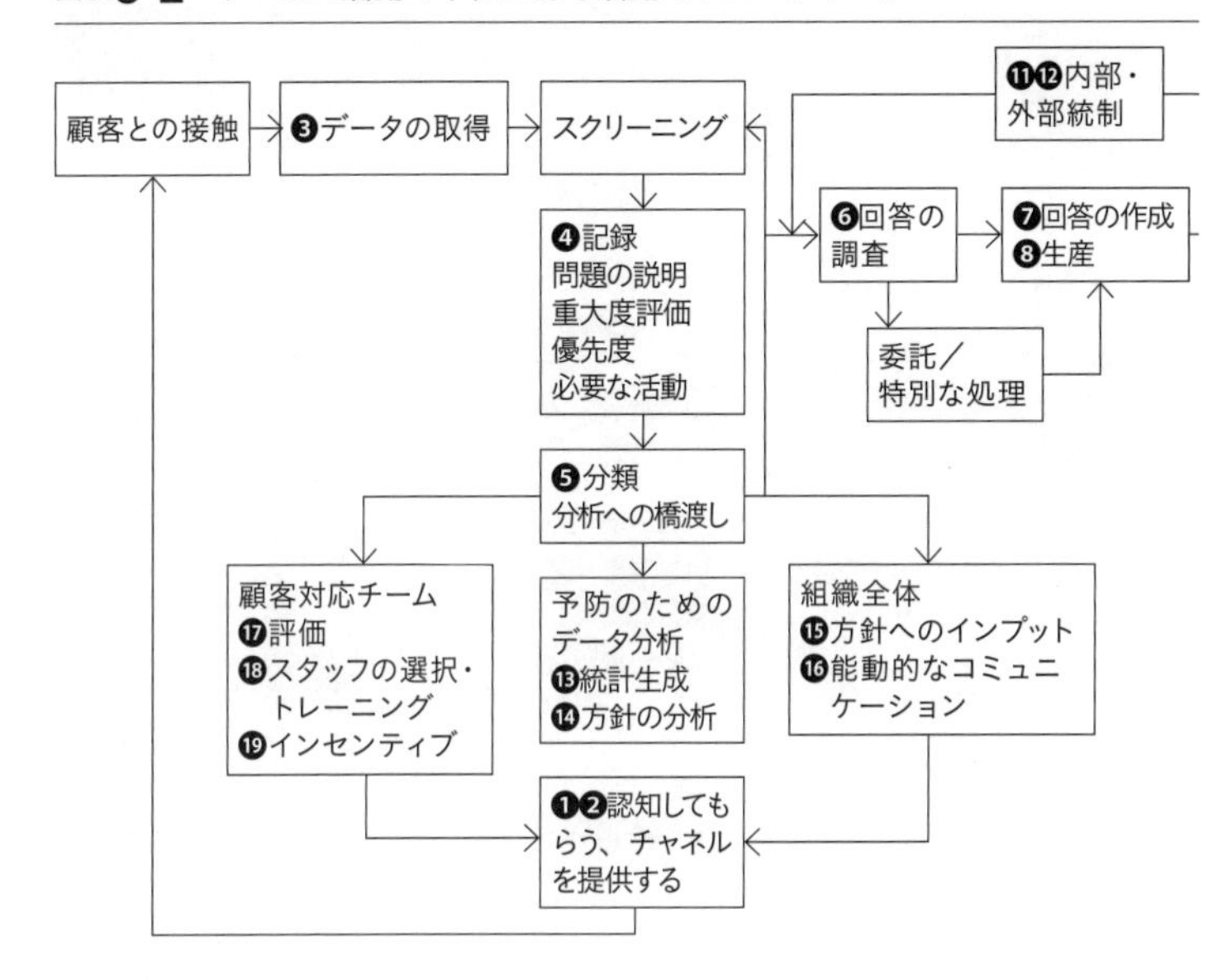

組み込まれていることが多い。このように連動しているフローを分析することで、遅滞やエラーの原因が浮き彫りになるだろう。

既存のプロセスを見直して混乱要素を見つける

チームが現状のＣＸのプロセスマッピングを終えたら、次のステップは、プロセス改善の機会を見つけ出す。最善の方法は、プロセスの各要素を調査し、顧客や従業員のフラストレーション、満たされていない事前期待、エラー、遅延、そして余計な手間の原因を突き止めることだ。

ＣＸプロセス強化チームは、不具

合を起こして機能していないプロセスの兆候を探してみるとよい。具体的な兆候としては、やり直し（たとえば、書類や処理がやり直しのために差し戻される、エラーのせいで同じ従業員や顧客が同じ処理を繰り返すなど）、顧客あるいは従業員にとって面倒で厄介な手作業、途中で切断された電話、あるいは情報や決断を待つことで生じる遅れなどがある。企業が顧客に書類を返送する場合、もしくは顧客が製品を返品したりオファーを拒否する場合、プロセス改善の機会があるはずだ。

たとえば、ある保険業者が申込書に誤りを見つけたとき、その担当者は行っていた調査を一旦中断して、修正処理のためにその書類を顧客もしくは代理店に戻す。顧客が誤りを直して申込書を再提出したら、保険業者は管理システムに記録するために再入力しなければならない。申込書は保険業者に戻された後、再調査が始まる。別の誤りがあれば再び書類を否認、同じプロセスを繰り返すことになってしまう。

こういったことが同じ申込みで4回発生したこともあり、遅延、フラストレーション、さらにコストがかさむ。プロセスチャート上で、遅れ、取引の失敗、差し戻しなどの処理が発生することを示すたびに、余計な経費や不必要な不満が生じているはずだ。

この保険会社のプロセス改善としては、申込書における記入ミスが生じないように、顧客が間違いやすい箇所を明記した記入例を用意し、オンライン登録にスペルチェックや編集チェック機能を持たせることで、何度も繰り返される無駄な不備書類のやり取りを減らすことができるだろう。

▼理想的なCXのプロセスをマッピングする

プロセスの問題点が特定できたら、少なくともマクロレベルに戻り、「プロセスのあるべき姿」を作成してみる。改善活動のこの部分で相談する相手は、顧客のフォーカスグループであり、実際に顧客との直接的なやり取りに就くスタッフだろう。大抵の場合、CXの痛点に関しての情報提供に協力的な顧客は、苦情のデータベースから集めることができる。理想的なCXマップが完成すると、自社の将来的な羅針盤となるだろう。

▼設計し直す必要のあるプロセスの問題点を選ぶ

現状のCXを改善する機会が見つかれば、優先順位を設定し、プロセスの中で最も不備の多い側面に絞る。アンケートや苦情のデータから顧客にとっても重大な痛点が特定できれば優先順位を決定するのに役立つだろう。最初は1つか2つのトラブルを選んで取り組む。大失敗よりも小さな成功を積み重ねていくアプローチを取るべきだ。

▼提案されているテクノロジーを検討して、CXへの影響を評価する

CXのプロセスマップの「現状」と「あるべき姿」が揃ったところで、検討中の新しいツールやテクノロジーを導入することによって、現状のCX活動全体の各段階でどのような変更をもたらすのか、それが「あるべき姿」に近づけてくれるのか、遠ざけるのかを見極めなければならない。

▼社内組織や顧客基盤とのコミュニケーションを取る

多くの組織で犯しやすい重大な過ちの1つに、プロセスの再設計や新しいシステム変更のプログラミングが完了するまで社内の従業員や顧客ベース全体に伝えないことがある。コミュニケーションの欠落によっての問題は、社内からのフィードバックやアドバイスがもらえなくなることもあるが、従業員や顧客はフラストレーションを感じているにもかかわらず、「経営層は現状のCXに問題がないと考えている」という印象を与えてしまう。

ある銀行では、検討中のシステム変更と新しいプロセスへの移行にあたって、かなり早い段階から顧客や従業員に通知する、能動的なアプローチを取った。これによって、経営層の気遣いと管理能力の両方に対する評判が大幅に向上したようだ。マーケティング部門ではこうした

能動的コミュニケーションを、「社内プロセスの現状に問題があることをほのめかすような行為だ」と考えてためらうことが多い。実際はどうか。問題があることは誰もがわかっている。顧客や従業員は、そうした問題点がきちんと対処されていることを知りたいし、知るべきだと考えている。

2 テクノロジーの進化による影響を滑らかにする方法

CXマップの「あるべき姿」が出来上がったら、それをもとにIT部門との話し合いができる。さらに、IT、マーケティング、CX、業務ラインの各部門と合意された同一の現実に基づいて協業できれば、成功の可能性はぐんと高くなるだろう。CXマップの「あるべき姿」が、まだ社内承認を得ていない「叩き台」的な位置づけのものであったとしても、この時点から各部門との調整作業が始まる。

次に、社内外の関係者全員にとって、新しいテクノロジーが顧客体験を改善していくことに成功しているベストプラクティス事例をいくつか挙げたい。

▼すべての場所で同じ顧客IDの使用を義務づける

すべてのデータや情報を同じシステム内に格納する必要はない。必要なのは、情報の関連づけが可能であり、同一の定義に基づいていればよい。この要件には4つの側面がある。

まず、最も重要なのは、顧客IDが連携の鍵となることだ。すべてのデータベースを通じて同じ顧客IDが使われていなければならない。

2つ目は、同じ顧客や同じ世帯に属する取引口座（アカウント）はすべて世帯ごとにまとめる。つまり、個別のアカウントはすべて世帯に紐づけることでアカウント同士も関連づけられる。

3つ目は、顧客IDは業務上のすべての取引処理と紐づいているのが望ましい。

4つ目は、業務上の取引処理と顧客の案件を記録に残すときに同じ表現で定義する必要がある。たとえば、サービス担当部門が「表面が変色している」と表現している一方で、エンジニアが「腐食している」と表すことがないようにしたい。

データ管理のこの4つの側面が整備されれば、ビッグデータと呼ばれるデータ分析の成功確率が高くなる。レストランチェーンのザ・チーズケーキ・ファクトリーでは、これを見事に実行してきた。単一の注文・請求システムを使い、顧客の苦情、料理のプロセス検査、厨房で担当する従業員、改善活動の記録までを一貫した業務の流れで捉え、年間に提供される

8000万回の食事に紐づけられている。

フロリダ州セントピーターズバーグ市にある保険や金融商品を扱うバンカーズ・フィナンシャル社の情報担当責任者(CIO)のジム・アルバートは、IT、マーケティング、業務の各部門、さらにCX、事業別に担当する経営幹部がそれぞれに持つ「見方の違い」を調和させていくための戦略的な複数の施策を立ててきた[☆2]。これらの戦略の一部を次に説明する。

▼境界線を曖昧にする

バンカーズ・フィナンシャル社では、要件定義とITの設計仕様の作成にあたり、ITビジネス・アナリストとマーケティング部門が一緒になって作り上げていく。経営幹部に行うプレゼンテーションも2つの部門が一緒に行い、17時以降の飲み会も一緒だ。

経営メンバーはIT部門のスタッフに同行し、ITシステムが実際に使用されている現場に足を運び、代理店(外部パートナー)、社内業務に就く従業員、顧客サービスの担当スタッフらの作業を観察することが義務づけられている。

彼らは定期的な訪問において、現場の観察だけでなく直接従業員にヒアリングしながら、「なぜこの作業をするのか」など、業務プロセスの実態の理解に努めている。この一種の文化人類学的な観察は、フォーカスグループや標準的なインタビューより効果がある。IT部門と経営幹部は現場の実際の姿を自分の目で確認できる。現場はこうでしょう、と部下の報告を受けるのとは大きく違う。

▼ソリューション的なデザイン思考

規模の大きなITプロジェクトから離れ、実際的な問題に対処するために日常業務に焦点を合わせてみよう。「まったく新しいシステムに乗り換えよう」的な発想をやめ、現状のシステムを改善するには「今、何ができるか」を考えたい。

最近ある企業のIT担当役員が、顧客サービスの現場マネジャーに「どうしても導入したいITシステムがあるのだが、納期が3年先になりそうだ」と言った。この話を聞いて、私はつくづくジム・アルバートのアプローチの必要性を痛感した。

彼の手法は、「Do it! week」という社内制度で、業務上で起こっているフラストレーションを解消するために、問題の分析・開発・テスト・実施をわずか1週間で完全に終えてしまう、というものだ。彼によると、CXに重大な影響をもたらすとわかった問題に必要なシステム改修をたった1日でやり遂げてしまうこともあるようだ。

・プロセス変更の予備テストを行う

プロセス改善のパイロットテストをするにあたって誰を招集するかだが、ベストなのは、従業員や顧客など実際にそのプロセスに就く人たちだろう。IT部門とCX部門は改善後のプロセスに不具合がないか試験的に運用したうえで、新しいテクノロジーを実運用で、ただし、安全な環境で試すようにしている。

チックフィルA、ドラッグストア・チェーンのCVS／ファーマシー、ファミリーエクスプレス（イリノイ州のコンビニエンスストア・チェーン）などでは、実験用店舗を持っており、本物の従業員と顧客を使って新しいコンセプトの試験運用を行っている。実験室のような環境によって、実験のあらゆる面を測定することができ、改善なども臨機応変に実行することが可能になった。

最近ではクラウド上のツールを使うことによって、アプリケーション開発も効率的に行える。さらに小さな製品分野や地理的領域を限って変更内容をテストすれば、開発エラーに起因する混乱のリスクを抑えることができる。

▼事後分析

ＩＴ導入時では、必ず問題を発見するための分析を徹底しなければならない。将来的に似たような導入を行った際に、同じ問題が起こらないようにするためだ。ある大手銀行は、銀行間の合併などによるシステム移行の際に、「トラブルの標準化」といってもよいほど同様の問題が繰り返されることに気がついていた。その後、問題の原因が特定され解決した後は、銀行合併に伴うシステム移行において必ず問題対策が取られたことで、再発を防ぐことに成功した。

同行は、システム移行期間中に相当数の顧客を失っていたが、今では移行中に新規顧客を獲得できるまでに変化したのである。

▼改善を褒めたたえる

人にやる気を起こさせるきっかけとして表彰は重要だ。そこで、２つの表彰を必ず取り入れてほしい。

まず、改善が成功裏に終わったら、ＩＴスタッフ、改善チームのメンバー、業務スタッフらチーム全体の成功を褒めたたえる。経営陣から嬉しいフィードバックを直接もらった従業員には忘れられない記憶として残り、同じような行動を繰り返そうとするだろう。

2つ目は、チームの成功をすべての従業員、そして顧客にも知らせる。私がある企業の役員に対して、顧客や従業員から指摘されていたいくつかの問題点についての報告をしていたところ、彼は反論するように「その問題は先の四半期に解決済みで、その成果もここ2カ月間で社内全体に波及してきている」と言った。

しかし、私が「解決したことを公表してチームを褒めたのか」と尋ねると、それはやっていないと言う。従業員や顧客は変化に気づいてくれるだろう、と企業側は思い込んでいた。しかし、変更したことを発表しない限り、顧客が変化に気づくのに、従業員でさえも、何カ月もかかる場合がある。

3 一般的なテクノロジーの評価

次に紹介するテクノロジーは、いずれも素晴らしいCXを効率的に顧客に届けるのに役立つだろう。しかし、それぞれのテクノロジーには危険な落とし穴もあり、効率や顧客の満足をもたらすはずのものが、腹立たしい痛点へと変わってしまう恐れもある。

CXリーダーたちは、こうしたテクロノジーを積極的に活用して利点をすべて享受すべきだが、それらの落とし穴を慎重に回避しなければならない。

▼CRMシステム

CRMシステムは、CXマネジメントのハブとして位置づけられるべきものだ。それには、次の4つのアクションを実行できるようになっていることが、CRMシステムに求められる。

- 顧客とのやり取りのすべてのプロセスと顧客への回答内容をマネジメントし、ガイド役になる。コンタクトマネジメント・システムとしては、まずこの目標に的を絞るべきだ。
- 顧客のニーズを予測してアクションを起こす。それには、顧客のライフサイクルの各ステージにかかわる社内情報はもちろんだが、顧客の嗜好、取引データなど業務上の情報、ソーシャルメディアに集まる外部データなどを活用する。
- すべての顧客接点から(できれば自動的に)集約した情報(取引用口座番号、注文、顧客アンケートの結果に至るまでのすべての情報)を使って、顧客への回答、エモーショナルコネクション、顧客への情報提供や教育、VOCシステムへの入力に役立てる。
- 顧客への回答と能動的なコミュニケーションを取る目的で、ナレッジマネジメント・システム(KMS)や業務データから情報を取得する。

顧客IDに関しては、すべての社内システムにおいて同一のものを使わなければ、効果的なCXマネジメントは期待できない。全システムで同一の顧客IDを使用しないのは、CRMシステム導入で最もよく見られる過ちだ。

よくある過ちの2つ目は、既製のCRMシステムを選び、自社の「あるべき姿」を実現するためにシステムをカスタマイズしないこと。もっと悪いのは、柔軟性のない現状のプロセスに合わせてカスタマイズしてしまうことだ。

ベンダーの主張をあてにしてはいけない。大抵の場合、彼らは「弊社のシステムならできます！」と言うはずだ。クライアント企業が望んだとおり、実現できた事例を見せてもらうべきであり、その事例のように「あるべき姿をシステムに実行させる」には何をすべきか、という点をまず理解すべきだろう。

CRMシステム導入時の戦術的過ちの事例として、次の2つを挙げる。

- 現状の業務上の不備などのデータとCXを紐づけることができない……データの利用価値を高めるには、細分類された状態でデータを収集しなければならない。たとえば、「1000件の誤請求」だけでは十分なことがわからないため、詳しい情報が必要になる。たとえば、トラブルを体験した顧客は誰なのかを理解したいはずだ。
- 報告機能が弱い……CRMシステムは、顧客とのやり取りの内容や業務で使う処理パラメーター（通話時間やEメール処理応答時間など）の簡単な分析を行っているが、品質、内容、業務上のパラメーターの統一的分析や報告ができるようにすべきだ。

CRMのベストプラクティスは、業務データベースから処理不備のデータを抽出し、それが顧客の身にトラブルや嫌な出来事となって降りかかる前に、先回りにして顧客に警告を発している。

たとえば、東海岸にあるメンズファッション・ブランドでは、顧客の郵便番号データを利用して西海岸在住の顧客を割り出し、配送に2日余計にかかることをメールで知らせている。ウェブサイトや注文書に書かれた配送ルールをめったに読まない顧客でも、配送納期に関する短いEメールなら必ず読んでくれるだろう、という配慮だ。

▼メールとチャット

メールやチャットがCRMシステムの不可欠な要素となりつつある。いずれも通話やテキスト認識システムと連携させ、人工知能（AI）ツールによって最適な回答をサービス担当者に提案したり、あるいは回答を直接顧客に提供できる。技術的には、顧客との会話の中からキーワードを特定し、前後の複数のフレーズを分析することによって顧客の質問の意図や志向性を認識する。

つまり、なぜ顧客がこの質問や言い回しをしているのかを理解する。たとえば、「この商品はどこで製造されたのか」という質問の意図としては、配送の遅延、製品の品質、あるいは製品の内容的な問題に関しての懸念を伝えようとしているのかもしれない。

顧客がメールやチャットで求めている内容を誤解すると、不適切な回答や優先順位の判断を誤ってしまう可能性がある。また、顧客からの質問があまり具体的でなかったり、あるいは質問をクリアに認識できるほどテキスト認識技術が追いついていない場合、顧客が回答に不満でも自動回答ツールは可能な回答を出し続けようとしてしまう。

そこで、ＡＩを備えたスマートなツールであれば、回答が失敗に終わったことを認識し、すぐに人間による対応に切り替える判断ができる。また、別のアプローチとしては、認識ツールが曖昧さを認識した時点で、診断的な質問を投げかけることで、不正解を送り続けないようにする方法もある。

回答納期に関するメール対応のベストプラクティスだが、「いつまでに回答が必要ですか」と顧客に尋ねることだ。多くの企業では「今すぐに欲しい」という返事を恐れてこの質問を避けている。しかし、知らないよりは知っていたほうがいいし、顧客の事前期待を確認することができる。それにほとんどの顧客は分別を持って、数時間の遅れなら気にしないだろう。

チャットのベストプラクティスだが、顧客側が同じページ上に90秒以上とどまっているなど、顧客の状態が変化しないときに自動的にチャットサポートをオファーしている。そして顧客がチャットしたいと言ったら、45〜60秒以内に彼らをチャット担当者につないでいる。

▼ウェブサイト

ウェブサイトは、顧客とのコミュニケーションの最初であり最重要なものとして位置づけたい。ほぼすべての人は、購買前や購買後のサービスを求めてウェブサイトをチェックする。また、疑問やトラブルに遭遇した人のほぼ全員が、メールやチャットをする前にウェブサイトを確認する。

ウェブのデザインにおける最も大きな過ちは、次のとおりである。

- ウェブサイトをマーケティングのためのツールとして扱ってしまうが、実際は既存の顧客が助けを求めて訪れる場合が非常に多い。
- サイトマップが不十分なので、サイトの中を気軽に見て回れない。サイトに初めて訪れる人向けのセクションがない。
- 一般的な情報が欲しいだけなのに、パスワードとユーザー名を入力してログインしなければならないことが、顧客にとっての余計な障害となる。ファイアウォールの外側に、しっかりとした索引機能のFAQを置くべきだ。

- サイトの検索エンジンはあるが、ヘルプのリンクのページに行かない。最もよく見受けられるトラブルに対する回答がまとめられていない。「トラブル」や「苦情」という言葉を検索ボックスに入力しても、その他のチャネルを使ってサービスにつながる機能がない。サイトの不便さに不満を感じた消費者は、検索ができないという理由から行政監督に苦情を申し立てるまでに発展することがある。これが最悪のシナリオだ。

次に、ウェブサイトのベストプラクティスを紹介しよう。

- サイトマップは、顧客が知りたいと考えていることすべての索引となっており、リストは4列以下にまとまり、消費者にわかりやすい言葉を使っている。また、スクロールする必要はなく一画面に収まっている。サイトマップは各ページの一番底のほうに小さな活字で沈んでおらず、一番上に掲載されている。携帯端末アプリの場合なら、顧客が言葉や問題点を入力すると、すぐに情報にたどり着けるような検索ボックスが必要になる。
- コールセンターに寄せられる5つの最も一般的な質問やトラブルに対する回答をリストにしてサイトのトップページに掲載している。5回クリックしなければたどり着けない場所ではない。このリストは毎週更新され、現状に即したトラブルの一覧であることが望ましい。つまり、今週のリストは先週電話で問い合わされた案件に基づいている。

- どのページにいても、すべてのコミュニケーションチャネルにアクセスできることを目立つようにしている。何か不快なことがあっても、顧客にとって使いやすいチャネルを使って簡単にサービスを受けられるようになっている。たとえば、普段であれば宅配の追跡システムをオンライン上で使うことに何の不満も感じないが、未配達に気づいたら担当者と直接話したいので、コールミー・ボタンやフリーダイヤルの番号が必要になる。企業側が用意したチャネルだけでは、サイトからの離脱、顧客の不満、ロイヤルティの低下、コンタクト率の低下などにつながってしまう。

▼通話・テキスト認識分析

通話やテキスト認識分析ツールを活用することによって、体系化されていない情報を体系化された知識へと変換することができる。しかし、このツールの導入には注意すべき3つの落とし穴がある。

- 認識分析ツールの中には、主にキーワード検索だけしかできないものがあり、CX上の重要な出来事や顧客の意図を確実かつ効果的に認識できない。高度なシステムになると、使われているフレーズ、主語や動詞の位置を分析して、その意味と志向性を特定することができる。

- ツール側の認識エラーを効果的に特定し報告できないものが多い。
- ほとんどのユーザー企業には、システムを継続的に調整し続けるスタッフがいない。

もう1つ、認識システムを使った方法論だが、顧客とのやり取りの中で2度失敗すれば、顧客をサービス担当者に振るオプションが残されている。

▼自動応答システム(IVR)、自動電話振り分け(ACD)

IVR/ACDの構成は、第6章で述べた「受入れ」機能を果たすうえで、顧客の混乱や間違いを誘発しないようにし、最低限に抑えなければならない。よってメニュー選択はシンプルにし、パンフレットやウェブサイトに記載している電話番号の横に明記すると便利だろう。最新のACDでは、発信者番号通知の機能があるので、顧客の待ち時間が1分以上になりそうな場合には、「バーチャルキュー」をオファーしている。顧客には一旦電話を切ってもらい、顧客の電話番号が行列の先頭に来たら企業から電話をかけ直すという仕組みである。

ＩＶＲ／ＡＣＤにおける５つの大きな問題点は、次のとおりである。

- ＩＶＲ／ＡＣＤが複雑すぎて使いにくく、また、構成を示すマップが提供されていないため、顧客がすぐに迷ってしまう。
- ４つ以上の選択肢があるにもかかわらず、選択メニューを示していない。またメニューが３階層以上に及ぶ。
- 「より早いサービスをご希望される場合は、ウェブサイトをご利用ください」というメッセージにはがっかりさせられる。実はほとんどの顧客は、電話をかける前にウェブサイトをチェック済みなのだ。同様に「メニューが変わりました」というメッセージも意味がわからない。「メニューが変更されました」と大げさに案内するが、ＩＶＲの選択肢はほとんど何も変わっていない。
- ＡＣＤと発信者番号通知を連動させていないし、ＣＴＩ(1)を使ってＣＲＭに連携させることで、サービス担当者に顧客情報を能動的に伝えていない。
- ＡＣＤで取得できる個々の通話時間や後処理時間をＣＲＭシステムに投入していない。

次に、ＩＶＲ／ＡＣＤのベストプラクティスを４つ挙げてみよう。

- フリーダイヤルの番号のすぐ横にＩＶＲのメニューを記載している。
- 顧客が電話のキュー（待ち行列）で待たされている間に、取引口座番号などの情報を入力できるようにしている。
- ＡＣＤおよび顧客が入力した情報をすべてＣＲＭシステムにリンクさせている。
- 電話がつながるまでの待ち時間が２分以上になる場合は、バーチャルキューを活用している。

▼動画

顧客教育、そしてトラブル防止に最も役立つテクノロジーの１つが動画であり、企業と顧客のコネクションを作り出すうえでも効果を発揮する。ＣＸにとっても、まさに「百聞は一見にしかず」なのだ。

たとえば、ある製薬会社では、禁煙に成功した事例として、どんな問題に取り組んだのかを

（1）コンピュータ・テレフォニー・インテグレーションの略。コンピュータと電話を統合する技術。ナンバーディスプレイで、電話をかけてきた顧客の電話番号から即時に顧客情報にアクセスし、オペレーターの端末画面に表示することができる。逆に、パソコンに入力された住所録から連絡したい人を選べば、自動的に電話がかけられる。

短い動画を使って説明している。動画を見た消費者は、登場人物に自分を重ね合わせながら重要なメッセージを理解するという構成になっている。

動画によって、エモーショナルコネクションを築き上げながら、いつの間にか顧客との一体感を作ることに成功している。教育を目的とした45秒動画などは、文章よりも効果的に顧客に(特に20代の若者には)製品の操作方法を教えることができる。一歩進んで、ビデオを使ったサービスも可能だが、企業の担当者とビデオを通じて会話を交わすことに躊躇する消費者もいるだろう。

ただし動画は、長すぎるのも、必要以上にきれいに見せようとするのも禁物だ。効果的な長さは通常1分以下である。登場人物は、俳優を使うよりも、普段から顧客と接しているサービス担当者のほうが誠実さや信頼感が伝わるようだ。たとえば、ホームセンターのロウズ社では、「Fix in Six(6秒で解決)」というごく短い動画を使って、住宅リフォームのヒントを効果的に伝えている。

・ナレッジマネジメント・システム(KMS)

クロスチャネルによる回答の提供や顧客への情報提供を効果的にするうえでKMSが欠かせないツールになる。KMSを効果的に活用することによって、トーマス・ダベンポートが言うところの「より効果的な集団的知性の実現に向けた知識の獲得と共有」をするための能力が生まれる[☆3]。

集団的知性の効能だが、顧客が必要とするナレッジ(たとえば、よく見受けられる技術的な問題解決の事例、エラーメッセージの解釈など)のデータベースをウェブサイトを通じて利用可能にし、同時にデータベース自体を顧客用と社内向けに仕切ることで、サービス担当者の育成に要する研修時間を飛躍的に短縮することが可能になる。さらに顧客サービスの業務量の削減にもつながるだろう。

KMSにおける最大の問題点は、企業がシステム内の情報をしっかりとメンテナンスせず、また、情報を顧客と共有しないことだ。KMSは企業にとって核となる知識の収納場所であり、社内だけでなく社外にいる顧客にとってもリソースにすべきものだ。企業の規模が小さくても、KMSをメンテナンスするフルタイムの担当者を少なくとも1人は置きたい。

この投資は、サービスにかける経費の節減によって相殺できるどころか、それ以上のものを生むだろう。KMSに仕切りを設け、顧客にもウェブサイトを通じてアクセスできるようにすることで、顧客は自分で答えを見つけられるようになる。

KMSのベストプラクティスは、データベース内の情報を更新するにあたり現場のサービス担当者の協力を得ているところだ。サービス担当者が日々行っている調査、新たな問題の解決策、案件にかかわる知識など、効果的なデータベースにしていくには、彼らの継続的なインプットが欠かせない。

ハーレー・ダビッドソンでは、サービススタッフが新しい問題の解決に取り組み、その結果を報告する際に、KMS管理者がデータベースに入力するものと同じ書式を使うように奨励している[☆4]。マネジャーは、最も多くの情報をKMSに貢献したメンバーを表彰している。

ベストプラクティスの別事例は、KMSの有効性を現場のスタッフが評価することで、トレーニング不足の担当者や、役に立たない回答事例を見つけ出すことに一役買っている。

▼携帯端末のテクノロジー

企業のウェブサイト、電話、Eメール、動画システムへのアクセスで、最も一般的に使われているテクノロジーといえば、スマートフォンと携帯端末だろう。携帯端末によって、買い物などの取引処理もできれば、ウェブ上のレビューサイトやオンラインコミュニティへと容易にアクセスができる。企業の顧客対応に期待を裏切られたと感じた顧客にとって、レビューサイトやオンラインコミュニティは直ちに苦情を共有できる場所となる。

携帯端末にとって重要な意味を持つ2つのトレンドがある。1つは、携帯端末の登場によって、それまでデスクトップ・コンピュータやノートパソコンを購入できなかった消費者にとって、それどころか電気や住まいのない人にとっても、インターネットが使えるようになったことだ。エジプトやチャドにある村でも、携帯端末を使ってサービスの支払い、商品の注文、ソーシャルメディアで人々はつながることができる。こうしたトレンドに寄り添っていくには、ウェブサイトの機能はすべてシンプルにして、携帯端末で使えるようにするべきだろう。

2つ目は、IVRや通話認識の技術が、テキストベースの通信やキーボード操作に取って代わろうとしている。近い将来、キーボードを使うタイピング作業自体が、手間がかかってミスが起こりやすい手段と見なされるだろう。

さらに重要なことは、読み書きのできない消費者でも、ウェブ機能のかなりの部分を使えるようになるだろう。たとえば、ティーゴというセルラーシステムを運営するミリコム社は、IVRベースの金融サービス(たとえば、請求書の支払いや送金)を5つの言語で提供しているが、操作は簡単で、0から9までの数字だけですべての操作を完璧にできる。

携帯端末で最も避けたい過ちは、小さな画面上でも機能操作がしやすくなっていない場合だろう。ウェブサイトから電話への切り替え操作も難しいと消費者に敬遠される。ここでは読みやすさや、太い指遣いのことを想定して言っているのではない。携帯やスマートフォンのボタン操作がタッチスクリーンになってしまったので、操作ミスから来るイライラを防ぐには、ボタンサイズを大きくしなければならない。

困ったときのための通話機能をウェブ上に置かないのは、大抵、「通話機能を出したら、顧客からの電話が増えてしまい経費が跳ね上がる」という危惧からきているようだが、本書で繰り返すように、「顧客から何も言われないよりは言われたほうがよい」のである。

▼ソーシャルメディア

ソーシャルメディアは、通常、友人や同僚など知人間で社交的な情報交換をする場だ。たとえば、フェイスブックのページを1人1人が作ったコミュニティと見るか、もしくはプライベートな自分の家の前庭と見るか、意見が分かれるかもしれない。いずれにしても、個人が作るソーシャルメディアは、その人にとっての家のような存在であり、公に開かれたオンラインコミュニティとは異質な性格を備えている。よその家の前庭なので、企業は静かに歩くべきだし、招待されてもいないのに、のこのこ入り込むのはまずいだろう。

とは言っても、顧客が家の前庭であなたの会社について褒めたり、悪口を言っていたりすれば、モニタリングツールを使って耳を傾けることは問題ではない。以下では、コミュニティについて考えてみたい。

▼オンラインコミュニティ、レビューサイト

オンラインコミュニティやレビューサイトは、企業にすれば100%コントロールできない

媒体だが、いずれもビジネスにとっては重要なツールである。ユーザーが作るコミュニティサイトでは、顧客との相互的なサポートを提供することができる。また、VOCやカスタマーエンゲージメントを実現するうえでの重要な情報源となるだろう。

しかし、企業のコントロールを利かせることは難しい。そこで、企業が自らレビューサイトを構築する例もあるが、やはり100%コントロールできない。

コミュニティを成功させるという点でCXに影響を及ぼすオンラインコミュニティを構築・運用するには、相互に関連する4つの意思決定が必要になる。まず、目標をどう定めるか。次にホスティングする場所の考え方と機能性の問題がある。最後に、参加者を動機づける方法について考えたい。

① まず、オンラインコミュニティの本来の目的をどう定めるか。既存顧客の維持か、新規顧客の獲得かを決めておくべきだ。

② コミュニティを構築する場所だが、企業が管理するウェブサイト上に構築するのか、あるいはフェイスブックのような公開されたソーシャルメディアのプラットフォームに設置するのかを最初に決める必要がある。コミュニティの主目的が、専門性を持たせてカスタマーサポートをすることによって既存顧客を維持することであれば、企業のサイト内にコミュニティを設置したほうがよい。顧客の間でバズ(大量のクチコミ)を生み

出し、新規顧客を引きつけたいのであれば、オープンなプラットフォームを利用すべきだ。たとえばフェイスブックであれば、メンバーは簡単に、そして自動的に話題のネタを友人に伝えることができる。対象の母集団を専門化すればするほど（たとえば、会計士やエンジニアのためのコミュニティ）、いくら技術的には簡単だとしても、公開されたプラットフォームを利用することの意味がなくなってくる。企業のプラットフォームで始めても、後にリンクを作ることで公開されたプラットフォームと行き来できるようにすることも可能になる。

コミュニティの二次的な目的が、メンバーによってアイディアを生み出したり社会貢献活動をすることにあれば、いずれのプラットフォームでも達成可能だろう。二次的な活動は、いずれも本来の目的に貢献するものだからだ。投稿されたアイディアを認めたり、貢献活動につながる行いは、参加している顧客にとって嬉しいことであり、多くのバズにつながるだろう。

③

次に、オンラインコミュニティに果たしてほしい機能の範囲を考えたい。機能の複雑さを考えた場合、読者がコメントできるブログが、最もシンプルなオンラインコミュニティだといえる。図表8－3は「非常にシンプル」から「非常に複雑」まで、考えうるコミュニティの機能性を並べてみた。

この図からわかるのは、企業がオンラインコミュニティを構築したい場合、シンプル

図表**8-3**▸「シンプル」から「複雑」に至る、オンラインコミュニティの考えうる機能

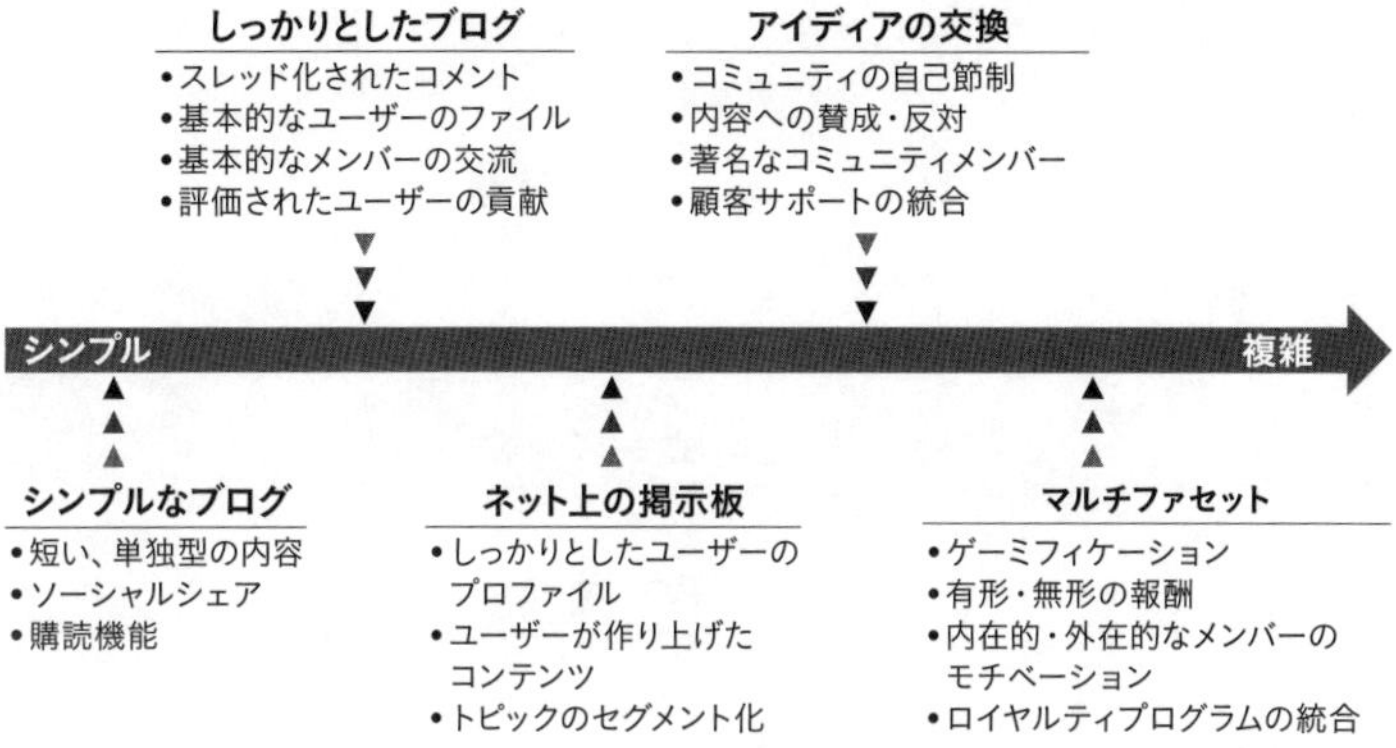

シンプルなブログ	しっかりとしたブログ	ネット上の掲示板	アイディアの交換	マルチファセット
•短い、単独型の内容 •ソーシャルシェア •購読機能	•スレッド化されたコメント •基本的なユーザーのファイル •基本的なメンバーの交流 •評価されたユーザーの貢献	•しっかりとしたユーザーのプロファイル •ユーザーが作り上げたコンテンツ •トピックのセグメント化	•コミュニティの自己節制 •内容への賛成・反対 •著名なコミュニティメンバー •顧客サポートの統合	•ゲーミフィケーション •有形・無形の報酬 •内在的・外在的なメンバーのモチベーション •ロイヤルティプログラムの統合

シンプル → 複雑

なブログから始めて徐々に機能を進化させていけることだ。面白いコンテンツが書け、人を引きつける魅力的なパーソナリティーのブロガーを見つければ、すぐにサポート機能やメンバーが投稿できる機能を追加できるようになるだろう。拡張したコミュニティには、バズを生み出せる特別な顧客の集団が自然と生まれ、新しいメンバーや潜在顧客を引きつけるようになるだろう。

④ 最後は、おそらく最も難しいものだが、参加メンバーを増やす動機づけが必要になってくる。コミュニティへの参加を促すには、コンテンツ、楽しさ、インセンティブの3つの要素が必要である。既存顧客をつないでおきたい企業が主宰するオンラインコミュニティであれば、コンテンツを最優先すべきだろう。カッコいい車であろうが育児であろうが、消

費者は自分の関心分野の情報やアドバイスを求めている。顧客が企業なら、自社の成功に役立つサポートや専門家による最新の情報が欲しいと思っているだろう。しかし、どちらのグループも共通して、「楽しさ」を求めている。

楽しいコンテンツは少なくとも楽しくて、できれば人を笑わせるものが理想的だ。オンラインコミュニティのモデレーターは生まれつき熱心で、場をなごませようとして自ら楽しんでいる人が望ましい。好事例が、職業訓練プログラムをサポートする目的で古着販売を行うワシントンのグッドウィルだが、「DCグッドウィル・ファッショニスタ」というサイトでブロガーとモデレーターという職務を作り出した。

ファッションブログとして始めたオンラインコミュニティは、あっという間に5000人以上のフォロワーを集め、店舗の収益増大に多大な貢献をした。DCグッドウィル・ファッショニスタのブロガーを務めるリサ・ローウェンは、自分を落とすことが人懐っこさにつながり、顧客を引きつけることがわかったという。

彼女は「私はいったい何をしたかったの?」という見出しで、着こなしをミスしたときの自身の姿をブログで公開している。

面白くあることが消費者にとって不可欠な要素である。だからオールドスパイス社が制作したアフターシェーブのCMがユーチューブで2億5000万回も閲覧されたのだ。聞き手が誰であれ、ユーモアのセンスは必要不可欠であり、時には馬鹿げたことも求められる。

コミュニティへの参加意欲をもたらす動機づけとして、インセンティブも重要だ。インセンティブは無形のもの（たとえば、フェイスブックやウェブサイトにコミュニティメンバーの写真を載せるなど）もあれば、無料サンドイッチのプレゼントなど有形の場合もある。たとえば、チックフィルAで数百万人のコミュニティのメンバーにとって、「仮装の日」は特別だ。子どもや赤ちゃんに牛の格好をさせて店に行くと、コミュニティのウェブサイトに載せる写真撮影と無料のサンドイッチが楽しめる。

別の事例は、テクノロジーの専門家が集まるウェブサイトコミュニティのスタック・オーバーフロー。最優秀なソリューションの提供に対してコミュニティのメンバーから投票で選ばれることが強いインセンティブとなっている。またスターバックスでは、次に紹介するゲーミフィケーション手法を使い、アイディアを投稿し、採用されたスターバックスのオンラインメンバーにはお祝いのメッセージを送っている。

ユーザー自身ではなく、企業がスポンサーとなるオンラインコミュニティの最大の落とし穴は、コミュニティのモニタリングとサポートに投資しないことだ。パーティーを開いてもパッとしない軽食しか出さず、音楽もなし。そんなコミュニティには人々が入ってきても、すぐに去って行ってしまう。

さらに企業が犯しやすい3つの大きな過ちを挙げる。参加者のコメントやレビューの集計分析(個別の問題解決だけでなく、企業側の方針や手順の見直し)を怠っている。まっとうな批判に対し必要であるにもかかわらず、速やかに(2時間以内に)返事することを怠っている。そして、論争的なコメントを抑え込もうとしてしまう。

レビュー内容の分析は継続的なタスクであり、テキスト分析ツールに任せることができる。ツールはまだ多少高価ではあるが、日常的に目視でレビューするだけでも、大体の重要な問題点を拾うことができる。こうした日々の作業を怠らなければ、顧客が困っている状況を解決するように申し出るか、簡単なコメントを送る程度のことができる。優れたオンラインコミュニティの管理システムなら、ネガティブコメントを特定し、まず一時的なレスポンスを返すことで、顧客に速やかに反応していると印象づけながら時間を稼ぐことができる。

最後にもう1点、陥りやすい落とし穴は、論争を抑え込もうとしてしまうことだ。礼儀をわきまえた論争であれば、人々の関心や意見を活発にするものであり、モデレーターはそれを抑えてはいけない。ディスカバリーチャンネルが主宰するオンラインコミュニティのインタラクティブ・エグゼクティブ・プロデューサーを務めるジョイ・モンテファスコは、それぞれのコミュニティで独自の基準を設ければいいと考えている。たとえば、コメントが不適切だと、コミュニティメンバーの3人が警告してきた場合に、モデレーターが介入するなどのルールを決めればよい。

▼ゲーミフィケーション

オンラインコミュニティは、ゲーミフィケーションをインセンティブとして利用するには完璧な環境を提供してくれる。ゲーミフィケーションは人々が生まれながらに持っている競争本能、達成感や認められたいという願望をベースとしている。

人々に気に入ってもらえるような行いをした人にはポイントを与え、何度もそれを繰り返し行った場合にはバーチャルの表彰やバッジが与えられる。そうしたポイントやバッジは、ある特定の行為をたくさんやったからということで与えられる類のものであり、コミュニティ以外の人には何の価値もない。

たとえば、フォースクウェア・ドットコムでは、ある店に最も多く行った人をその店のメイヤー（市長）だと表彰しているが、「認められた」という以外の有形価値は伴わない。

ゲーミフィケーションは、従業員、ビジネスパートナー、サポートコミュニティ、顧客などにも適用できる。ある企業は「赤」「黄」「緑」という評価を公開し、アプリケーションのミスの割合を減らしたビジネスパートナーを評価している。「緑」を獲得したパートナーは評価され、残りについては一切言及されなかったが、誰がどのレベルにいるのかは全員に見えるようになっていた。

イントゥイットでは、自社のソフトウェアのユーザーサポートを最も多く行ったユーザーを表彰している。財産などの有形資産を扱う会計士でさえも、「スーパースター」と呼ばれることに喜びを感じるという事実からも、表彰は、ほぼどこでも効果があるといえるだろう。ゲーミング事業を展開するボイド・ゲーミング社は、ギギャといったツールでゲームファンの顧客を動機づけようと、トップクラスの顧客を表彰し、有形メリット（バーチャル上での部屋のアップグレードや食事）および無形メリット（ステータスの表示）を与えている。

一言でいえば、ゲーミフィケーションは、従業員、パートナー、コミュニティ、顧客のいずれに対しても効果的な動機づけのツールになりうるが、そこには徹底した管理が必要になる。無形のメリットを与えることの効果を疑う人も多いが、実際は確実に成果に結びついているようだ。

4 CXテクノロジーを測定するための指標

テクノロジーがCXの障壁ではなく促進役となるための重要な指標は、いずれも顧客の視点から表現できる。これらの指標は、社内の業務データから収集できるものもあれば、従業員のフィードバックから指標にできるものもある。CX強化のために検討してもらいたい指標は次のとおりである。

①　顧客がセルフサービスの取引（もしくは顧客対応）を利用する割合（取引タイプ別）……セルフサービスを利用できる環境を整えた場合、少なくとも75％の顧客が利便性を求めて、そのセルフサービスを使いたいと考えるだろう。実際の利用率が75％より低ければ、使いづらいなど、プロセス面でも問題があるか、顧客の間にサービスの存在が知れ渡っていないかのいずれかだろう。

②　顧客が求める前に予測し、実行できた取引（または顧客対応）の割合……ＩＴ部門とＣＸ部門が協力し合い、顧客の行動を先読みしたアクションが取れそうな取引や顧客対応を特定し、実際に担当者がそうした機会を特定し、実行できる目標値を定める。また、この施策の実施によって回避できた顧客対応や顧客満足度への影響も測定する必要がある。

③　セルフサービスが最後まで使えなかった割合……顧客が試みたセルフサービス取引の全数を母数とし、取引タイプ別に取引が成立しなかった割合を測定し、分析につなげる。たとえば、顧客が検索しようとしたが「該当なし」などの反応であれば、自社のＫＭＳでは十分に対応できなかったということであり、そうした事例を追跡、測定する。同様に、「このＦＡＱの答えは役に立ちましたか」という自動質問に対する否定的な反応もＫＭＳの不具合と見なす。この指標には、ＩＶＲ取引も含まれる。どのケースでも、失

敗した取引のどこで不具合に陥ったのか、また、顧客が取引を中断したか、システム側で取引を終了させたかの情報が得られれば、CXの診断データとして十分活用できる。

④　サービス応対ごとの顧客満足度……この指標は、顧客満足度を測る市場調査によって測定できる。顧客が取引や応対を切ってしまう前に、フィードバックをもらいたい旨の申し出をする。アンケート票は、シンプルな5段階評価で、評価結果の理由を尋ねる自由回答形式の質問を続ける。私は「普通」を示す中間点を持たせた5段階評価をお勧めしたい。これで十分な精度のデータが可能だし、10段階評価ほどの威圧感がない。

⑤　取引や応対に対するサービス担当者の満足度（取引タイプ別）……顧客（社内顧客も含む）のために行ったサービスの取引や応対に対するフラストレーションについて、サービス担当者にもフィードバックを求める。フィードバックを収集する最善の方法としては、取引タイプごとに従業員の満足度を尋ねるアンケート調査であり、実施は四半期ごとが望ましい。アンケートでは主なサービスカテゴリーのそれぞれに対して、顧客取引や応対に失敗した割合を記憶から出してもらうと同時に、担当者として扱った取引や応対の中で最も時間を無駄にしたと感じ、フラストレーションを感じたカテゴリーを2つ選び出してもらう。

すぐに始めてみよう GETTING STARTED

自社のテクノロジーの活用方法を見直してみよう

1 まずCXのプロセスマップを作成し、「あるべき姿」を明らかにしているか。

2 顧客との取引や応対の現場に入り込んで、トラブルを予知し、回避する効果的なテクノロジーを特定する調査ができているか。

3 自社のサービス担当者がエモーショナルコネクションを実践できるように、顧客の履歴や状況を把握できる十分な情報を与えているか。

4 社内のすべてのデータベースにおいてトラブルの記述・分類と同一の顧客IDを採用するように義務づけているか。

5 顧客へのサービスを実行できるテクノロジーについては、顧客が扱えなくて顧客応対が成立しなかった割合や頻度を示す指標が設けられているか。

本章のまとめ
KEY TAKEAWAYS

- プロセス改善を促進し、CX部門、マーケティング部門、IT部門の協力体制をより強化するには、CXのプロセスマップの「あるべき姿」が欠かせない装置として機能するだろう。
- テクノロジーを導入する際に、社内を通じて共通に使える同一の顧客IDを義務づけるべきだ。また、顧客と従業員の詳細なフィードバックを集め、テクノロジーの活用に役立てるために、常に予備テストを実行すること。
- テクノロジーを導入するメリットとしては、将来の予測ができること、柔軟に活用できる複数のチャネルを統合できる、サービスに対する需要を削減する、顧客や従業員の手間を削減する、エモーショナルコネクションを推進できる、そしてVOCの効果的な運用を可能にする点である。
- CX環境でテクノロジーを使ううえでのよくある過ちを挙げると、従業員と顧客に同じシステムに基づいた同じ情報を提供しようとしていない、ウェブサイトが、「顧客が利用する最初のサービスチャネルである」という認識に立っていない、コミュニティサイトを開発するうえで小規模なものから始めていないこと、サービスの公開に先駆けてテクノロジーの予備テストを行っていないことがある。

- CXにおけるテクノロジー関連の重要指標には、セルフサービスを使おうとして顧客が選んだ割合、しかし、その利用において失敗したり、最後まで完結できなかった取引や応対の割合や発生頻度がある。

第9章 CXの組織文化を作るマネジメント

Building a Culture of Empowerment and Connection

先日、私は予定していたフライトにチェックインするために少し早めに空港へ到着したのだが、その便が2時間以上遅れていると知り、がっかりした。それより早い便はなく、会議に遅れるかもしれないとカウンターの職員に不安を漏らすと、彼はコンピューターの画面を見ながら、サラッとこう言った。「お得意様ですので、代わりのフライトをご用意できるか、他社便もあわせて調べてみます」。

そして、彼はまさに競合他社の搭乗券を私に手渡してくれたのだ。この行為は彼が勤める航空会社にとっては直接的な収益につながらないが、私のロイヤルティがしっかりと強められたことは確かだ。職員による「短期投資」が、こうして顧客の信用とクチコミを生み出すわけだ。

本章では、ＣＸに欠かせない組織文化を創り出す方法論について述べる。顧客にとって記憶に残る、同時に企業にとってはコストパフォーマンスの高いエモーショナルコネクションを生み出すには、権限委譲された従業員に多少のルールを破る自由と時間が許されており、サービスを強化できるテクノロジーを効果的に使える。そのような組織文化が必要であり、次に挙げるテーマの方法論について考えてみたい。

① 権限委譲とエモーショナルコネクションを育て、従業員の最高の力を引き出せる環境を作る。
② エモーショナルコネクションを計画的に築いていく。
③ 経営者や管理者の行動と役割を体系化し、従業員が顧客を満足させ、エモーショナルコネクションを築けるように現場にできるだけの権限を与え、またそれを支える雰囲気づくりをする。
④ 権限委譲とコネクションを指標で測定し、マネジメントする。

それぞれの項目では、ベストプラクティスと一般的な落とし穴について述べる。

1 権限委譲とエモーショナルコネクションを育てる環境を作る

権限委譲とエモーショナルコネクション（以下、コネクションと略す）を育てる環境づくりをするには、まず計画を立てて慎重に進めるべきだ。計画には、めざす環境づくりにふさわしい人材の確保、従業員に与えられるべき権限の行使、顧客を満足させるコネクションを築いていくためのツールと機会の提供が含まれる。

コネクションを作り上げていく前に先立つものとして、権限委譲が必要になる。本物のコネクションは、機械的にできるものではなく、従業員がさまざまな角度から状況を観察し、自らの判断で行うべきものだ。

コネクションは自然にできるものでもない。むしろ意識された行動であり、サービス担当者が顧客を目の前にして（対面だけでなく、電話やチャットでも同様）、状況を判断し、今コネクションを作ることが可能か、コネクションを作ろうとすることが適切かどうかをまず見極めなければならない。

これを実現するために、企業としては次の2つのことが必要になる。

まず、従業員が顧客とのコネクションを築く、そのような機会を作り出すのは企業側の仕事である。１３００以上の店舗を展開するペットスマート社では、顧客とのコネクションの機会を探し、来店客がドッグフードを買い求めるときよりも犬のトレーニングやグルーミングサービスのときにコネクションを築きやすいだろうと判断した。さらに、これらのサービスメニューのほうが、店舗での商品販売よりもマージンが2倍に上がる[☆1]。

次に、サービス担当者には、コネクションの機会を生かすためのツールやスキルが必要になる。そこでまず権限委譲の必要条件として人材とツールの開発から始めたい。

権限委譲には6つの必要条件がある。ふさわしい人材、職務定義書、最も一般的で難しい状況に対処するためのガイダンスとトレーニング、コネクションを築くための時間、そしてスキルの強化である。

▼ふさわしい人材

素晴らしいCXを実現している企業はどこも口を揃えて、自社の事業が成功しているのは、CXの実現にふさわしい人材を採用しているからだと言う。たとえば、ペットスマート社では、雇用期間中はペットを飼っていることが重視される。ペットを飼っていることで顧客と共感でき、コネクションを築くことができるという考え方だ。

アリゾナ州フェニックスにあるポイント・ヒルトンでは、同ホテルよりも価格帯が上の高級ホテルに引けを取らないどころか、それ以上の優れたサービスを一貫して提供することに成功している。人材戦略の1つとして、顧客中心の行動特性を備え、難しい局面のサービスでものように対処できたかをしっかりと説明できるスタッフを採用している。さらに、客室清掃員や施設整備員は、フロントサービスのスタッフと同等に扱われている。

▼職務定義書

一般的なフロントスタッフの職務定義書を見ると、業務面の項目が中心で、顧客については礼儀正しさと顧客応対くらいしか触れていない。効果的なCXの職務定義書にするには、スタッフの裁量権の使い方、エモーショナルコネクションの築き方、VOCシステムへの入力に関するアカウンタビリティ(成果責任)をはっきりと示すことが必要になる。

ジャー・コナーズとトム・スミスは、成果責任を定義するにあたり、「望ましい結果をもたらすには、結果を明確にすること」と語っている[☆2]。もし、企業として顧客とのコネクションを築きたいなら、職務定義書にそう記載するべきだ。

ポイント・ヒルトンには、組織のためのカルチャーステートメントが用意されており、従業員は顧客のニーズを見越して、顧客の再訪と推薦が得られるように努めなくてはならないとしている。同時に、そこには従業員に対する経営陣からの約束が示されている。「私たちは皆さんの判断を信じます。そして皆さんが決めたことを支持します。唯一間違っている行動は何もしないことです」と書かれている。

チックフィルAでは、レストランの忙しい時間帯には店内に特別な案内係を配置している。彼らの職務定義書には、30～60秒間の接客を通じて「エモーショナルコネクションの小さな竜巻(1)を作り出すこと」と書かれている。

ガイダンスとトレーニング

特定の難しい問題にどう対処するか。そのためのガイダンスやトレーニングが重要になる。難しい問題に対して対処する一般的なトレーニングを実施している企業は多いが、実際に起こっている問題の中でも上位5～10の案件を採り上げて、具体的かつ実践的なガイダンスやトレーニングを施している企業は少ない。

ガイダンスとしては、困難な問題への対処に必要な、柔軟性を持った企業方針に始まり、研修プログラムでは実践的なロールプレイング手法を使い、各々の問題に対処するスキルを身につけさせる。トレーニングを通じてスタッフは、実際に直面する問題の99％に自信を持って対

(1) 顧客応対の現場で、ちょっとした気遣いやフレンドリーな対応が顧客の共感を誘う瞬間があり、これを「小さな竜巻」とたとえている。小さな竜巻がやがて、顧客の信頼感やロイヤルティの醸成につながる。

処できるようになる。顧客のニーズに沿った形で問題を解決するには、スタッフはまず顧客に「私にどうしてほしいですか。具体的に求めておられるものは何ですか」と尋ねることから始める。

柔軟性を持った方針と書いたが、具体的には「柔軟で開かれた裁量の領域」の枠の中で顧客の問題解決を図るということである。わかりやすく説明するために、サービス担当者が顧客とのやり取りにおいて実際に遭遇する困難な問題を5〜10ほど示して説明すべきだろう。

柔軟で開かれた領域とは、ある問題が起こったときのために複数の解決策(通常は4つ以下)を用意しておくことである。柔軟な解決の領域には、従業員が自らの裁量で最も適切な解決策を選び、交渉しながら顧客と企業の双方で合意できる解決策を決めるまでの過程で考慮すべき要点が含まれる。

個々の顧客の状況に合わせて解決策を調整していくものの、あらかじめ制限の範囲を定めておくアプローチなので、「柔軟で開かれた領域」の概念はコンプライアンス部門や法務部門の支持を得やすい。従業員はルールを破ることなく、ルールを破って行動することができる。

顧客サービスに関する画期的な著書を数多く著したロン・ゼンケは、従業員は5〜10程度の優れた事例のガイドラインを与えられてさえいれば、他の解決策を考える際でも不安を感じないと言う。リスクを取ろうとする積極的な気持ちは、管理者や経営層の明確な支援があって初めて成り立つものだ。

権限委譲の方針については、4つの要素に分けて説明するとわかりやすい。

1つ目では、基本的な回答となるもので、いわゆる標準的な解決策を示す。

2つ目は、解決策に影響を及ぼす要素の種類を並べ、解決策や改善策に対する制限事項についても具体例を並べて柔軟さの範囲を示す。できれば、解決策や改善策の具体的なアクションの取り方についてのアドバイスも含めると、なおよいだろう。重要なポイントとしては、要素や制限事項を書き出したとしても、あくまでも具体的な成功事例を示すにとどめるべきであり、決定された完成型のルールを示すわけではない。

3つ目は、顧客から寄せられる厳しい質問や論点のリストとその回答を準備する。たとえば、「なぜこんな事態が起こったのか、きちんと説明してほしい」「なぜ私には今まで聞かされていなかったのですか」、あるいは「車のこの部分に関して報告された欠陥はありますか。それは何ですか」といった厳しい質問はあらかじめ想定しておき、サービス担当者がわかりやすく、信頼できる回答を返せるように準備しておかなければならない。

4つ目としては、予備知識や参考情報となる資料をまとめ、さらに顧客が責任者とどうしても話したい、と言った場合のエスカレーション先となる社内担当者の一覧を含めておきたい。

顧客対応における権限委譲を強化したいために柔軟なガイダンスを用意しても、顧客の要求の背景が十分に把握できていなければあまり意味がない。そのためにはテクノロジーが必要であり、特にCRMとKMSによって現場のスタッフが必要な情報をすぐに使えるようにしなくてはならない。

▼エモーショナルコネクションを築くための時間

顧客とのコネクションを築くための時間は、従業員や経営陣が直面する要素の中で最も制御が難しいものの1つに挙げられる。たとえば、悪天候のために5便のフライトが20分間隔でどれもキャンセルになった。その場に配置されていた6人のゲート係員だけでは、困った状況に陥った顧客に気を配り、共感とコネクションを作り出そうとする時間的な余裕などなくなってしまう。近くにいる乗降口の係員やバックオフィスのスタッフを動員すれば(彼らが予約変更手続きの訓練を受けていれば、の話だが)、6人のスタッフを20人に増員することもできる。つまり、コネクションを築くための時間的余裕の有無は、従業員の裁量に委ねるべき領域の1つになる。

これを伝えたうえで、私はディズニー・インスティテュート社でエンゲージメントマネジャーを務めるB・C・ジョンソンに「忙しい日の朝、ゲートから流れてくる何千人ものゲストの1人1人と現場のキャストは、どうやってコネクションを築くことができるのか」と尋ねた。

彼の答えは、「私たち従業員は、1分間に十数人以上のゲストと心から誠実に向き合うことを期待されており、それを何時間も続けられるよう訓練されている」というものだった。それほどの活力を長時間にわたって維持するには、特別な人材が必要だ。

▼スキルの強化のための働きかけ

顧客とのコネクションを作り出すうえで権限委譲やスキルに対して従業員に自信を持たせることが重要だが、それをさらに高めていくためには、特に、サービス担当者が取ったアクションに対するフィードバックや、リスクを恐れずに新しい方法を試そうとする積極性を助長していく継続的な働きかけが必要になってくる。こうした働きかけには、顧客応対直後にスーパーバイザーや同僚のフィードバックを行うほかに、定期的にチームとして集まり、取り組む方法がある。

ブラインドに関するものであれば何でも揃う専門店のブラインド・ドットコムでは、スーパーバイザーは最低1日に1回、スタッフ全員の行動に対して働きかけるという行動目標を掲げている。スーパーバイザーは1件以上の電話応対をモニタリングし、その電話に関する肯定的なコメントを最低でも1つ、担当者に直接対面で伝えることにしている。さらに、顧客対応に就くグループの中を歩いている間に担当者の巧みな電話応対を耳にしたら、必ず褒める。そして、グループ全員の前で共有する。

彼らはスキル強化の訓練の一環として、実習的なトレーニングを毎週実施している。このプログラムでは、身につけるべき特定のスキルの中でも、最近の評価で「弱い」と評価されたものや過去3カ月間でまったく取り組まなかったものに的を絞って行っている。どんなに優秀なスタッフでも、継続的な働きかけがないとスキルは衰えていく。

スタッフのスキルを強化するベストプラクティスは、「ヴィクトリーセッション」と呼ばれるミーティングを開催することだと思う。これは2週間ごとに開催し、チームメンバー全員がそれまでの2週間で最も困難な状況をうまく対処できた経験について60〜90秒間で全員に話す。

誰もが、やり遂げた顧客対応や問題解決について同僚やスーパーバイザーから認めてもらえると同時に、似た状況にどう対応するかを全員が共有して学び、ヒントを得る機会にもなる。さらに、権限委譲とリスクを恐れずに行動することが評価、称賛されることで、本人だけでなく同僚の行動を強化することにもつながる。

本当に難しい顧客に遭遇したときなど、より一層の努力をしようとするだろう。困難な状況にうまく対応できれば、次のヴィクトリーセッションで全員に話せるストーリーができるというインセンティブが働く。こうしたセッションを録画し、選ばれた動画を社内イントラネットに載せようと検討している企業もある。20代を中心に若い世代の人はユーチューブのようなメディアで自分の姿を見るのが大好きなのだ。

2 エモーションナルコネクションを計画的に築く

顧客とのコネクションを築く機会は、企業として計画的に立てる必要がある。スーパーマーケットやネット通販でわずかな点数の買い物をする顧客とのコネクションを作り出したくても簡単ではないだろう。スーパーマーケットの支払いがセルフスキャナーではなく人間のレジ担当者が行っている場合でも、自然にコネクションを築くのは難しい。多くのスーパーマーケットでは、レジ係は顧客とのアイコンタクトを作り、フレンドリーに挨拶したうえで、買いたかったものはすべて見つかりましたか、と確認するように方針が出されている。

しかし、ほとんどの店舗では、レジ作業が遅れて待ち行列が長くなったり、ミスを出したりしないよう、顧客との会話を控えるように指示されているのが実態だ。もしレジ担当者に状況を読んで行動してもらいたいのであれば、しっかりとしたトレーニングが必要になってくる。

▼エモーショナルコネクションを築くための戦略

顧客とのコネクションを築くための計画を立てるには2つの戦略がある。1つ目は先ほど述べたペットスマート社のように、コネクションを築く機会をもたらしてくれそうな、本質的に顧客との関与度の高い顧客対応の機会を多く活用することにある。飼い主がグルーミングや一時預かりのために犬を連れてきたときに、店員が飼い主や犬とうまく付き合うことができたら、ポジティブなコネクションを築ける可能性は高い。さらに、一時預かりの期間中に、2回ほどその犬と新しい友達が戯れている写真をメールで送れば、コネクションはほぼ確実になる。

2つ目の戦略は、通常は印象に残らないような平凡な顧客対応を印象深いものにする手法を取る。これを成功させるには、従業員が顧客とのやり取りに十分な時間を割くか、次に挙げるコネクション構築の手法のどれかを実行するうえで十分な情報を持っている必要がある。最初の戦略のほうがより自然である。2つ目は、よりご都合主義的であり、従業員がどれほど顧客を理解できるかにかかっている。

顧客の中にはコネクションを求めない人もいる。性格的なこともあるし、たまたま急いでいるから、と状況次第のこともある。従業員はコネクションを作ろうとする前に、まず顧客の状況を理解したうえでコネクションを築くことが適切かどうかを判断する必要がある。

また、顧客が長い行列で待たされている場合、1人1人の顧客とコネクションを築こうとするより、全員にタイムリーなサービスを提供するほうがその場のサービスとしてふさわしい場合もある。サービス担当者の1人1人が時間の投資と顧客の要望という両方の観点から、コネクションを作ることが適切かどうかを判断しなくてはならない。

▼エモーショナルコネクションを構築するための6つの方法

コネクションを築くには少なくとも6つの手法がある。その中には、時間とクリエイティビティを要するものもあるが、ロイヤルティは大幅に強化されるだろう。第1章でも述べたとおり、ロイヤルティが20％以上も上昇することも珍しくない。クリエイティビティでさえ、トレーニングを通じて習得することが可能だ。ここで紹介する手法の多くは予測可能だが、状況が特有なものでさえも前もって計画し、電子的に実行できる場合が多い。

顧客を優先することで正しいことをする▼自社の利益にはなるが、顧客にとって不適切な買い物をやめさせれば、感情的なインパクトは非常に大きい。たとえば、ある投資アドバイザーが顧客との面談中に投資よりもクレジットカードの請求にお金を使うように助言を行ったことで、生涯にわたるロイヤルティを獲得した会社がある。

その後のアンケートで顧客は次のように書いている。「最初は腹が立ったが、会社が商品を売ることよりも、私の幸福を重視してくれたとわかった。一生顧客でいるつもりだ」。

顧客に共感する▼顧客は、どこか自分と似ている販売員に親近感を持つ。ペットを飼っている仲間同士、近所の人、あるいは同じスポーツチームのファンなど。販売員にとってのチャレンジは、いかに共通の関心事を共有できるようになれるかにある。販売員は立ち入りすぎず、馴れ馴れしくならないように留意しながら、「お客様のことは理解しています」という態度を示すことだ。理想的には、フレンドリーは望ましいが、度を越して気味が悪いと思われないように気をつけてほしい。

顧客のニーズを察知する▼顧客のニーズを察知しているベストプラクティスは、全米自動車協会支部の南カリフォルニア・オートクラブである。同クラブには、顧客のニーズを察知するウオータープログラムというものがある。まず、車が故障してレッカー車を呼ぶ事態に陥ったとき。すぐ横を車が猛スピードで通り過ぎる高速道路上で、精神的にも参ってしまった状態では、レッカー車を待つ1分間が5分間くらいに感じられるだろう。

こうした顧客の気持ちを察して、同クラブは、あとどれくらいでレッカー車が到着するかの進捗報告をこまめに行う。到着後、レッカー車の運転手は顧客のところへ走っていき、まず遅れたことから謝罪する。レッカー車が遅れていなくても、早く到着しても謝罪する。そして、顧客に冷やしたペットボトルを差し出す。顧客の気持ちを読んで気遣いを示すことで、満足から喜びへと顧客の気持ちは変化する。

フレンドリーな応対▼保険会社のアメリカンファミリー保険は、フレンドリーな応対のベストプラクティスだ。同社の保険代理店は兵役経験者のリストを使って、ベテランズ・デー（復員軍人の日）になると復員軍人の顧客に電話やメールを送り、彼らの貢献に感謝の言葉を伝えている。こうした気遣いに、保険契約者自身だけでなく、その家族からもお礼のメールが返ってくる。

別の事例も紹介しよう。私の知り合いの女性はいつもペットの犬を連れて毎朝カフェに行く。行きつけのスターバックスには犬のエサを入れるボウルが準備されていて、彼女はコーヒーに4ドル支払い、ペットは店からおやつをもらう。犬におやつをくれるので、彼女は絶対に他の店でコーヒーを飲まないと断言している。犬のおやつ代とコーヒーから得られる収益の費用対効果分析を行ってみると面白いだろう。

トピックに関する専門知識の提供と説明▼顧客に喜びを与えるきっかけとして最も効果的なものの1つは、従業員が顧客との基本的な応対の枠を超えて、少し余分な時間を使って、製品をより効果的に使う方法や、その顧客にも起こりうるトラブルを回避する方法についてアドバイスする。こうした行動をサービス担当者らに奨励することで、会社には4つの利益がもたらされる。

1つ目は、「従業員がわざわざ余分な時間を使って私のために教えてくれた」と、企業側の誠意を顧客が喜んでくれる。

2つ目は、顧客が企業に対する付加価値を感じ、定価を受け入れやすくなる。さらに、実際に顧客がトラブルを回避できれば会社にとっても余計な顧客対応の経費を使わずにすむ。

3つ目は、必要最低限の会話だけというロボットのような応対を卒業して顧客に付加価値を与える、そのことに対する従業員の気持ちもポジティブに変化する。

そして4つ目は、該当の製品分野に関する従業員の専門知識を示すことで、顧客は「従業員がここまで専門家なのだから、この企業の製品もきっと優れているはず」と感じてくれる。わずか2分間でも、サービス担当者が余分な時間を投資することで、ロイヤルティ調査のトップボックスが10～30％向上するだろう。

金銭的な特典や価値を追加する▾この事例として、オヘア国際空港にあるスターバックスを挙げよう。淹れたてのコーヒーを出すまでに顧客を2分間も待たせてしまったとして、コーヒー代を請求しなかったのだ。特別な割引は顧客にとって嬉しいし、カスタマーデライトでも効果的とされている。ただし、次に似たような状況になった場合も同じことを期待されてしまう、というリスクが生まれる。

もう1つは、専門知識や付加価値をもたらす事例を挙げる。あるパーソナルケア製品の企業は10代の少女が関心を持ちそうな情報（ベビーシッターになるためのガイド）を提供した。基盤となるターゲット市場に対する価値ある情報サービスである。

顧客とのコネクションを築くための行動によって価値が生まれるが、従業員の時間を使っているという点では多少の損失が生じている。コネクションの作り方だが、決して型にはめ込むべきではない。マニュアル的で機械的なものになってしまっては意味がない。

私が今までに見た中で、付加価値を作り出そうとして大失敗した事例の1つが、あるスーパーマーケット・チェーンでの取組みだ。この店舗には、高齢の顧客から買い物袋を車まで運ぶのを手伝ってくれれば嬉しいという声が寄せられていた。そこで1人の役員が、まず顧客に助けが必要かどうかを全員に尋ねてみてはどうかと提案し、実施することになった。

一部の店舗では、パン1個あるいはスナック菓子1袋しか買っていない顧客に対してもお手伝いしましょうか、と声をかけたケースがあったようだ。これでは、従業員も会社も滑稽に見えてしまうし、2つの商品を購入しただけの顧客にはかえって失礼となる。

技術とエモーショナルコネクションのバランス

顧客とのコネクションとテクノロジーのバランスを取ることは重要だ。DIRFTを顧客対応において実現するには、まず、その基本は効率的かつ透明性があることであり、顧客の記憶に残るような印象的なコネクションは、1つか2つあればよい、ということを理解することだ。

ネットでの買い物の機会が増えてくると、エモーショナルコネクションを築く機会がわずかだが減ってくるのは事実だ。しかし、チャットやメール、あるいは自動応答であっても、慎重にパーソナル化されたものであれば、顧客への気遣いやコネクションを実現することができる。実際にエモーショナルコネクションを築くとなると、人間の手に委ねることが中心になるが、テクノロジーを通じて実現できないこともない。現代の消費者はEメールなどのコミュニケーションに慣れており、コネクションを作り出す人間的な応対が加味されれば嬉しいし、悪い印象を持たない。次にいくつかの例を挙げよう。

- メール対応の際に、写真を使うことで人間味のあるものにできる。
- ある化学薬品会社では、従業員の署名の横に写真と「愛犬家」といった情報を付け加えている。
- 感情を伝えようと笑顔や、しかめっ面の顔文字を奨励する企業もある。

忘れてはならないのは、顧客に不安を抱かせたり、ネット上でのすべての動きが監視されていると感じさせずに、企業は親しみやすくて人間らしくなることが肝心である。

3 経営者や管理者の役割

リーダーシップによって、どんな文化も作れるし、潰すこともできる。経営陣が方向性や基調を定め、CX部隊の軍曹ともいうべき管理者やスーパーバイザーが、実際のCXをしっかりと確実にデリバリーする。どちらの階層も重要で、連携しながら整合性が取れていなければならない。

▼顧客中心の文化を作るために必要な役員の行動

権限委譲やコネクションを重視する文化を作り上げるには、経営者は次の4つの行動を取る必要がある。コミュニケーションを取る際には、CXを強調すること。そして約束を守り、実行すること。人事考課やインセンティブにCXを重点事項として盛り込むこと。そして、現場で顧客と接する従業員の成功を妨げる障壁を壊すことだ。

コミュニケーションの中でCXを強調する▼経営陣がコミュニケーションを取るとき、何が重要か皆に伝えるためにトピックの順番を考えて行うべきだ。スプリントのCEO、ダン・ヘッセは、四半期ごとに開く金融アナリストとの電話会議で、業績の前に顧客満足について話すようにしている。フェデックスの創業者であり、会長兼社長兼CEOのフレッド・スミスは、「すべての人に最高のフェデックス体験を」という「パープルプロミス」[2]を重視している。

また、ある金融サービス企業では、株主に配布する年次報告書の中で、現場で実際に活躍している顧客サービス担当者の仕事ぶりを特集記事のように紹介している。こうした行動は、いずれも従業員や顧客にCXが最も重要であることを示している。

ポイント・ヒルトンでは毎月、全員参加の会議の場を使って、顧客アンケートの結果やチームメンバーから報告された素晴らしいサービス応対の事例を共有し、称賛している。

約束を守り、実行する▼ディズニーでは、役員を含むすべての従業員がゲストの応対をし、ゴミを見つけたら拾うことになっている。

ポイント・ヒルトンでは、すべての役員がロビーに行って顧客と会話をしたり、部屋の清潔さをチェックしたり、最近の利用客やアンケート回答者に電話をかけている。「重要な仕事」を中断してトラブルを訴える顧客に対応する役員の姿を現場の従業員が見ることは非常に大切である。

成果責任、人事考課、インセンティブの重点事項としてCXを位置づける▼サービス、権限委譲、コネクション、予測や予防、そしてVOCへの入力の5つを職務定義に含めることは、アカウンタビリティ（成果責任）を明確にするうえで不可欠な要素である。明確でなければ、責任がないのと同然だ。ブラインド・ドットコムでは、成果責任、人事考課、インセンティブに対し、優れたアプローチを取っている。

職務定義書と人事評価シートについては2つのパートに分かれている。1つは、目標であり、期待される行動について記載し、もう1つは、その行動がどの程度まで実践されたかを記載する形式である。

私が推奨したいのは、期待される行動のすべてが職務定義書に盛り込まれており、その具体的な解釈を人事評価シートやインセンティブのプロセスを通じて行っている点だ。

最も重要な成果責任が求められるのは、現場を担当するスーパーバイザーが部下の実践する5つの職務をしっかりとサポートすることだろう。経営陣は現場管理者の職務定義書を自ら精査し、（社内もしくは社外の顧客に対する）サービス文化が醸成されることを確認しなくてはならない。スーパーバイザーのレベルでサポートされていなければ、CXの実現は難しい。

（2）フェデックスにおけるミッションステートメント。同社のコーポレートカラーが紫だったことから、パープルプロミスと呼ばれる。

現場従業員の成功を妨げる障壁を壊す▼ヤフーのCEO、マリッサ・メイヤーは最近のスピーチで、従業員が成功できるように「邪魔をしないこと」について語った。これを実現するために、彼女はPB&Jという社内用のウェブサイトを立ち上げ、従業員に対して自分たちの事業の進捗を妨げるProcess（プロセス）、Barriers（障壁）、Jams（渋滞）を見つけたら報告することを求めた。

もしある改善案に100人以上の社員が投票すれば、経営陣は迅速に問題解決を図る、と約束している。これによって、顧客にとってより良い対応や会社の成功を「邪魔する」ものがあれば、何でも変えることができると現場のサービス担当者たちが考えるようになる。

▼CX文化の構築における管理者の役割

管理者は、権限委譲やコネクション構築の成功における重要な要素だ。委任、指導、やる気を起こさせ、話に耳を傾けること、そしてインプットの奨励において管理者が権限委譲を積極的にサポートしなければ、目標が実現することはないだろう。

権限を委ねる▼権限委譲は管理者にとって非常に難しいことだが、適切に実行できればウィン・ウィン・ウィンの関係を築くことができる。権限委譲がうまくいけば、取引自体が効率的で、満足のいくものになる。従業員や顧客はハッピーになり、管理者が現場にかかわる時間も節約されるだろう。

管理者が部下に権限委譲できない理由は、従業員や顧客を信用していないことによるものだが、これ自体はまったくナンセンスだ。従業員を信用しない管理者は、「従業員による顧客への対応が過剰すぎる、もしくは不十分になる」ことを恐れている。従業員が顧客を満足させるよう訓練されていれば、顧客対応が不十分になることはない。顧客対応が過剰すぎることも、ほとんど起こらない。最悪の場合のリスクは、大満足の顧客を生み出すくらいである。

管理者が顧客を信用しない場合だが、なぜ2%の不誠実な顧客を取り締まるために、98%の誠実な顧客まで巻き添えにしなければならないのか。

ポイント・ヒルトンの宿泊部門長、マイケル・エリスはこう語る。「ホテルのフロントを担当するスタッフにとって最も大変な仕事は、予約の取れている顧客にオーバーブッキングしてしまったことを伝え、ホテル側の負担で別のホテルに泊まってもらうように頼まなければならないときだ」と言う。

疲れ果てて、非常に立腹している顧客を相手に、ホテル側の不手際から生じた状況を説明し納得してもらうのは難しい。それ以上に難しいのは、顧客対応できる心構えも準備もできているスタッフにそのような状況を一任できるスーパーバイザーを作ることだという。そこでエリスは、スーパーバイザーに次のことを実行するように勧めている。

「(スーパーバイザー自身は)奥の部屋からビデオカメラで見守っていて、助けが必要になれば必ず出て行く」ということをスタッフに伝えたうえで、この難しい対応をスタッフに任せる。スタッフが最も困難な状況を独りで打開できれば、彼らの自信につながるし、スーパーバイザーのスタッフに対する信頼も高まる、とエリスは言う。

コーチング▼ブラインド・ドットコムのクリス・ブレアは、「指示することとコーチングは根本的に異なるアプローチだ」という鋭い指摘をする。従業員に上司の考え方を伝えるだけではコーチングとはいえず、相手の「自己発見」が促されない。そこで言い方を変えてみて、「もしもうまくできて成功したら、どう思う? もう一度やり直すとしたら、どこか改善したいところはある?」と質問することはできる。

この時点で、上司は部下に対して「自己改善スキルをどう磨くか」というアプローチをしていることになる。その質問に部下が出した回答に対しては、すぐにフィードバックしよう。その際にスーパーバイザーは、スタッフが行った直近の顧客対応を引き合いに出してフィードバックすべきだ。何時間も前の、あるいは、1週間も1カ月も前の顧客対応を引き合いに出すのは効果がない。

そしてフィードバックには、悪かった点よりも良かった点をより多く盛り込んで強調すること。さらにフィードバックを部下の同僚の前で行うことで、仲間同士で認め合い、学ぶという組織文化の醸成にもつながる。

部下を認めて褒める▾ギャラップ社の調査では、優秀な社員の離職理由のトップに挙がってくるのが、「スーパーバイザーから認めてもらえない」、またはその認め方に問題があるようだ。私自身の経験でも、そのとおりだと思う。

皮肉なのは、部下を認めるのに一銭も費用がかからないことだ。組織の中で最も成果が低い従業員でも、ほとんどの仕事はしっかりとこなしている。優秀なスーパーバイザーは、部下の行動を認め、毎日全員の前やグループミーティングの場で部下を認めて褒めることを優先事項に挙げている。

耳を傾けることとインプット▾会社のプロセスや方針に関して現場の従業員からのフィードバックを集めて経営層に伝える、この取組みは従業員の士気（モラール）に大きな影響を及ぼすのだが、あまり実践されている例を見ない。

フィードバックの収集自体を効果的に行うには、「フィードバックが寄せられることでどう変わるのか」を、まず現場の従業員に伝えるべきだ。この取組みをしっかりと実施することで、仕事をする環境をコントロールするのは自分たちなのだ、という感覚が強まり、同時に部下のフラストレーションの低下につながるだろう。この取組みは、従業員アンケート、先述したヤフーのPB&Jサイトのような直接入力できるフィードバックなどと並行して実施すると、さらに効果が高まる。

4 権限委譲やエモーショナルコネクションを測定する指標

権限委譲とコネクションの効果を測定する最も一般的でわかりやすい指標は、顧客からのフィードバック（苦情と感謝の両方）と顧客応対のエスカレーションだろう。しかし、権限委譲とコネクションを測定し、マネジメントするための優れた指標は他にもある。他のCXの指標測定と同様に、複数のデータソースを使うことによって、よりしっかりと状況が把握できるようになる。

顧客のフィードバック

顧客からのフィードバックは、権限委譲やコネクションを評価する最もわかりやすい情報源になる。顧客のアンケートや集められた苦情を見ると、従業員が権限を使わなかった（または従業員に権限がない）、あるいは効果的にコネクションができていない（顧客と気持ちが通じていない）といったことが把握できる。

その一方、顧客からの感謝の言葉を見ると、問題を解決しようと勇気を持って踏み込んだ行動を取った現場の担当者がいたことも発見できる。コネクションを評価するには、次の設問を盛り込むことで指標として測定できる。

- 従業員は心からお客様の問題について気に掛けていましたか。（はい／少しだけ／いいえ）
- 私たちの会社を一言で表してください。（自由回答）

他には、「私の仕事ぶりはどうですか。私の上司に伝えてください」というメッセージを社内外の顧客に向けたメールの署名に併記、さらに上司のメールアドレスも記載する。意外にも、大抵の場合は否定的なフィードバックよりも、ポジティブなフィードバックのほうが多く寄せられる。

▼難しい問題に対して権限を利用した行動

顧客との最初のコンタクトで問題解決できた対応が、全体の顧客応対に占める割合を見るのは、権限委譲のレベルを評価する適切な指標となる。顧客応対のおよそ90％はそれほど複雑ではないものだったとしても、残りの10％については権限委譲が試されるだろう。ゆえに、スーパーバイザーが評価やモニタリングをする際には、例外的な状況での顧客応対に的を絞って行うのが効果的だ。

これらの案件を選び出すには、CRMシステムから「コンタクト理由」のコードを使って特定していくことができる。しかし、日常的なルーチンの顧客応対でもコネクションのチャンスはあり、単純な顧客応対でもどれくらいの頻度でコネクションが行われているか、ある程度は確認しておくのが望ましい（このモニタリングを実施することによってトラブルの原因を解決し、コール回避策[3]を取れることも思い出してほしい）。

▼管理者や他の部署へのエスカレーション

権限委譲が適切に行われることによって、顧客応対がエスカレーションすることもほとんどなくなるだろう。不必要なエスカレーション件数の割合を見ることも、権限委譲がどれくらい行われているかのレベルを測るプロセス指標になりうるが、誤解を招く恐れもある。スーパーバイザーへエスカレーションした顧客応対のほとんどは、部下に権限が委譲されていないか、もしくは権限を行使する自信の欠如を示している。

しかし、エスカレーションした苦情がないからといって、担当者が権限を効果的に活用しているとは限らない。サービス担当者は顧客の要求を断ったり、あるいは顧客に対して申し立てられた要求は実現不可能だと伝えてあきらめさせたりすることもできるからだ。

エスカレーションした苦情がない、または少ないことが、権限委譲の効果的な運用を意味しているわけではないので、そのため、顧客応対を直接観察したり、苦情に対して適切な対応がされているかを確認するために顧客アンケート調査を実施する必要がある。

効果的なアプローチとして、事例を1つ挙げておこう。サービス担当者がエスカレーションする際に「なぜエスカレーションすることになったのか」の理由を記録してもらう。たとえば、権限がない、スキルがない、情報がない、顧客が担当者を拒否し、エスカレーションを求めた、などである。最後の理由は、顧客が理不尽だったのか、それとも担当者のコミュニケーションスキルを強化するトレーニングが必要か、のいずれかを意味しているだろう。

▼モニタリングと観察

最後に、電話、メールやチャットでの顧客応対をモニタリングする際には、権限委譲がしっ

(3) 顧客からの問合せには理由がある。たとえば、オンラインで住所変更をしたいのだが操作しにくいなど、画面の操作性を改善すれば問合せ件数も減る。こうしたコール回避策は、CX強化と効率性の両面に効果がある。

かりと行われているか、コネクションできるチャンスを見つけて行っているかに的を絞るのが望ましいだろう。このとき、通話分析やテキスト分析を活用することで、モニタリングの対象にすべき顧客応対の案件を選び出すことができる。

GETTING STARTED すぐに始めてみよう

自社の権限委譲の組織文化を見直してみる

1. 現場スタッフの職務記述書の中に、エモーショナルコネクションやトラブルの予防や回避が含まれているか。
2. 現場の顧客応対担当者は、申し立てられたトラブルや案件の少なくとも95％を解決できる権限と情報を備えているか。
3. 管理者は、権限委譲やエモーショナルコネクションの促進を義務づけられているか。
4. 経営陣は、権限委譲やエモーショナルコネクションを強調し、また支持しているか。
5. 権限委譲やエモーショナルコネクションを個人または組織レベルで測定できるツールがあるか。

本章のまとめ KEY TAKEAWAYS

- 顧客中心でエモーショナルコネクションを重視する組織文化を作るには、現場スタッフが少なくともトラブルの95％に対処できる権限が与えられているべきだ。権限委譲を効果的に進めるには、利用しやすく、柔軟な回答ルールと情報が必要だ。
- エモーショナルコネクションを実践するための投資はほとんど、あるいはまったくがかからない。現場スタッフの時間を費やすだけで、顧客のロイヤルティを大幅に向上させることができる。
- 経営陣は、権限委譲やエモーショナルコネクションを強く支持していることを示す。管理者は、コネクションや権限委譲を積極的に支持、サポートするように訓練されていなければならない。
- エモーショナルコネクションの作り方や権限の使い方については、現場のスタッフに対する教育が必要である。
- 権限委譲やコネクションの実践面をマネジメントするには、適切な指標で測定しなければならない。

第10章 ▸▸▸ Leading the Charge to the Next Level

事例で読み解くCXのストーリー

最近、私はCXやサービス戦略を担当する経営者向けのセミナーを主宰したが、その参加者に対して「彼らにとっての最大の課題は何か」と質問した。驚いたことに、CX部門の存続が懸念事項だという回答も少数だが目立った。

自らの部門の存続に直面していると回答した経営幹部のほとんどは、「顧客に関連するすべての責任をCXが負わされてきた」と答えていた。CX経営に苦戦している経営者は、自分たちの活動の経済的影響を証明するのが難しく、他の有力な役員を巻き込めなかったと語った。

しかし、その場にいたCXリーダーの多くは活躍し、上級職に就いている。そこで、本章では次の4点について述べたい。

① 成功したCXリーダーの役割を説明し、彼らが果たしている最も重要な機能をまとめる。
② 危険をはらむ、回避すべき2つのCXリーダーの役割を明らかにする。
③ 6つの組織におけるCXジャーニーから学んだ教訓について述べる。
④ 今後の問題となってくるであろう経済的、組織的な課題を明らかにし、それらに備える。

1 CXリーダーの役割を理解する

CXリーダーは、取締役など経営者のポジションに置くことが理想的だが、実際にはそうでないことが多い。組織の中からCXリーダーが選ばれた場合は、特にそうなりやすい。取締役会がCXリーダーの貢献を十分に理解できるよう、CXリーダーの下に配置する部門や機能を具体的に定義しておく必要がある。その仕事の中身を聞いても、表面的で彼らの仕事が下らないもののように聞こえれば、結局のところ、下らないものとして扱われてしまう。

次に、CXリーダーが担うべき7つの適切で必要な機能と、CXリーダーが求められたとしても引き受けるべきではない2つの役割を解説する。この2つの役割については、CXリーダーにとって不適切なものであり、引き受けると失敗に陥りやすい。

▼CXプロセスの現状と「あるべき姿」をマッピングする

CXリーダーがプロセスマッピングの専門家になる必要はないが、プロセスマップの作業を十分に理解したうえで監督する必要がある。実際のマッピング作業は、企業のプロセス改善の担当者に任せるべきだ(プロセスマッピングの作業と分析については、第4章で概要を解説し、テクノロジーの応用という観点から第8章で詳細に述べた)。

まず、現状のプロセスをマップとして作成し、次に「あるべき姿」としてのプロセスを描きながら、そこに移行段階を書き込む。

CXに関する統一されたVOCデータを集める▼理想的には、CXリーダーは少なくともVOC全体の調整役を担いながら、VOCデータ収集については計画プロセス(第7章で解説)全体のオーナーとなって、さまざまなソースから集められた情報を一元化して統一されたCXの全体像を描き出すまでの作業をマネジメントする必要がある。VOC分析によって、「顧客の総合的な満足度に最も大きな影響を及ぼす改善や変更の特定」を可能にする。

アクションを取るための経済的必然性を明らかにする▼改善策を決定するための経済的必然性を明らかにする。つまり、VOCデータの分析から統一的なVOCの姿を明らかにすることである。

経済的必然性とは、平均的な顧客価値、顧客が頻繁に遭遇するトラブルの発生頻度と影響を数値化し、トラブルによって離反する顧客と収益の損失を理解することだ(この詳細は、第3章で触れている)。

改善機会の特定をサポートする▾経営陣は、企業として取り組むべき優先度の高い問題点と改善機会を特定する。しかしCXリーダーの役割は、優先度の順位を決定するうえでの経済的必然性を作成し、経営陣に対して選択肢を提示するべきだ。

フェデックスの戦略・イノベーション・製品開発担当副社長であるラス・フレミングは、経営陣の関心を引くために2つの手法で論点を示すようにしている。「まず、本物の顧客が実体験を語る短い動画を使う。次に、財務担当者も認める方法で、顧客の痛点がもたらす収益への悪影響を数値化して示す。問題点がもたらす影響を人間味あふれる内容と数字の両面で説得することで経営陣の関心を引くことができる」と言う。

改善計画の立案をサポートする▾改善計画を作る際は、現状のプロセスが実際にどのように運用されているかを理解しているミドルマネジャーと現場の担当者を招集し、必要な改善箇所を特定し、さらに改善方法を提示するように指示を出す。この活動は1〜2時間の会議で完了できるものではなく、数時間の会議を数回にわたって開催することになるだろう。取り組むべき問題が簡単に改善できるなら、もうすでに解決しているはずだ。

改善計画には、顧客の事前期待をリセットする、または能動的な顧客に対する教育(情報の提供)も含まれる。IT部門、人事部門など改善活動に協力する部門、フィールドサポートの担当者、代理店などの重要なパートナーが存在する場合には彼らも会議に出席するべきだ。

この活動では、ゴール設定を測る指標を定義し、予定している改善策によってどの程度の進展が見込まれるかなども決める。たとえば、請求業務におけるミスを解決するために実施するプロセス改善の成果として、請求に絡むミスの全件がなくなるのか、50%程度のミス率の低下が現実的なのか、ここで期待値を決定する。

最後に、ほとんどの改善活動においては部門横断的な調整を要するため、改善活動の計画作成チームは、各改善策の実行責任をどの部門が負うのかについての合意形成が必要になる。コンセンサスが取れない場合には、CXリーダーが問題解決の責任を負うという観点から担当部門を任命するか、または自発的に申し出る部門長を任命する。

複数のプロジェクトの実施責任が一部門に集中した場合は責任を分割し、1〜2人の役員に負担が集まらないように配慮する。

進捗を測定し、称賛する▼第7章で述べたとおり、VOC活動の多くは、VOC分析レポートに対して立案した改善策が約束どおりの成果に結びついたのかを判断する体系的な監視機能が働いていない。しかし、W・エドワーズ・デミングが「評価したものは、その達成が期待できる」と述べたように[☆1]、成果責任の欠如は改善計画を達成するうえでの深刻な障害となる。「進捗度合いをモニタリングし測定すること」が、CXリーダーが果たす最も重要な役割の1つに挙げられる。

このプロセスでもう1つ重要なのは、成功を評価して称賛し、関係者全員を褒めたたえる機会を持つことである。むしろ、称賛したいことはできるだけ広く拡散しよう。そうすれば、今回のプロジェクトではそれほど貢献しなかった人も、次回はもっとかかわってくれるようになるだろう。

経営陣に対し、顧客の代弁者として訴える▼CXリーダーは、顧客にとっての「痛点」を改善をせずに放置したままにしておくことで、どれだけの収益を損失しているか、経営陣に対して悪い知らせを伝えなければならない。私の経験から言うと、業務上の指揮系統の外の視点から、「何がうまくいっていて、何がうまくいっていないのか」という客観的意見をありがたく受け止めるはずだ。

ただし、これを実行するにあたっては、どの役員に対しても不意を突いて弱点を指摘することのないように気をつけたい。

ある自動車会社のCXリーダーは、良いニュースと悪いニュースの両方をまず部門長からCOOに伝え、その会話を確認するというステップを取っている。しかし、担当役員が自分たちの問題をごまかせたとしても、長い目で見れば客観的なVOCシステムによっていずれ問題が表面化することは避けられない、という認識に立つべきだろう。

2 危険をはらむCXリーダーの2つの役割

CXリーダーは、次の2つの役割を絶対に引き受けるべきではない。なぜなら、業務上の指揮系統の外側にいる幹部が目標を達成することは不可能だからだ。

- 顧客満足およびロイヤルティに対し全責任を負うこと。
- すべての品質およびサービスの問題点を解決すること。

▼企業の顧客満足全体に責任を負う

顧客満足およびロイヤルティは(第2章、第3章、そして第4章で示したとおり)、CXに限らず、製品やマーケティングに対する市場の反応である。もしCXリーダーが、顧客満足指標の向上に全責任を負うことになれば、製品やマーケティング部門だけでなく、業務部門の担当役員までが責任から解放されてしまう。正確なデータを使えば、ロイヤルティに対するCXの影響範囲と、その他の影響要因を識別し、分離して分析することは可能だ。

▼すべての品質とサービスの問題を解決する

品質とサービスの問題を解決するにあたり、CXリーダーは、他の担当役員や部門長に対してコンサルタントとしての立場を取るべきだ。改善活動の成果に責任を負うのは担当役員や部門長である。たとえ問題が一部門の枠を超えるものだとしても、1人の役員が選出され、改善への取組みに責任を負うべきである。その役目を負うのはCXリーダーではなく、関連する部門からの協力を得る人物でなければならない。

CXマネジメントで非常に成功しているある企業では、CXリーダーは会社全体で20の改善機会を特定したが、彼自身がかかわっているのはそのうちでわずか2つだけだった。それ以外の残りの18の改善機会については、すべて担当役や部門長がリーダーとして任命されている。CXリーダーは月次報告においてCOOに毎月の進捗状況を伝えている。

3 CX強化の道のりからの教訓

組織としてCX強化に取り組む、その道のりにおいて1つはっきりしていることは、成功と失敗の浮き沈みが必ず来ることだ。顧客体験で起こる不愉快な出来事と同じようなことは企業のCXの取組みにおいても、起こるだろう。重要なことは、自分自身や経営陣がそうした出来事に対処できる備えを持つことだ。

この節では、6つの組織がCXプロセスを構築あるいは強化していく過程において学んだ成功への課題や要点について説明する。いずれの企業も、複数年にわたる道のりにおいて似たような局面を体験している。

次に述べる教訓を学んだ6つの企業とは、レストランチェーン、販売会社を顧客とする自動車専門のファイナンス会社、自動車メーカー、旅行会社、ビジネス（企業向け）サービスを主体とする物流会社、そして、IT企業である。

どの企業も、ここで述べる局面のすべてではないが、大半を経験している。いずれも経済的、組織的に重大な影響を受けている。経済的なものとしては、金融危機によって引き起こされた市場需要の減少と倒産、新たな競合企業や新商品の参入、深刻な品質上の問題隠蔽が発覚し、悪評と規制当局の関与につながるといったケースもある。組織的な激変には、新しいCEO、企業の合併・買収、従業員を不安に陥れた組織再編などがあった。

▼問題があります！

手を打つべきだという要請は、大半はトップから発せられており、最悪の業績に端を発していることが多い。ある企業では、新任のＣＥＯが「このままではおしまいだ！」と机を叩いて叫んだケースもある。

他にも、経営陣が現状の業績に満足していたが、急成長によってＣＸが弱体化することを恐れてプロジェクトに取り組んだケースが２社、サービス部門を担当するミドルマネジャーからの提案で、顧客満足と利益強化に向けた改善機会を経営陣に提示し、取組みが始まったケースが１社ある。

ほとんどの場合、役員会のコミットメントを引き出すうえでの要点となったのは、実際の顧客の状況についてケーススタディを示すことだった。数社で行ったが、顧客自身が経験談を話す動画が非常に効果的だった。また、あるビジネスサービスの会社では役員たちに現場に出向いてもらい、顧客対応やサービスを利用させる手助けを実際に体験させた。このおかげで、経営陣は自社のサービスプロセスを顧客や現場スタッフに強いる不便さを学ぶことができた。

誰がこの状況を打開するのか

CX強化のプロジェクトが立ち上がると、大抵の企業ではCEOとプロジェクトスポンサーを担当する役員が、マネジメントチーム全体に対して顧客サービスの問題点を共有するところから始める。その後、解決策の実行を任されるのは、マーケティング、品質、サービスなどの部門におけるミドルマネジャーたちだ。上級の経営幹部が直ちに指揮を執ることは珍しい。

そして、多くの企業がそうなのだが、任命されたマネジャーには3カ月以内に計画を立案するように指示が出る。このポジションは永続的なものだと考えられることはほとんどなく、むしろタスクフォースのリーダー的位置づけだ。継続的な改善プロセスのメリットが確認されて初めて、永続的なCXリーダーのポジションが作られる。

データによる意思決定

新任のCXリーダーが取ったデータ収集の方法は2つに大別され、その方法論は大きく異なる。2社は事例を特定しデータを収集、残り4社は社内外のデータを使ってCXの総合的分析と評価を行った。事例に的を絞ってデータを収集するほうが早くて安いものの、簡単に解決できる業務上の問題点だけを強調しがちだ。

2つ目の方法は時間も経費もかかるが、根本的な製品問題、顧客の事前期待、配送プロセスの問題点など、大雑把な分析で見落としていた、より広範な問題点を浮き彫りにしている。また、この方法によって、顧客満足を左右する重要因子を定量的に明らかにし、顧客の総合満足度を向上させることに大きく役立った。

事例データを使った企業では、顧客の総合満足度はアップしたが、その後の改善活動は失速した。なぜなら、表面化していない制度的な問題点が明らかにされていないし、ましてや取り組まれることもなかったからだ。

CXの総合的分析と評価を実施し、顧客満足をもたらす基本的な因子を特定して、そこに的を絞って取り組んだ企業は、最初の2年間が過ぎると勢いは衰えるものの、改善活動は継続している。また、年次調査が継続されていることで、顧客満足度の要素を特定に、そこに的を絞った改善活動が続いている。

顧客が体験するトラブルが、社内経費や収益に甚大な影響に与えることを実証するデータを集めることが(第3章と第7章で概説したとおり)、データ収集に関する前述の方法論のいずれを採用した場合でも非常に重要だった。

財務部門が顧客価値のデータを提供できない場合、CXリーダーたちは収益上の損失金額を計算するために必要な顧客価値を非常に控えめに見積もった。CX上の痛点(トラブル)を体験している顧客数は、業務上のデータを分析して割り出し、アンケートによる市場調査の結果からロイヤルティへの影響度を推定した。この3つのデータ（顧客価値、トラブルの件数、ロイヤルティへの影響度）を組み合わせることで、離反リスクにある顧客数を割り出し、トラブルが収益に与える影響を数値化した。

いずれの企業でも、作成されたビジネスケース（費用対効果を示す投資提案書）には十分に説得力があり、経営陣の関心と支持を得続けることができた。顧客価値の数字が控えめすぎると判断され、財務部門が見直したケースが2社あり、現状の問題点を放置すれば、より大きな財務的損失につながるのだという結論に達した。

各企業は新規顧客の獲得にかかるコストも計算した。CX上のネガティブな状況を好転させることで顧客を維持する経費よりも、新規顧客の獲得に要する経費のほうが大きい、というのが一般的である。ただ、長期契約に守られたB to Bの環境ではこの論理は説得力に弱い。しかし、市場でのシェアを守るという点で既存顧客の維持は彼らにとって有効な指標となった。金融サービス会社では、今CXを強化することが、顧客との将来的なビジネスを維持するうえで欠かせない要素であるという認識が生まれた。

最後に、非常に効果的な分析として挙げるのは、トラブルがきっかけとなって苦情に対処する経費と、トラブルの発生を予防するための経費とを比較することだった。

どの企業も、トラブルの発生やCX全体に関係する業務上のデータから、改善につながるきめ細かいデータを抽出することで、より効果的なマネジメントが実現できるようになった。商品のデリバリーで使用しているITプラットフォームは既存のものをそのまま使えたし、売上げから利益管理までを行うシステムの場合には、一部のプログラムを変更することで、業務上の瑕疵と顧客のフィードバックデータを連携させ、改善につながる詳細なデータが収集できるようになった。

自動車会社では、製品保証のデータベースを業務上のシステムプラットフォームとして選び、CX強化に必要なデータを抽出できるようにした。レストランチェーンとビジネスサービス会社では、注文・請求の管理システムがプラットフォームとなった。

同様に、旅行会社では予約・請求システムをベースにしてCXデータを集め始めたことで、部屋や食事に満足してもらえず一旦受け取った代金を返した、といった情報がCX情報として取り込まれるようになった。返品や返金という顧客のトラブルの結果は、即座にデータベースへ入力される。業務、収益・経費のデータも統一したCX分析に取り込まれた。

不思議なことに、ITと金融サービスの企業で運用している総合的な情報システムには、業務上の例外を簡単に記録できるシステムが組み込まれていなかった。彼らの場合は、顧客のトラブルやCXのクオリティーにかかわる情報を記録する新しい機能を一から構築しなければならなかった。IT部門がこういった機能の価値を理解すれば、次世代の情報システムではCXマネジメント機能をサポートできる変更が加えられることを期待したい。

トラブルの発生から全体的なCXのデータまでを収集できるよう、既存のシステムを修正して活用することの利点を、実際のレストランチェーンの事例で説明しよう。

接客担当者が注文・請求システムの端末にオーダーを入力すると、その情報は厨房の生産プロセスに送られ、そのオーダーに関係するすべてのスタッフが指示を受けるようになっている。接客担当者が顧客のトラブルから苦情を受け付けた場合、あるいは喜んだ顧客の褒め言葉はシステムに入力される。

担当者はトラブルを分類する20以上のコードのうち1つを入力し、顧客のコメントと担当者が取った対応(たとえば、デザートを無料で提供した、食事代金をいただかなかったなど)を書き込む。クレームの存在とその詳細な内容(たとえば、ハンバーガーの焼き具合をミディアムレアと注文したのに、ミディアムで出された)は、料理人や厨房のマネジャーにフィードバックされる。また、料理が塩辛い、スパイスが効きすぎといったクレームは、店舗レベルの問題なのか、それとも地域や全国レベルでの問題なのか、迅速に分析結果を出すことが可能になった。

このレストランチェーンでは、1年間に提供する8000万以上の料理オーダーすべてにかかわるCXの詳細なデータを分析し、個々の料理や従業員へフィードバックすることで、成果責任を強調した管理体制を作り上げると同時に、プロセス改善の成果をいち早くモニタリングし確認できるようになった。

重要なポイントとしては、同チェーンの接客担当者は顧客から受けたクレームのコメントだけを端末に入力しているのではない。彼らは料理を片づける際に、顧客と短い会話を交わしながら、皿を確認する。料理が半分ほど残っていれば、顧客は満腹で残りをテイクアウトしたいと思っているか、料理に満足しなかった、のいずれかだ。

接客担当者は、顧客に料理の残りをテイクアウトしたいかをまず尋ねる。テイクアウトは要らないとなると、料理に満足したかどうかを尋ね、改善すべき点がどこにあるのかを探り出す。そうした一連の流れを重視する訓練を彼らは受けている。

▼6カ月の行動計画

6つの会社に共通しているのは、改善機会に取り組んでいくうえでの計画立案の手順が決まっていることだ。この手順は社内的に公式なものでなければならず、部門を超えて取り組む場合、会社の主要部門の領域をすべて含んでいなければならない。経営層によって要点となる優先事項を決定されれば、部門横断チームはそれに基づいて、顧客への影響を最適化する具体的な改善策を作るためのブレインストーミングを実施する。

ブレインストーミングでは、部門を超えて複数のメンバーから成るチームによってたくさんのアイディアをどんどん出していきながら、その後、出されたアイディアをもとに会社全体に及ぶ3~5つの優先項目へと絞り込んでいく。さらに、各部門や地域単位での改善会議を開き、自らのエリアにおける改善活動の優先事項を決めて取り組んでいく。

企業レベルでの計画立案を成功させるには、その計画のオーナー（主宰者）を決定する必要がある。さらに、改善計画、スケジュール、必要とされるリソース要件、成果を測るプロセス指標を明確に定義しておく。非常に役立つものとして付け加えたいのは、改善計画を実施した場合に、予防できるトラブルの件数を控えめに見積もって出しておくことだ。

改善計画は、CXリーダーから経営陣へ提案し、月次ないし四半期ごとに進捗報告を提出する。たとえば、ビジネスサービス会社では、請求明細の修正は顧客の不満要因であり、かつ修正作業にかかる経費がかさんでいるはずだった。そこでCXプロジェクトチームは、請求明細の修正に関する苦情や要求をコールセンターで受けた場合に生じる一連の処理作業のコストを算出した。明細の修正にかかわる電話件数が減少したことによる経費削減は、CXの功績だと財務部門がすぐに認めてくれた。アンケート調査によって顧客満足が上がり、ロイヤルカスタマーが増えたと判断するよりも前のタイミングだが、彼らはそれを進捗報告に含めて経営陣に知らせた。

理想的には、すべての改善策は6カ月以内に完了できるだろう。

▾効果の把握

これまでの章で述べたとおり、CXの効果を期待するには、成果責任を明らかにすることが重要になる。測定して数字になると、人々の関心を引くことができる。よって、プロセス指標は必ず定義し、改善活動の効果を示すものとしてパフォーマンス結果を月次で把握できるようにする(理想的には毎週だろう。実際、ビジネスサービス会社やレストランチェーンでは週次報告にパフォーマンスを含めていた)。

さらに、四半期ごとか年次の定期的な顧客満足度調査(アンケート)を実施するが、頻度は自社の顧客数を考慮に入れればよい。たとえば、自動車ローンの会社の場合で顧客数は1000人以下ならば、頻繁にアンケート調査を実施するのは費用対効果が良くないだろう。

顧客アンケートでは、広い範囲に対する顧客満足度やロイヤルティだけでなく、トラブルに関するデータも集めるべきだ。さらに、会社の主な改善活動に対する満足度に関してもデータを収集することで、プロセス改善の成果と改善活動に対する顧客満足が紐づけられる。

▾祝福して次へと進む

改善の成功を祝うメッセージは、3つの聴き手を意識してコミュニケーションしたい。改善チーム、社内の全社員、顧客である。今後の支持を取り付ける一番の早道は、改善チームとそのリーダーを盛大に称賛することだ。これによって社員のやる気につながり、他の従業員も次の改善活動への参加を志願するだろう。ジーン・ブリスはこれを、他人に重いものを持たせたキャラクターにちなんでトム・ソーヤ手法と呼んでいる[☆2]。

手柄を分配するという意味でも、有能なコンサルタントなら当たり前のように行っていることでもある。彼らはクライアントの顔を立てる。CXリーダーも社内コンサルタントの役割を担っているので、チームやリーダーを称賛することは忘れないでほしい。

第7章で述べたように、改善活動の結果を全社員や顧客にフィードバックすることも重要だ。それによって会社が気に掛けているということや、良くなっていることが示されるだけでなく、行動計画チームのメンバーの中にさらなるプライドが生まれる。

▼経営的・組織的な変化に備える

多くの企業にとって、長年にわたって繰り返される問題は、CXや顧客を大切にするという方針は成長期や利益が出ている時期には盛んになるが、財務的な危機や組織が大きく変動する時期、CX指標が予想どおりに上昇してこない場合には、活動が急停止してしまうことが多い。CXリーダーはそういった事態に備え、CX指標が常に、そして確実に前の年より上昇し続けるわけではないことを経営陣に教育しておく必要がある。

多くの外的要因が企業に与える影響を考えれば、マクロの顧客満足度(1)やロイヤルティの指数が直線的に上昇しないことも多い。

たとえば、図表10－1のデータは、先述の6社のうち1社の顧客満足度のトレンドを示している。このデータでは、最初の年は急上昇しているが、その後は横ばい、そしてまた上昇しつつ、凸凹のトレンドを示している。6社のいずれもが似た傾向を見せている。うち1社は最近、マルコム・ボルドリッジ国家品質賞を受賞した。

経営的もしくは組織的な変化に伴って困難が続く。こうした変化にもCXリーダーが乗り越えるべき課題がある。幸い、過去の事例を見ると、それぞれの困難からCXの活動を守ることに成功してきた方法論がある。

▼経営の困難に備える

経済的な変化には、不況、品質問題、他の大企業との合併（組織的な変動でもある）、会社売却、あるいは手ごわい競合企業や製品の出現などが挙げられる。いずれの状況でも、一般的

（1）顧客満足の因果関係を見る際に、マクロレベルとミクロレベルの2つのアプローチがある。たとえば、顧客満足が企業の収益性や企業価値に影響するかどうかを評価するマクロレベルに対して、顧客の再購買、クチコミ、他者への推奨などに対する効果を見るミクロレベルのアプローチが考えられる。

図表10-1 ▶ある顧客中心の会社に対する顧客のロイヤルティおよび満足度の動向
（指標化された、実際のロイヤルティおよび満足度のデータ）

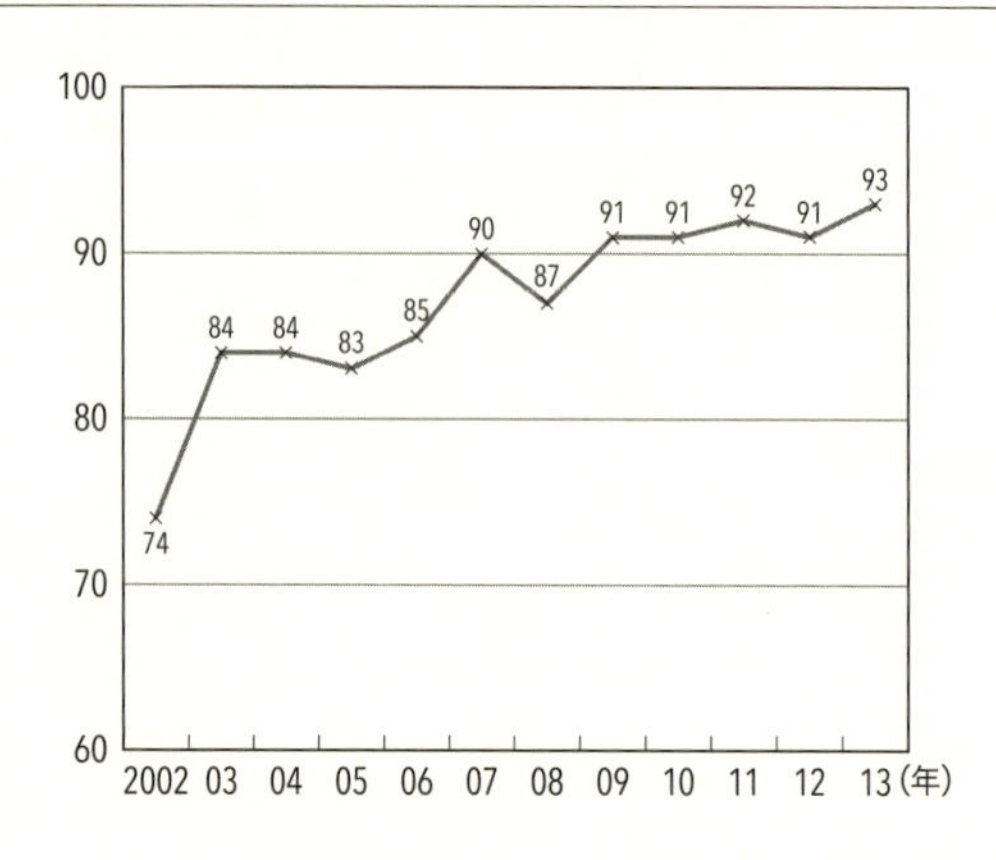

に企業が取る最初の対策は、キャッシュを守る、経費の削減、そしてリスクを負うのをやめることだ。

私のアドバイスは、潜在的な顧客のトラブルに対処するときと同じである。「攻撃は最善の防御」をお勧めしたい。予算カットの恐れがある場合、CXリーダーは実際に予算削減された場合、CXの悪化に伴う経済的損失を積極的に経営陣に示すことだ。

自動車会社のCXマネジャーは、最近の不況で全社的な削減が提案されたとき、顧客の数と同じ数の自動車にはサービスが必要であり、顧客全体の約20～25％が今後1年間に新車への乗換えを検討することを指摘した。

顧客がどの車を買おうかと考えているときに、経営陣は本当にサービスの質を落としたいのだろうか。最終的に、COOはカスタマーコンタクト部門を予算カットの対象から外した。その理由をCOO自身に聞くと、彼は「私たちは今でも同じ台数の車にサービスを提供することができています」と回答した。

合併や組織変更からの防御はもっと難しい。こうした状況下における最善の防御は、進行中のCX強化の活動の中でも競争力のあるメリットを強調することだ。CX活動が中止した場合に受ける離反顧客の数を（控えめに）見積もり、数値化して示す。数値的な示唆に加え、2人の顧客が語る経験を2分間の動画にまとめてみせる。経営陣に対して定量的かつ情緒的に訴えるのだ。

経済的な困難は、品質や規制面からもたらされることが多い。私の経験から言うと、こうした困難の多くは、企業がサービスや製品の品質において頂点を極め、その業界で、あるいは全業界で認められたリーダーになったときに起こっている。

6つの異なる業界の6つの企業で起こったことを振り返ると、根本的な原因は経費削減にたどり着く。ほとんどのケースでは、サービスや品質分野の幹部が少なくとも3人辞職している。品質、フィードバック、分析についての多数の手順や仕組みが整備されてきた理由に関して組織として記憶喪失にかかったような状態に陥った。

新しく参画した経営者はこう考えるだろう。「わが社は品質面ではすでに業界のトップクラスだ。どうすれば、私なりの成果を残せるのだろう」。彼の答えは明らかで、確実に経費削減に向かう。そして残念ながら、抜きん出たサービスや品質を保証してきた領域のリソースが削減され、品質の悪化、そして最後は品質、PR、法的な面で困難が待ち構えている。

最も一般的な組織的激変について語って本書を終えよう。それは、CXを最もサポートしてくれたCEOや経営者が去ったときだ。そして、みんながリスクを冒すのをやめて縄張りを守り始めるような大規模な組織再編が始まるときだ。いずれのケースにおいても最善の防御は、不況時に取った策とまったく同じである。つまり、CXが悪化したときの経済的損失とブランドのダメージをデータで論証することだ。

最大の課題は、本書の読者であるあなた自身が後継の経営者に近づくことかもしれない。最善の一歩は、月次または四半期ごとに提出している「CXの現状を報告する」リーダーとしての役割を積極的に使う。そこで、やみくもな経費削減の問題点を指摘し、直ちにやめさせるべきなのだ。

すぐに始めてみよう GETTING STARTED

CXリーダーとしての役割を見直してみよう

1 CXを推進するには、少なくとも1人の経営メンバーの支持があるだろうか。もしなければ、支持の必要性を説く必要がある。

2 プロセスマッピングやリエンジニアリングについての専門的知識を確保できるだろ

うか。もしできない場合、どこで手に入れられるか。

3 CXが収益とコストの両方に影響するチャンスを見出せるようなデータが揃っているだろうか。

4 CFOおよび少なくとも1人の上級部門役員に説得力のある、CXへの投資対効果を説く企画書作成したことがあるか。

5 CXの成功を賞賛するには、チーム全体を褒めたたえたことがあるか。

6 経済的もしくは組織的な変化に対して、CXを守る準備はできているか。

本章のまとめ KEY TAKEAWAYS

- CXリーダーの主要な役割は、CX強化の促進、問題点の特定、数値化、そしてゴール設定と実行計画におけるサポートにある。さらに、他の経営陣との間に責任を定義することである。
- CXリーダーは、顧客満足度、品質やサービスの問題点、そして指標に対する総合的な責任を負うべきではない。

- CXリーダーは、失うかもしれない損失金を数値化し、特定されたCX上の問題点を解決するために、他の経営メンバーをサポートすべきだ。
- CXの道のりは厳しく長いが、現状のCXの数値化、プロセスマッピング、ゴール設定、実行計画、結果検証、成功の賞賛、さらに組織的、経済的な変化は常に起こりうるので、CXリーダーはこれらのリスクに備えると同時に効果的なマネジメントをしなければならない。
- 成功への秘訣は、物語ることにある。顧客の口から物語られる内容を明らかにすることだ。そしてCFOの賛同と支持を得る。最後は、他の経営陣の協力や功績を称えることだ。

訳者解説 ▼▼▼ 畑中伸介

1 本書のねらい

▼なぜロイヤルティ強化策が失敗に終わるのか

本書は、企業と顧客・消費者との相互関係をベースにビジネスを行うことの重要性と、顧客ロイヤルティを作る方法を説いたものである。

今日の経営者は総じて、お客様が自社の製品やサービスに満足し、継続的に購入してもらうことが大事だと考えている。それが実現できれば、ビジネスの成長と、安定的な収益確保という2つのメリットを享受できるからである。そこで、ロイヤルティ強化のプロジェクトを発足させるが、実際の戦術を見ると、セグメント化された顧客向けに再購買を促すキャンペーンを打っていたりする。その結果、一時的な効果は出るが、残念ながら本来めざしている顧客ロイヤルティにはまったく響かないのである。

身近な例でいうと、私は時折、あるショップでお酒や輸入食材を購入していた。そのチェーン店が扱う商品ラインは普段使っているものよりもワンランク上であり、品揃えや価格にも不満を感じず、少し奮発して贅沢な気分を味わいたいときに利用していた。

ところが最近、どうやらそのチェーンの経営方針が変わったようで、デジタルマーケティングの強化に乗り出し、コストパフォーマンスを訴求したメッセージが毎日のように、会員登録した私のもとに届き始めたのだ。そうしたメールを目にするうちに、私がこのショップに対して長年持っていた高級イメージはすっかり薄れてしまい、安売りの量販店に近いポジションになってしまったのである。

ここからもわかるように、企業が割引キャンペーンなどの施策を用いてロイヤルティの強化に取り組めば取り組むほど、プレミアム価格帯での購入意向を持つ顧客のロイヤルティを損ない、ブランドへの信頼感が失われてしまうことにもなりかねない。実際に、そのように逆説的な状況に陥っている企業は多いと感じている。

▼「グッドマンの法則」とは

実は、私自身も以前は、多数の企業が取り組んでいるようなアプローチでロイヤルティは強化できると考えていた。しかし、本書の著者であるジョン・グッドマンが提唱する「法則」を知って、顧客理解が不十分だったことに気づかされた。自社のビジネスを安定的に発展させるためには、お客様の行動をしっかりと理解し、そのうえで、長期的なビジョンに立って企業のプロモーションやカスタマーサービスなどのマーケティング戦略を練り、顧客との相互関係を築いていかなくてはならない。相互関係を作り出すには、顧客の行動もさることながら真意を汲み取る必要がある。ロイヤルティはそう簡単に強化できるものではなく、むしろ顧客とのやりとりの中で自然に強まっていくものと理解すべきなのだ。

もし、あなたに生涯大切にしたいと思う人がいたなら、どんな行動を取り、関係を築こうとするだろうか。自分のチャームポイントを一生懸命アピールするだろうか。むしろ、その人の悩みを聞いてあげ、その人が喜ぶような時間の過ごし方を考えるだろう。人間関係であれば、最初に「共感」というキーワードが浮かぶ。ところが、企業と消費者という関係になると、企業側からの積極的なアプローチがあっても、顧客が共感するマーケティングを持続的に生み出せる企業は稀な存在になってくる。

ところで、皆さんは「グッドマンの法則」についてご存じだろうか。ジョン・グッドマンは、米国で40年以上にわたってサービス分野の調査とコンサルティングを手がけてきた第一人者である。彼は1970年代と1984年に米国大統領府(ホワイトハウス)の委託によって大規模な市場調査を行い、消費者行動における重要な事実を発見した。

当時、消費者関連専門家会議（ACAP）の理事長だった佐藤知恭氏がその調査報告書を読み、日本で「グッドマンの法則」として紹介した。それが次の3点である。

- 第1法則：不満を持った顧客のうち、苦情を申し立てその解決に満足した顧客の当該商品の再購入決定率は、不満を持ちながら苦情を申し立てない顧客のそれに比較してきわめて高い。
- 第2法則：苦情処理に不満を抱いた顧客の非好意的なクチコミの影響は、満足した顧客の好意的なクチコミの影響に比較して2倍も強く販売の足を引っ張る。
- 第3法則：企業の行う消費者教育によって、その企業に対する消費者の信頼度が高まり、好意的なクチコミの波及効果が期待されるばかりか、商品購入意図が高まり、かつ市場拡大に貢献する。

これらは40年前に見いだされたものだが、現在でも十分に通用する。なぜならば人間の本質はある意味で、石器時代からそれほど変わってはいないからだ。このような顧客の捉え方は、グッドマンの前著 *Strategic Customer Service*（邦題『グッドマンの法則に見る苦情をCSに変える「戦略的カスタマーサービス」』リックテレコム刊）で紹介されているが、この法則に基づく数々の実践事例が本書のベースとなっている。

カスタマーサービスのあるべき姿

このグッドマンの法則を前提としたときに、カスタマーサービスのあるべき姿とは、どのようなものだろうか。

消費者や顧客は通常、購入した製品に不具合が起こると、企業にクレームを申し立てる。このときの顧客の心理的期待、つまり、クレームを申し立てる行為を通じて求めているのは、一義的にはトラブルの解決だろう。しかし、心のもっと奥底には、その解決方法を通じて、企業の姿勢を確認したいという思いがある。

実は、目の前のトラブルが解決されたからといって、必ずしも「この企業は素晴らしい」という評価にはつながらない。特にトラブルが解決しても、そこに至るプロセスで企業の姿勢や誠意に疑いがあれば、顧客がロイヤルティを抱くはずがない。その一方で、トラブルが複雑すぎて完全な解決に至らなかったとしても、それに対応する企業姿勢に納得すれば、顧客はその企業に対してロイヤルティを高めることもあるのだ。

カスタマーサービスやその結果として得られるロイヤルティのありようについては、こうした企業と顧客の相互関係という文脈の中で捉え直していく必要がある。そのうえで、消費者行動の実証的見地からサービスデザインを行い、ＰＤＣＡを回すことで学習能力を高め、サービスを提供するプロセスを進化させていく。その際には、短期的な収益を追うのではなく、長期的なビジョンに立って考える必要がある。顧客と企業の持続的な関係を実現するには「共感」がキーワードとなる。特に、顧客から企業に向かって共感のベクトルが生まれるときに、強い信頼関係が生まれる。本書のねらいは、読者にこうした考え方を理解し実践していただくことにある。

2 CX1・0からCX3・0へ

顧客重視の経営が求められる時代に

本書のもととなった英語の書名は、*Customer Experience 3.0* である。これはすなわち、カスタマーエクスペリエンス（CX）の分野でもパラダイムシフトが起こってきたことを示している。

では、経営においてCXが重視されるようになったのはいつ頃なのか。顧客の声（VOC）や顧客視点に立脚した経営が重視されるようになった背景を簡単に振り返ってみたい。

舞台となったのは、消費者大国の米国だ。1970年代、米国市場で「Listen to the voice of customer（顧客の声に耳を傾けよ）」の重要性が叫ばれるようなったが、そのきっかけの1つが、自動車産業における異変だった。伝統的な米国車の売行きが振るわなかったのに対し、日本車が躍進したのである。

というのも、当時の消費者が求めていたのは、小型車や燃費の良い車だったのに対し、米国の自動車メーカーは、「アメリカンカルチャー＝大型車」と思い込んでいたのである。1960年代に若者の価値観が大きく変わったのに、その声に耳を傾けなかったことへの反省から、VOCを取り入れて製品やサービスの改善を図ろうとする企業が自動車業界以外でも増えていった。

グッドマンがホワイトハウスから調査を委託されたのも、企業が消費者の気持ちをわかっていないのではないかという問題意識があったからである。委託したホワイトハウス側にはそれに加えて、当時の通信会社が次々と導入を進めていたフリーダイヤルを米国内で普及させるために、企業に苦情窓口の必要性を再認識させようとする意図もあった。この調査はSOCAP(Society of Consumer Affair Professionals)が主体となって、米国企業100社を対象に行われた。

当時、ハーバードの大学院生だったグッドマンはTARPという会社を立ち上げて、その調査を請け負った。彼がこの大規模調査から得た結論は、企業にとって苦情をしっかりと受け止めて、マネジメントしていくことが重要であり、企業と消費者の相互関係を作るうえで欠かせないということだった。

▼CXベースのビジネスモデル

ちょうど同じ頃、米国ではエコロジーの考え方も広まっていた。その流れを受けて、新しい製品・サービスで新しい顧客を獲得していくよりも、長持ちする製品で顧客を維持しようと考える新タイプの顧客主義に立つ経営者が登場するようになった。

その典型例が、アウトドアウェアを製造・販売するパタゴニアを創設したイヴォン・シュイナードである。シュイナードは当初から、少なくとも10年以上は着られるウェアを作り、ロイヤルティの高い顧客を軸にグローバルビジネスを展開していくことを明確に打ち出していた。

他にも西海岸を中心に、スターバックスやアマゾン・ドット・コムなど、顧客との関係性を重視し、サステイナブル（持続的）なビジネスモデルを構築しようとする考え方の経営者が登場した。いずれの企業も飛躍的な成長を遂げたが、それは、徹底してCXをベースにしたビジネスモデルを作り上げることを企業戦略の核とし、それがゆえに成功してきたからだ。特に、アマゾンはCX3・0の代表格といえるだろう。

私は仕事柄よく「カスタマーサービスで優れているのは、どのような企業か」と聞かれるが、そのときにわかりやすい例として挙げるのが、アマゾンである。eコマースの世界でアマゾンが独り勝ちしていることは周知のとおりである。同業他社がアマゾンに太刀打ちできないのは、アマゾンが素晴らしいテクノロジーを導入しているからではない。むしろ、サービスの部分で負けているからなのだ。

興味深いことに、米国で、アマゾンよりもサービスに関する企業姿勢が優れていると評価され、若者たちの就職希望が殺到する企業が出てきた。靴専門のオンライン小売りビジネスを立ち上げたザッポスである。それに脅威を感じたのだろうか。自社を凌駕しかねないと危惧したアマゾンは、売上げが自社の10分の1にも満たないザッポスをアッという間に買収した。

このような動きを見ると、顧客の支持によって企業の浮沈が明らかに左右される時代に入ってきたことを感じる。顧客の支持率が大きく影響するとなれば、アマゾンですら安泰ではない。特に、企業不祥事などが起これば、ブランドは一夜にして瓦解してしまう。こうした中、強く安定的なサービスを提供し、顧客に愛されながら、ブランドを維持できるような企業活動が求められているのだ。

ちなみに、ザッポスの買収当時の資料を見返すと、「面白いけど少し変わっている(fun and a little weird)」と評されたザッポスの組織文化と、オブセッションとも呼べる顧客から熱狂的な支持が、この友好的買収をまとめた要因だといわれている。買収の真意はともかくとして、飛び抜けたカスタマーサービスを築いた企業価値が評価されたことは確かだ。

CXの進化――1・0から3・0までの変遷

VOCや顧客視点を重視する経営の変遷をCX1・0、2・0、3・0として整理してみると、それぞれ20年程度のスパンで区切ることができる。

最初の「顧客の声に耳を傾けよ」と叫ばれ始めた1970年代以降がCX1・0の時代である。これはその後、品質管理やTQM（総合的品質管理）活動などに発展したが、これらのベースには顧客満足（CS）を担保するという考え方があった。

米国国家経営品質賞であるマルコム・ボルドリッジ賞や国際標準のISO14000による環境マネジメントシステムなどにおいても顧客満足が非常に重視されるが、これも1970年代以降の流れをくむものだ。

次のCX2・0は、CRM（顧客関係管理）がブームとなった時期である。CRMブームを作ったきっかけは、経済のグローバル化である。ビッグバンと呼ばれた規制緩和が金融を中心に世界の主要市場で起こる。ATMは日常の生活で欠かせない存在になり、銀行は利ざやからサービスの手数料収入で稼ぐ時代に入り、銀行業務のフロントは、店舗からテレフォンバンキングに移り始めた。銀行の経営も、横並びの時代は終わりを告げ、マーケティングとサービスが競争力を左右する、という認識に立たざるをえない時代に突入したのだ。

また、同時期に成長したITビジネスにおいては、マイクロソフトのウィンドウズ95をきっかけにパソコンが急速に普及したことで、ユーザーサポートの需要が生まれた。パソコンメーカー間の競争でもサービス力が問われる。たとえばデルは「サポートの第一次解決」を訴求することで急成長した。

ＣＲＭを生み出す市場変化は、世界の主要市場でほぼ同時に起こったが、これに伴い、顧客サービスをマネジメントする必要性が強まり、それにつれて手法も大きく変化した。企業は苦情や問合せを受け付けると、リアルタイムで即時解決することを重視するようになった。事実、１９９０年代以降はサービスのマネジメントシステムがプロセス面でも技術面でも大きく進化した。

このＣＸ２・０の時代にも、顧客満足や顧客ロイヤルティは重視されていたが、顧客満足と収益との関係性がしっかりと構造化されていたわけではなかった。その部分を変えていくのが、ＣＸ３・０の時代である。

グッドマンらが提唱するＣＸ３・０では、カスタマーベースの拡大による企業成長と、安定的な収益確保という2つを軸として、カスタマーサービスをより戦略的に位置づけていくのだ。さらに、サービスのあり方も即時解決では不十分だとし、顧客の疑問やトラブルに先回りして対処する「予知的な」サービスとサポートを重視している。

▼従来型CRMの限界

CX3・0は従来のCRMの延長線上にはない。たとえば、従来のCRMのプロセスは必ずしも顧客起点で作られてはいないので、リレーションシップをただ長引かせようとするアプローチが目立った。購入客にサンキューコールをした後、しばらく放置し、新製品が出ると「お元気ですか」と購入の後押しをする。しかし、企業側が既存顧客に対してプロモーションを仕掛けることが、果たして顧客とのリレーション強化につながるのだろうか。

米国メーン州に本社を置くアウトドア用品メーカーのL・L・ビーンは、独自かつ卓越したカスタマーサービスで定評があったが、1990年代後半になっても新しいCRMシステムの導入には非常に慎重になっていた。その理由は、投資を渋ったとかそういう話ではない。当時市場にあったシステムでは、同社のビジネスの根源的要素を反映させたソリューションにはなりえなかったのだ。

たとえば、L・L・ビーンで一番有名なのが、何年使われた製品でも、不満があれば返品を受け付けるという、あまり他に類を見ない返品ポリシーである。実際、私も最新鋭の返品センターを訪問したが、おびただしい数の使い古された商品と返品理由の書かれた顧客の手紙が保管されているのを見て衝撃を受けた。

通常であれば、悪意のある人もいるからと、企業は返品ポリシーを厳しくしがちだ。しかし同社では、返品を無条件に受け付けることで、顧客の声を製品開発や経営に生かすという経営方針に基づいて返品ポリシーを掲げていたのだ。

それを無視して、オペレーション優先でCRMのシステムを開発すれば、顧客の期待と企業側の思惑との間にずれが生じてしまう。「明日の敵を作らない企業」としての基本姿勢がある。

グッドマンの説くCX3・0では、クレーマーに備えて返品のハードルを高めるやり方は推奨されない。たとえ最終的に返品を受け付けてもらえたとしても、顧客はその過程で企業の誠意を感じられないため、ロイヤルティを低下させてしまうからである。顧客は、企業の製品やサービスを使ってみてユーザーとしての立場から率直な報告をしているのであり、同時に企業との信頼関係をそこで確認したがっている。したがって、顧客のクレームをまず信じなくてはならないと考えるのである。

顧客の「痛点」を理解せよ

誰かと長く良好な関係を築きたければ、新しいものや面白いものを売り込むだけでなく、その人の誕生日を覚えていたり、何気なく会話をしたり、困っているときに相談に乗ったりすることのほうが重要に思えてくる。信頼関係の源は、隠し事がなく、何でもオープンに話し合えることだといわれるが、顧客とそうした関係を築くには、それなりの時間と戦略が必要になる。

顧客が企業に対して一番リレーションを求めるのは通常、困ったときだ。企業としては、顧客が求めているタイミングで適切な対応をとることが大切になる。これは、スカンジナビア航空の元CEOとして同社の業績回復に大きく貢献したヤン・カールセンが述べた「真実の瞬間」(MOT：Moment of Truth)という考え方とほぼ重なるものだ。

顧客のロイヤルティに良くも悪くも重大な影響を与える決定的な瞬間というものがある。顧客視点に立ってロイヤルティを強化するには、この決定的瞬間(MOT)を理解してマネジメントすることに尽きる。

顧客のロイヤルティが最も高くなるのは、製品を購入するタイミングだ。期待に胸を膨らませて購買を決定するのだから。しかし、購入後、ロイヤルティは低下する一方となる。トラブル続きであれば、なおさらだ。したがって、企業としてはロイヤルティを上げようと働きかけるよりも、下がる瞬間を見つけ出して、回復させるプロセスを重視するべきである。

顧客が体験した「痛点」は、すなわち企業にとってのMOTとなる。顧客が困っていたり、問題を抱えていたりする状況を理解し、適切なアドバイスとサポートができるようにするには、顧客像をしっかりと把握しておく必要がある。また、痛点の中でも重大なものと軽微なものを見つけ出して、優先度の高い痛点の改善に取り組まなくてはならない。痛点を回復すれば、ロイヤルティの低下を防ぐことができ、それによって財務的な価値への貢献が生じる。企業としては、こうした顧客ロイヤルティ向上の基本的アプローチをよく理解することが大切である。

3 本書のキーワード

ここまで、本書のベースとなる考え方やCXの進化について触れてきたが、以下では、本書で登場する特徴的でユニークな概念について紹介したい。翻訳者として、その言葉に込められた意味を訳出するのに、特に苦心した部分でもある。

DIRFT、複雑化への対応、オンボーディングプロセス

顧客応対や取引に関して、まず登場するキーワードが「DIRFT (Do It Right the First Time)」である。これは「物事は最初に正しく実行すべき」、つまり、顧客の事前期待を裏切るな、という意味である。

たとえばドミノ・ピザは、注文から30分以内で配達してくれることで有名になったが、現在では、ピザの受注処理中、準備中、調理中、検品中、配送中など、リアルタイムでオーダー状況をスマートフォンでも簡単に追跡できるシステムが導入されている。従来は、配達までの時間を短縮することが競争力になると考えられていたが、顧客はスピードよりも、むしろ確実に注文が処理されていることを知りたいと思っている。

このように顧客が欲しがる情報を提供して、顧客の事前期待を満たすことが、顧客のロイヤルティの低下を防ぐうえで欠かせない。

ＤＩＲＦＴにおいては、製品やサービスの品質はもちろんのこと、それ以外の側面も重要になる。たとえば、マーケティングのメッセージと使用実感が大きく違う、買ってはみたもののマニュアルが難しくてわからない、ボタンが多すぎて操作が難しいという状況では、顧客満足は低下する一方となる。メッセージ、マニュアルなどのツール類、製品の使い勝手などでトラブルを感じている顧客が多いので、そこで事前期待を裏切らないようなプロセスに設計することが大切だというのが、ＤＩＲＦＴという言葉に込められている。

ただし現実的には、製品が複雑化し、多機能化しているので、企業がすべてのプロセスをトラブルなしに提供するのは困難になっている。その中で最近では、機能をより簡素化する工夫も見られる。たとえば、車のダッシュボードが昔に比べて簡素化されてすっきりしたり、多機能化したデジタルカメラでも、一部の機能をオフにして、アナログ的に使えるようにしたり、という具合である。これもＤＩＲＦＴを踏まえたやり方といえる。

あるいは、完全にパーソナルな期待ではないものの、事前期待をある程度、パターン化させて対応するやり方もある。たとえば、レンタカーのエイビスでは、オフィスに来た顧客にまずオンライン上でいくつかの質問をして、顧客のニーズを事前に分類する。レンタカーを使う目的は仕事か、観光か、家族旅行か、新車モデルを試したいのか、などという情報があれば、それに応じて顧客にオファーするサービスをカスタマイズできる。車をレンタルした後で、その人のニーズを知ったのでは遅すぎるのだ。ホテルなどでも、同様の仕組みを導入しているところがある。

顧客対応で出てくる「オンボーディングプロセス」もあまり耳慣れない言葉だろう。これは、船にたとえると、乗船したばかりの人に船内を案内することで、迷子になったり、不安になるのを取り除くプロセスを指す。新規顧客に対しては、オンボーディング期間はロイヤルティが壊れやすいので、この部分をしっかりとマネジメントすることが非常に重要になる。

たとえば、米国で住宅ローンを手がけるクイッケン・ローンズでは、顧客が住宅ローンの申請手続きをすると同時に、申請手続きの処理を担当するスタッフの名前と処理の進捗を示すデータがネット上で顧客に開示される。従来は、社内処理の状況を見せることがリスクともされていたが、顧客が知りたい情報を開示することで、信頼や安心感につながると考えたのである。これもオンボーディングプロセスを工夫した一例といえるだろう。

▾サービス（Service）

本書では、従来のカスタマーサービスという言葉はほとんど使われていない。それに相当するものがすべて「Service」という一語に置き換わっているのが、前著と大きく違う点でもある。おそらく、本来のあるべきカスタマーサービスを考えていったときに、単なる苦情や問合せに対応するカスタマーサービスでは、スコープが小さすぎると、著者は考えたのだろう。

著者の思い描くCXを強化するカスタマーサービスは、事前期待を予測して応対することまで含まれたものだ。そこで、大文字のSを用いて、「本来あるべきサービス」という少し膨らませた意味を表している。ちなみに、いわゆるサービス業なども大文字で始める形で表すことがあるが、本書でいうサービスは、それとは違う意味だ。

この広義のサービスを示す好例としては、高級家電メーカーのダイソンの取組みが挙げられるだろう。たとえば、同社の掃除機を見ると、取っ手のパワースイッチ部分に、URLとフリーダイヤルの電話番号が記載されている。顧客が使用していて製品の不具合が生じた時点で、すぐに問合せができるようにするためである。電話してきた顧客には、オペレーターがその顧客の購買、修理、パーツ交換などの履歴データを見ながら、的確に対応できるような体制を整備している。もちろん、問合せの電話は、土日も含めて受け付けている。

これだけを聞くと、よくある苦情対応プロセスのように感じられるかもしれないが、重要なポイントは、不具合が生じたその瞬間に(まさに、ここがMOTなのだが)電話をかけやすくしていることだ。マニュアルを引っ張り出してきて調べれば、手間がかかる。その場ですぐに電話しなかった顧客の中には、家電量販店に行く者もいるだろう。そうなれば、安価な競合品を見つけてブランドスイッチする可能性が高まってしまう。

ダイソンは、ほとんど値引きをせずに、プレミアム価格を守り続けてきたので、これは深刻な問題だ。そこで、こうした顧客の行動や心理を理解したうえで、迅速にトラブルを解決して、顧客離反を食い止める手を打っているのである。これは、トラブル発生後に苦情を受け付ける従来のカスタマーサービスとはまったく異なる発想であり、ロイヤルティを維持する「サービス」をデザインしている一例である。

▼カスタマー・タッチポイント(Customer Touch Point)

一般的には「顧客接点」と訳されることが多い言葉だが、単なる接点というと無機的な感じがする。本書で使われているのは、顧客と接する場に人が介在し、そこでの体験から来るロイヤルティの回復であり、そうした重要な体験価値が生まれるか生まれないかを説明している箇所もある。そこで、カタカナで表すことにした。

先のダイソンの例でいえば、コールセンターのオペレーターが非常に重要なタッチポイントとなる。オペレーターが速やかに顧客の痛点を理解することで、トラブルを解決するだけでなく、新たな製品モデルを勧めるなど、クロスセルの可能性も生まれてくる。

▼エモーショナルコネクション（Emotional Connection）と脱マニュアル

本書にはこの言葉もよく出てくるが、「情緒的つながり」では意味が通じなくなる。顧客の真意を理解して共感することをベースにしながら、取引や顧客応対を進めるという意味が込められているのだ。

なお、エモーショナルというと、親しみを込めて話すなど、話し方を変えることだと誤解してしまう人がいる。カスタマーサービスについても、多くの人が「おもてなし」をイメージするかもしれないが、これも誤解である。本書が意味するサービスとは「助けを求めている人に対する救済の行為」のことだ。

したがって、この定義に立てば、感情表現を大げさにしなくても、さらには、必ずしも人間でなくても、エモーショナルコネクションは作ることはできる。実際に、相手の真意を理解してサービスを提供すれば、テクノロジーで代替することも可能である。

たとえば、顧客の欲しい情報を提供することもその1つだ。アマゾンでは注文後に、現在手配が終わった、予定どおりの時間に出荷された、といった経過報告メールが送信されてくる。顧客が一番知りたいのは、注文した商品が現在どうなっているか、いつ届くかという点だからである。企業側のオペレーションは、ただ機械でこうしたメッセージを自動的に送信しているだけだが、それでも顧客からすれば、気の利いた、かゆいところに手が届くサービスになっている。

エモーショナルコネクションを実践しようとすると、脱マニュアル化が要求される。顧客に直接サービスを提供するスタッフやオペレーターにエンパワーメント（権限委譲）することで、彼らがその場で判断して、顧客が抱える問題を解決することができる。それを含めたエモーショナルコネクションが求められているのだ。こうした脱マニュアル化は、サービスの効率性を求めるだけでは難しい。

エンパワーメントの一番のコツは、精神論を説くことではない。権限委譲により、何がどこまで許されているのかを1つ1つ示していくことが大事になってくる。それをたくさん例示することで、形が見えてくるのだ。そうすれば、権限委譲された人は、どこまで許されているかがわかるので、自発的に行動できるようになる。

▼裁量と権限を生かす柔軟で開かれた領域（Flexible Open Space）

これはユニークで一見するとわかりにくい概念だが、「柔軟で開かれた領域」と訳した。エンパワーメントされたスタッフが顧客に適切に対応できるようにするには、柔軟な開かれた領域が必要になる。では、柔軟な領域とはどんなものなのか。

たとえば、顧客からの問合せがあり、説明を求められたときに、ＦＡＱに基づいて回答すると、8割の顧客は納得しても、2割の人はそれでは知りたいことの答えを得られなかったと思っていたりする。ＦＡＱは通常、問いと答えを1対1で対応させて作ることが多いが、「柔軟で開かれた領域」という考え方に立つと、1つの質問に対して2つ、3つの回答を用意することになる。納得されないときはこちら、次はこちら、というように柔軟に対応できる余地を作っておくのだ。

エンパワーメントするときは、ただ任せたと丸投げするのではなく、裁量と権限を柔軟に生かせるようなツールを整備しておくことも大切である。これはややマニュアル的な側面も含む対応なので、先の脱マニュアル化と矛盾する側面も含んでいるが、現場で実際にオペレーションを回していくうえでは、非常に実践的な議論だと思う。

▾統合された顧客の声（Unified VOC）

ＶＯＣ（Voice Of Customer）と一言でいっても、実は、企業内では部門によって考えているＶＯＣはまったく異なっており、さまざまな種類のＶＯＣが存在している。実際の顧客の声であるクレームや感謝の言葉だけでなく、ＣＸに影響する情報を総合的にＶＯＣと捉え、それをすべて勘案して一貫性のあるサービスに生かしていくのが、「統合されたＶＯＣ」というユニークな概念である。

たとえば、フェデックスが荷物の配送中に、最初の中継地点でフライトが遅れるという事故が発生した場合、フェデックスはこの段階で当該の荷物が翌日の約束時間までに届かないことを認識している。これは社内のオペレーション現場のデータだが、顧客に影響を与える情報なのでVOCにあたる。

こうした情報は通常、顧客に伝えられることはない。顧客がその事実を初めて認識するのは、配達遅延が生じたときである。この段階で、顧客が電話をかけてきたら、コールセンターが知ることになり、CRMのシステムに入力して、これが通常いわれるVOCとして把握される。さらに、こうしてリアルタイムでわかったデータを処理して、今月は配達遅延が何件だったというように、数週間か数カ月後に満足度調査の1つの指標としてマネジメントに提示される。これもVOCである。

ここからわかるように、個別のVOCだけでは片目をつぶって世界を見ているのも同然であり、報告された情報にタイムラグが生じてしまう。一方、複数のVOCを捉えて、両目で見ることができれば、全体像をつかむことができる。

特に、最初のオペレーション現場のVOCは、その後の顧客体験を左右する先行指標となり、配達遅延というトラブルが発生する前に顧客とコミュニケーションを取り、その後の問題解決をスムーズに進めていける可能性がある。ちなみに、フェデックスの例を挙げたのは、同社がすでに「統合されたVOC」に取り組んで、能動的なサービスや問題解決を実践しているからだ。

ＣＸにしっかり取り組んでいる企業は、こうした複数のＶＯＣを統合して、最終的に１つの判断を下している。つまり、オペレーション部門、マーケティング部門、サービス部門でそれぞれ言っていることがバラバラにならないのだ。全社的に１つの見解にまとめて捉え、「顧客の痛点が何か」という判断ができるようになっている。

ところで、クチコミもＶＯＣの１つだが、日本企業は総じてクチコミの重要性の理解が不足しており、特に定量的に把握しきれていないように感じる。最近では、オンライン上のクチコミは定量的に把握しやすくなってきたが、クチコミの大半はオフラインで行われている。内容も、製品やサービスそのものよりも、あの店に任せればきちんと修理してくれるといったサービスやユーザーサポートに関するものが多い。

丁寧に分析していけば、顧客体験価値とクチコミが密接に関係し合っていることがわかってくる。製品やサービスの売行きを運・不運で語ってしまうことが多いが、決してそうではない。むしろ、クチコミの成否の結果といえるのである。企業は、このようなＶＯＣにもっと留意していく必要がある。

このような背景の中、ソーシャルプラットフォームが急速に普及し、企業のＶＯＣ活動も大きく変化する兆しを見せている。特に急速に関心が高まっているのが「エンゲージメント」という考え方だ。

たとえば、セールスフォース・ドットコムのクラウド型コミュニティ（Community Cloud）のような仕組みを使って、顧客とのエンゲージメントを強化すれば、企業自体やその製品、ブランドに親近感を持ってもらえ、心理的な「つながり」が確立できる。多くの顧客がいつでも気軽に相談できるコミュニティにより、誰かのつぶやいたメッセージが瞬時に顧客同士や企業に拡散、共有できるようにするのだ。

一方で企業は、顧客の関心ごとに合わせて専門知識やプロの視点からの平易な解説を発信。顧客と感情的に、理性的につながり、他では代替できない関係を構築することが可能となる。パートナー企業とエンゲージメントを強化したい場合にもコミュニティは効果的だ。最近では、パートナーが必要とする製品情報やビジネスをサポートする機能をコミュニティを通じて提供することで、パートナー満足度を向上させ、自社の製品を積極的に販売してもらうモチベーションを醸成することに成功している企業も増えている。

顧客やパートナーから取得したＶＯＣデータを蓄積し、精読後に優先度や深刻度を決め、改善策の提案・承認を経て実行段階に進める、といった従来型のＶＯＣマネジメントと比較すると、コミュニティを採用したエンゲージメント構築は、想像もつかないくらいスピーディーだ。

▼経済的合理性

これは訳語の話ではないが、経済的合理性という観点は、本書で特に強調されていることだ。ROIだけですべてを測ろうとすると、短期的で近視眼的なモノの見方になってしまう。マネジャーや経営者は短期的な収益目標を達成しなくてはならないため、どうしても目先の打ち手に走りやすい。たとえば、短期的なキャンペーンを打てば、ROI上ではそれなりの結果が出る。しかし、2年程度の長めのスパンで検証すると、実は元に戻ったり、ロイヤルティを低下させてしまうことも多い。

顧客モデルをしっかりと理解して、サービスを設計し、運営していくには、もっと長い時間軸で捉える必要がある。たとえば、購買前、購買直後、購買後1年、2年以上というようにカスタマージャーニーを描いたならば、それぞれに担当者を割り振り、部分最適の施策を打つのではなく、CXを全体的にマネジメントしていかなくてはならない。ロイヤルカスタマーは長期的視点で捉える必要があり、そのほうが経済的に考えてもより良い結果になる。

私は2000年前後にアップルのあるカスタマープロジェクトにコンサルタントとして参加したが、そのときにスティーブ・ジョブズの社内向けステートメントを読む機会があった。そこには次の主旨の内容が書かれていた。

20世紀のアップルはユニークなマーケティングとイノベーティブな製品の2つで打ち勝って

きた。ただし、21世紀により大きな成長を遂げていくには、3本目の柱がどうしても必要になる。それがカスタマーサービスであり、従来の2つよりも難しい領域である。しかし、これに取り組まない限り、本当の意味でのアップルの成功はありえない。だから、製品購入者が使っているうえで何か不具合があったら、必ずサポートする。世界のどの場所にいても同じサービスが受けられるようにしていくべきだ、と。

興味深いことに、それから数年のうちに、世界の主要都市にアップルストアが配置された。店内に入ると、笑顔でフレンドリーなスタッフが応対する。そして、2階に上がると、テクニカルサポート部隊が控えている。これは非常に印象深い光景だった。というのは、以前のアップルは、製品が壊れてもテクニカルサポートは弱く、自分で直せないならアップル・ユーザーではないと言わんばかりの雰囲気だったからである。

熱狂的な愛好者がいるのをいいことに、そこに胡坐(あぐら)をかいていたから、一時期、企業が傾いたのだろう。一度CEOの座を追われたジョブズ氏は、アップルに復職すると、一変してサービスを充実させていった。アップルストアでは、サービスを有料化して商品の1つとし、店内に入るとフレンドリーなスタッフが声をかけてくれる新しい風景を見せたことから、一気にブランドイメージが変わり、新たな成功を手中に収めることができたのである。

カスタマーサービスは基本的に、ジョブズのようにトップの強いサポートがないと、ディテールまでマネジメントするのが難しい。本書で推奨している内容は、それを実践すること自体はたいして難しくない。しかし、これを継続することは容易ではない。

そのためにも、財務的メリットを数字で見せていくことが、CX活動の継続性を支えるうえで非常に重要になってくる。本書が経済的合理性にフォーカスしている理由も、そこにある。これは非常に当たり前のことだが、これまであまり議論されてこなかった視点だと思う。

経済的側面について、もう1つ指摘しておきたいことがある。日本企業の経営者は、サービスとは付加価値を提供することであり、極端な言い方をすると、企業が儲かってゆとりが出てから検討すればいいと思いがちだ。儲かっていない時期には、店舗にお金をかけられないし、サービス向上に取り組めないと考えているのだ。

しかし、「困っている人を助けること」をサービスの基軸とするならば、儲けが少ない段階でもできることはたくさんある。それほどお金をかけなくても、顧客をサポートしたり、ロイヤルカスタマーを育てることは思っている以上に簡単である。顧客の琴線に触れさえすればよいので、製品開発をするよりも安上がりかもしれない。したがって、経済的に余裕ができてからロイヤルカスタマーの育成に着手しようというのではなく、発想を逆転させたほうがよいだろう。

4 ロイヤルカスタマーを作るために

最後に、本書のねらいとフォーカスポイントを再確認してまとめとしたい。本書は、「ロイヤルカスタマー」の作り方に関する実践的な手引きである。著者が特に重視しているのは、市場の測定、組織のアセスメント、組織文化の作り方の3つである。

第1に、企業はそれぞれが戦っている市場を測定する、つまり、自分たちのお客様を理解することから始めなくてはならない。

ロイヤルティのベースともなる顧客満足を定量的に把握する方法としては、自社のコールセンターに電話をかけてきた顧客を対象に調査を行う企業が今でも大半ではないだろうか。コンタクトがあった人にアンケート調査を行っているだけなのに、自社の顧客の状況はこうだとか、このセグメントの顧客はこのように行動するといった判断をしていないだろうか。

しかし、これではコールセンターの満足度は測れても、顧客体験は見えてこない。なぜなら、ネガティブな体験をした顧客がクレームなどでコールセンターを利用する割合は低く、彼らは絶えず少数派であり、大多数は物言わぬ「サイレントカスタマー」となるからだ。サイレントなので企業からは見えない存在だが、その存在を浮き彫りにしない限り、CXをマネジメントする出発点を間違ってしまう。

本書では、長年に渡って蓄積した実証データからグッドマン自身が学んだ顧客像を描いているが、読者の皆さまが自社の顧客像を考えるきっかけになれば幸いである。企業はとかく、トヨタの顧客、マイクロソフトの顧客というような捉え方をするが、実際には、同じ消費者が車も買えば、パソコンも買うのだ。したがって、総体としての顧客の行動を十分に理解することも大切である。こうした顧客や顧客像の理解の仕方とそれに基づくサービスマネジメントが、CX3・0の大きな特徴である。

第2の組織のアセスメントは、絶えず行っていく必要がある。顧客との直接的なタッチポイント以外でも、フェデックスの例のように、顧客に影響を及ぼす裏側のオペレーションも含めて、いろいろな部門が顧客体験を作り出すきっかけとなっている。コールセンターやカスタマーサービス部門など、顧客と直接に接するところだけをアセスメントしても、CXを向上させていくうえでは不十分である。

特に、経営にとっての重要な判断材料となる「統合されたVOC」は、全社から集められたデータをもとにしている。少なくとも6カ月ごとには社内の内部監査チームなどの協力を得ながら、VOCデータの信頼性も含めて、CXを作り出しているすべての活動の有効性をアセスメントすることが、CX全体の持続性につながるだろう。

第3の組織文化の作り方も、本書の重要なポイントである。

ホンダの元役員からうかがった話だが、創業者の本田宗一郎氏は「車の修理をする際に、壊れた車を直すだけでなく、オーナーの心も直しなさい」という言葉を残しているそうだ。宗一郎氏はそれだけ顧客を大事にしていたのである。

こうした顧客重視の姿勢は創業者に共通して見られる傾向であり、成功企業は多くの場合、創業者時代に形成された組織文化を受け継いでいく。しかし、こうした文化は代替わりするにつれて薄まりやすく、そのときは創業者精神をまた一から作り直さなくてはならない。

組織文化を作るうえで鍵になるのは、人材の育成であり、さらには価値観を共有する人材を採用することである。

以上、やや駆け足で、本書の概要や執筆の背景、特徴的な概念などを概観したが、読者の皆さまにとって、本書に対する「事前期待」の一助となれば幸いである。また、本書内の訳注については、普段はカスタマーサービスやマーケティングになじみのない読者の方々にも配慮した結果、量的に多くなってしまったことをお断りしておきたい。

本書が日本で紹介されることによって、顧客・消費者が企業への信頼感を深めたり、企業が顧客・消費者の真の意図を理解して、健全な発展を遂げるきっかけとなることを心から願っている。

最後に、この場を借りてお礼を申し上げたい。まず、株式会社セールスフォース・ドットコムの皆さまには大変お世話になった。ジョン・グッドマン氏にはCX3・0を代表する米国の実践事例を教えてほしいとたびたびリクエストしたが、その中には同社のユーザー企業が多かったことがきっかけとなり、同社の日本法人の方々からもCXの国内事例やテクノロジーの活用について教えていただいた。おかげでCXに対する私自身の見方も広がり深まった。

同社は企業情報システムをクラウドサービスとして提供したパイオニアだが、「Customer Success」を第一義に掲げる社風は、自らもCXを実践しながら、これからも多くの革新的なCXのリーディングカンパニーを生み出し続けていくだろう。中でも、同社のマーケティングを担当する坂口直子氏には心から感謝したい。日本語版を出すきっかけを作ってくださり、熱心に奔走してくれたおかげで実った仕事だ。

本書の下訳を仕上げた時点で東洋経済新報社の編集者である佐藤敬氏に相談を持ちかけた。辛抱強く私の話に耳を傾けていただき、最後には1つの本を編集していく姿勢と手腕を目の当たりにして、私は佐藤氏のプロフェッショナリズムに心から敬服している。

翻訳にあたっては、岩見章代氏と篠原このみ氏に協力していただいた。専門用語や独特の言い回しが多い中、ご苦労をおかけした。出来上がった下訳から最終稿までの作業では、株式会社リハブの篠田健二氏にご尽力いただいた。グッドマンの前作に引き続き、編集協力者として、盟友として、何から何まで相談に乗ってもらった。巻末の「訳者解説」をまとめるにあたっては、渡部典子氏よりご支援いただいた。

株式会社アイ・エム・プレスの西村道子氏にも、この場を借りてお礼申し上げたい。サービスとマーケティングの境界線を超えた専門誌を長年に渡り発行されてきた西村氏の貴重なアドバイスと応援には心から感謝したい。

本書の翻訳作業を始めた時期からＣＸ３・０のアプローチと実践を考えるワークショップを私自身が都内で主宰し、不定期的だが繰り返してきた。これまでワークショップにご参加いただいた経営者や実務責任者の方々にもこの場を借りてお礼申し上げたい。ほとんどの会社組織は縦割りになっており、顧客視点から戦略や戦術を立てて実行するＣＸの実践には困難が伴うものだ。

しかし、変革を作り出そうとワークショップに参加して挑戦する皆さまとの出会いが絶えず私にとって、本書を出版するモチベーションになった。そして、ワークショップの運営を支えた株式会社ラーニングイットのメンバーにも深く感謝したい。

顧客マネジメントの領域で現在もフロントランナーとして活動するグッドマンの著作を日本に紹介することができたことは、お世話になったすべての皆さまのご支援がなければ達成できなかったことである。この場を借りて心から改めて御礼申し上げたい。

Paper, Toronto, 2011.
4 Scott Broetzmann and Marc Grainer, *2011 National Rage Study* (Alexandria, VA: Customer Care Measurement & Consulting, 2011).
5 Broetzmann, Grainer, and Goodman, 2013.
6 Eduardo Laveglia, *Complaint Behavior in Argentina* (Buenos Aires: Proaxion, 2012).
7 2013年12月12日，ゼネラル・モーターズのデジタルメディア・マネージャー、メロディー・ブルーメンシャインへのインタビュー．

▸第8章
1 Alex Rawson, Ewan Duncan, and Conor Jones, "The Truth About Customer Experience," *Harvard Business Review*, September 2013, p. 90［「全体最適でタッチポイントを見直せ――カスタマー・ジャーニーを管理する法」『DIAMONDハーバード・ビジネス・レビュー』2014年12月号］．
2 2013年11月18日，バンカーズ・フィナンシャル社CIOのジム・アルバートへのインタビュー．
3 Thomas H. Davenport, "Enterprise 2.0, The New Knowledge Management," *HBS Blog Network*, February 19, 2008.
4 John Goodman and Crystal Collier, "Skills-Based Routing Versus Universal Rep, Which Is Best?" *Call Center Pipeline*, January 2013.

▸第9章
1 2013年11月7日，ペットスマート社のCEO，デイビッド・レンハードによるアリゾナ州立大学センター・フォー・サービス・リーダーシップでのプレゼンテーション「正しい努力をする――不景気や好景気のときにビジネスを差別化するにあたって，サービスはどのように役立つか」．
2 Roger Connors and Tom Smith, *Change the Culture, Change the Game* (New York: Portfolio/Penguin, 2011), p. 33.

▸第10章
1 Edwards Deming, "Four Days with W. Edwards Deming," Published Interviews 1986–1993 (Washington, DC: The W. Edwards Deming Institute).
2 Jeanne Bliss, *Chief Customer Officer* (San Francisco, CA: Jossey-Bass, 2006), p. 195.

▸ 第4章

1　Patrick Spenner and Karen Freeman, “To Keep Your Customers, Keep It Simple,” *Harvard Business Review*, May 2012, p. 109［「顧客は情報に飽きている――世界7000人の消費者調査から明らかになった」『DIAMONDハーバード・ビジネス・レビュー』2013年10月号］.

2　David Streitfeld, “Race to Out-Rave, 5 Star Web Reviews Go for $5,” *New York Times*, August 20, 2011, p. A1.

▸ 第5章

1　Brad Cleveland, *Call Center Management on Fast Forward* (Colorado Springs, CO: International Customer Management Institute, 2012)［CCA訳『コールセンターマネジメント――戦略的顧客応対（理論と実践）』ファーストプレス，2008年］.

2　Scott Broetzmann, Marc Grainer, and John Goodman, *2013 National Rage Study* (Alexandria, VA: Customer Care Measurement & Consulting, 2013).

3　Cleveland, 2012.

4　Cleveland, 2012.

5　Cleveland, 2012.

▸ 第6章

1　John Goodman, “Nice Doing Business with You,” *iSixSigma Magazine*, January/February 2011, pp. 43-46.

2　Matthew Dixon, Karen Freeman, and Nicholas Toman, “Stop Trying to Delight Your Customers,” *Harvard Business Review*, July 2010.

3　John Goodman, *Strategic Customer Service* (New York: AMACOM, 2009)［畑中伸介訳『グッドマンの法則に見る苦情をCSに変える「戦略的カスタマーサービス」』リックテレコム，2013年］.

▸ 第7章

1　John Goodman, Cindy Grimm, and Joshua Hearne, “Improving the Customer Experience,” *Call Center Pipeline* (Annapolis, MD: Pipeline Publishing, 2012), pp. 28-30.

2　2012年11月，マット・トリフィロ（当時はセールスフォース・ドットコムのマーケティング担当上級副社長）との対談.

3　Intelliresponse, “Consumer Use of Social Media for Customer Service,” White

Edge!" *On Achieving Excellence*, 9(6), June 1994.

▸第2章

1　Gail McGovern and Youngme Moon, "Companies and the Customers Who Hate Them," *Harvard Business Review*, June 2007.

2　Sam Greengard, "Escape from Password Hell," *CIO Insight Blog*, January 28, 2013.

3　Stan Davis, *Future Perfect* (Reading, MA: Addison Wesley, 1987), p. 150［日下公人・深谷順子訳『フューチャー・パーフェクト』講談社，1988年］.

4　Fred Reichheld, "The Only Question You Need to Ask," *Harvard Business Review*, December 2003.

5　John Goodman, "The Passives Are Not Passive," *Quirks Market Research Review*, 25(10), October 2012.

▸第3章

1　John Goodman, Marc Grainer, and Arlene Malech, *Complaint Handling in America* (Washington, DC: White House Office of Consumer Affairs, TARP, 1986).

2　Sewell and Brown, 1990.

3　Scott Broetzmann, Marc Grainer, and John Goodman, *Results of the 2013 National Rage Study* (Alexandria, VA: Customer Care Measurement & Consulting, 2013).

4　Goodman, 2005, p.16

5　Goodman, Grainer, and Malech, 1986.

6　完全に満足したのは，満足度アンケートで非常に高い評価をする人である。なだめられて納得したのは，5段階の満足度で2および3（真ん中）の評価をする人である。

7　John Goodman, "Don't Go Overboard on Social Media," *Marketing News*, October 2011.

8　トッド・ワッサーマンが新しいニールソン調査について触れている (*Mashable.com Blog*, June 6, 2013).

9　Scott Broetzmann and Marc Grainer, *Results of the 2011 National Rage Study* (Alexandria, VA: Customer Care Measurement & Consulting, 2011).

10　Broetzmann, Grainer, and Goodman, 2013.

原注

▸ はじめに

1　Carl Sewell and Paul Brown, *Customers for Life* (New York: Doubleday, 1990)［蓮見南海男訳『一回のお客を一生の顧客にする法――顧客満足度 No.1 ディーラーのノウハウ』ダイヤモンド社，2004年］.

2　Scott Broetzmann, Marc Grainer, and John Goodman, *2013 National Rage Study* (Alexandria, VA: Customer Care Measurement & Consulting, 2013).

▸ 第1章

1　John Goodman, Marc Grainer, and Arlene Malech, *Consumer Complaint Handling in America: Summary of Findings and Recommendations* (Published under contract HEW-OS-74-292, TARP, September 1979).

2　Scott Broetzmann, Marc Grainer, and John Goodman, *2013 National Rage Study* (Alexandria, VA: Customer Care Measurement & Consulting, 2013).

3　John Goodman, "The Truth According to TARP," *Competitive Advantage* (Milwaukee, WI: Service Quality Division newsletter, American Society for Quality, 1999).

4　ジョン・グッドマンは，1999年に実施したオンラインサポートに関する最初の調査において，クチコミを指す「Word of mouth」に加えて，「Word of mouse」（オンライン上のクチコミ）という造語を生んだ (Cindy Grimm and John Goodman, *Industry Customer Support Benchmarking Study* [Washington, DC: Consumer Electronics Association, 1999]).

5　John Goodman, "Treat Your Customers as Your Prime Media Rep," *BrandWeek*, September 12, 2005, p. 16.

6　John Goodman and Cindy Grimm, "Factors Leading to Effective Customer Experience," *Call Center Pipeline*, January 2012.

7　Thomas Peters and Robert Waterman Jr., *In Search of Excellence* (New York: Harper & Row, 1982)［大前研一訳『エクセレント・カンパニー』英治出版，2003年］.

8　Tom Peters, "Push One, Push Two, Push Three: Push Your Customers Over the

【著者紹介】
ジョン・グッドマン（John A. Goodman）
経営コンサルタント。カーネギーメロン大学ケミカルエンジニアリング学部卒業。1972年ハーバード・ビジネス・スクール卒業後にマーケティング調査・コンサルティングのTARP社を設立し、ホワイトハウスより「米国企業の苦情処理の実態調査」を受託。その調査報告書が、米国の大手企業を中心にフリーダイアルの導入とあわせて苦情対応の顧客相談窓口の設置を促したことで知られる（日本では、その調査結果が「グッドマンの法則」として紹介される）。以降、消費者行動分析をベースに約半世紀にわたって1000社近くのコンサルティングと1200を超える調査プロジェクトに従事。フォーチュン100社中45社が同社の手法を導入している。現在、CCMC（Customer Care Measurement and Consulting）のバイス・チェアマン。著書に*Strategic Customer Service*（邦題『デジタル時代のカスタマーサービス戦略』）のほか、270本超の論文・レポートを発表している。

【訳者紹介】
畑中伸介（はたなか　のぶすけ）
株式会社ラーニングイット代表取締役。1957年大阪府生まれ。79年関西外国語大学卒業、81年創業時のベルシステム24に入社。翌年に米国法人（ニューヨーク）を設立。85年ロサンゼルスに移り、アイディアリンク・ジャパンを創業し、日欧米間の新規事業支援＆コンサルティングに従事。滞米16年を経て、帰国後の98年にプロシードのCOPC事業を設立。BPOのグローバルスタンダードであるCOPC規格を国内で普及させ、200社を超える顧客サービスやサポート事業の品質審査、パフォーマンス強化を支援。2011年ラーニングイットを創業。09年よりジョン・グッドマンとの共同調査や組織診断を開始し、12年にCCMCと業務提携。CXやカスタマーサービスをテーマに戦略立案から構築・運用までのマネジメントワークショップやプロジェクト支援を行う。共著書に『コールセンターマネジメント』（生産性出版）、『コールセンターの改善手法 COPC入門』（日本能率協会マネジメントセンター）、共訳書に『デジタル時代のカスタマーサービス戦略』（東洋経済新報社）などがある。

顧客体験の教科書
収益を生み出すロイヤルカスタマーの作り方

2016年8月 4日　第1刷発行
2022年7月27日　第4刷発行

著　者――ジョン・グッドマン
訳　者――畑中伸介
発行者――駒橋憲一
発行所――東洋経済新報社
〒103-8345　東京都中央区日本橋本石町 1-2-1
電話＝東洋経済コールセンター　03(6386)1040
https://toyokeizai.net/

ブックデザイン……米谷　豪（orange_noiz）
ＤＴＰ…………江口正文
編集協力………篠田健二（株式会社リハブ）
印　刷…………ベクトル印刷
製　本…………ナショナル製本
編集担当………佐藤　敬
Printed in Japan　ISBN 978-4-492-55769-3